U1001644

陕西省司马迁研究会／编

张新科　王晓鹃／主编

司马迁与《史记》论集

陕西省司马迁研究会2017年年会论文集

第十一辑

陕西新华出版传媒集团
陕西人民出版社

图书在版编目(CIP)数据

司马迁与《史记》论集．第十一辑，陕西省司马迁研究会2017年年会论文集 / 张新科，王晓鹏主编．— 西安：陕西人民出版社，2022.9

ISBN 978-7-224-14660-8

Ⅰ．①司… Ⅱ．①张… ②王… Ⅲ．①司马迁（约前145或前135—？）—人物研究—文集 ②《史记》—研究—文集 Ⅳ．①K825.81-53 ②K204.2-53

中国版本图书馆CIP数据核字（2022）第157529号

责任编辑： 王　凌　武晓雨

封面设计： 杨亚强

司马迁与《史记》论集（第十一辑）

SIMA QIAN YU SHIJI LUNJI

——陕西省司马迁研究会2017年年会论文集

编　　者	陕西省司马迁研究会
主　　编	张新科　王晓鹏
出版发行	陕西新华出版传媒集团　陕西人民出版社 （西安市北大街147号　邮编：710003）
印　　刷	中煤地西安地图制印有限公司
开　　本	787毫米×1092毫米　1/16
印　　张	14.5
字　　数	220千字
版　　次	2022年9月第1版
印　　次	2022年9月第1次印刷
书　　号	ISBN 978-7-224-14660-8
定　　价	59.00元

如有印装质量问题，请与本社联系调换。电话 029-87205094

司马迁与《史记》论集（第十一辑）

编委会

顾问 袁仲一

主编 张新科 王晓鹏

编委 张新科 徐卫民 程世和 凌朝栋
田 静 梁建邦 梁中效 马 来
高益荣 刘炜评 杜 敏 曹 强
王长顺 王晓鹏 刘银昌 程永庄
程建虎 王晓红

目　录

◎《史记》思想研究

◎《史记》文学研究

◎《史记》接受研究

◎《史记》相关研究

《史记》思想研究

《史记》展现出来的中华民族历史，是由原始部落到大一统封建帝国的建立，由众多民族不断的融合到以汉族为主的多民族统一体的形成。

《史记》与中华民族精神塑造①

张新科

司马迁是我国西汉时期左冯翊夏阳（今陕西韩城市）人，伟大的史学家、思想家、文学家，1956年被列为世界文化名人。他的巨著《史记》，展现了从传说中的黄帝到汉武帝时期三千年的中华民族历史，是中国文化史上一座巍峨的丰碑。《史记》以其深刻的思想、丰富的精神，对中国文化产生了广泛而深远的影响。今天和大家讨论的话题是《史记》与民族精神。

大家知道，中华民族精神产生于先秦时期，到汉代基本确立，此后不断发展。《史记》正好是先秦至汉武帝时代中国历史最为丰富的载体，也就是说，中华民族精神产生和发展的过程在《史记》中得以集中体现。要认识中华民族精神，《史记》是最好的切入点。

一、《史记》记载了中华民族形成的历史过程

要谈民族精神，首先需要了解我们民族形成的基本历史。先秦至西汉时期，是中华民族形成的重要时期，《尚书》《国语》“春秋三传”等著作对此都有一些零星记载，但最有代表性的著作则是《史记》，它是一部通史，是先秦以来中国历史记载的集大成著作。

中华民族的源头可以追溯到远古传说中的三皇五帝时代。但《史记》略去三皇，直接以黄帝作为全书的开端，这是具有深刻意义的安排。首先，黄帝时期

① 本文为国家社科基金重大项目“中外《史记》文学研究资料整理与研究”（项目编号13&ZD111）阶段性成果，曾刊于2017年4月16日《光明日报》。

作为大一统的开始，奠定了中华民族的基本思想观念，即社会的发展需要统一而不是分裂；其次，把黄帝作为中华民族的祖先，中原和周边民族都是黄帝的子孙，形成了我们中华民族完整系统的民族谱系，中华民族的历史线索就从黄帝开始，一直延续下来的，清人李景星《史记评议》就指出："太史公史，始于五帝，重种族也，盖五帝始于黄帝，为我国种族之所自出。"

秦始皇统一中国，标志着我国统一的多民族国家历史的开始。《秦始皇本纪》记载秦统一天下后："地东至海暨朝鲜，西至临洮、羌中，南至北向户，北据河为塞，并阴山至辽东。""六合之内，皇帝之土。西涉流沙，南尽北户。东有东海，北过大夏。人迹所至，无不臣者。"秦王朝的中央集权制，统一货币、度量衡、文字等政策，为统一的民族意识的形成奠定了基础。司马迁在《六国年表序》中也高度赞扬秦的统一是"世异变，成功大"。可见秦的统一在民族历史上的重要性。汉朝的建立，进一步实现了民族大一统，并且形成以汉族为主体、以中原王朝为核心的多元一体的政治格局，匈奴等周边民族也成为中华民族的重要组成部分。

夏商周至秦汉时期，在汉族的先民——华夏族开发黄河流域的同时，各少数民族也在开发周边的地区，与中原华夏族一起创造中华民族的历史。中华民族在文明历史的进程中，中原一带开化较早，文化较为发达，正如《赵世家》中公子成所说："中国者，盖聪明徇智之所居也，万物财用之所聚也，贤圣之所教也，仁义之所施也，《诗》《书》礼乐之所用也，异敏技能之所试也，远方之所观赴也。"司马迁之前，人们的民族观一直是歧视周边民族，并视之为蛮夷。司马迁则以独特的思想，创立民族史传，如《匈奴列传》《南越列传》《东越列传》《朝鲜列传》《西南夷列传》《大宛列传》等，把四周少数民族纳入华夏民族的版图之内，并且将他们看成汉天子的臣民。司马迁在《太史公自序》中对民族列传的设立原因有明确的交代，如："汉既平中国，而佗能集杨越以保南藩，纳贡职。作《南越列传》。""吴之叛逆，瓯人斩濞，葆守封禺为臣。作《东越列传》。""燕丹散乱辽间，满收其亡民，厥聚海东，以集真藩，葆塞为外臣。作《朝鲜列传》。""唐蒙使略通夜郎，而邛笮之君请为内臣受吏。作《西南夷列传》。"由此可见大一统时代下周边民族对中原政权的认可。同时，周边各族与中原民族关系密切。如《南越列传》载："南越王蔚佗者，真定人也，姓赵氏。秦时已并天下，略定杨越，置桂林、南海、象郡，以谪徙民，与越杂处。”南越王是中原人，“杂处”说明不同民族的融合。《东越列传》记述了东越与中原的历史渊源：“闽越王无诸及越东海王摇者，其先皆越王勾践之后也，姓邹氏。”这些传记，在描述民族融合的同时，也写出各民族的生活环境和风俗习惯。如《匈奴列传》记载匈奴民族特点：“逐水草迁徙，毋城郭常处耕田之业，然亦各有分地。毋文书，以言语为约束。”“其俗，宽则随畜，因射猎禽兽为生业，急则人习战攻以侵伐，其天性也。”“自君王以下，咸食畜肉，衣其皮革，被旃裘。”“其俗有名不讳，而无姓字。”在历史的发展过程中，各民族之间还有通婚现象，《晋世家》载晋公子重耳因骊姬之乱逃亡至狄，赵衰随从。狄伐咎如（赤狄），得二女，翟以其少女为重耳妻，长女为赵衰妻。《匈奴列传》载周襄王娶戎狄女为后，还有汉初与匈奴的“和亲”情况。《大宛列传》记载张骞在匈奴时娶胡人妻并生子。中原国家也吸纳其他民族的人才为己所用，如春秋时期秦国，“秦穆公得由余，西戎八国服于秦”。特别是《货殖列传》记载中原与周边民族之间的经济往来，《大宛列传》记载张骞在大夏时“见邛竹杖、蜀布”，更显示出民族之间的互相交往。司马迁站在汉代大一统的立场上，较为全面地记载各民族的历史，并且特别注意汉朝与周边民族在政治、军事等方面的交往。尤其是武帝时期，征服匈奴，在河西设立郡县，在西南和两越地区推行郡县制，并派张骞通西域，都是促进民族融合的关键措施。司马迁还注意汉朝派往周边民族的使者为大一统社会所做出的贡献，如《西南夷列传》中的唐蒙、司马相如、公孙弘和王然于等，《南越列传》中的陆贾，《大宛列传》中的张骞，等等。从当时的社会背景和历史发展情况来看，司马迁打破“种别域殊”的界限，把中国境内各民族看作一个统一的整体，这无疑是进步的、积极的。

《史记》展现出来的中华民族历史，是由原始部落到大一统封建帝国的建立，由众多民族不断地融合到以汉族为主的多民族统一体的形成。这个过程，经历了不同的社会形态，出现了不同的民族、不同的人物，但总的趋势是走向融合、认同，这就为各民族共同的精神追求、价值取向形成奠定了基础。

二、《史记》展现了中华民族精神

《史记》在展现中华民族发展、融合历程的同时，也展现出中华民族所具有的精神风貌和价值取向。总的来看，中国地域辽阔，不同民族各有特点、各有精神追求，但经过长期积淀，互相包容，达到了普遍认同，形成了共同的核心价值目标。尤其是汉武帝时期，儒家思想统治地位的确立，对中华民族精神产生了重要影响。《史记》所体现的中华民族精神主要有以下几个方面：

1. 维护统一。《史记》展现了中华民族三千年的奋斗历史，尽管这个历程极为曲折艰难，但统一始终是人心所向。从黄帝开始，就为一统天下而“修德振兵”，此后，“虞夏之兴，积善累功数十年，德洽百姓，摄行政事，考之于天，然后在位。汤武之王，乃由契、后稷修仁行义十余世，不期而会孟津八百诸侯，犹以为未可，其后乃放弑。秦起襄公，章于文、穆，献、孝之后，稍以蚕食六国，百有余载，至始皇乃能并冠带之伦。以德若彼，用力如此，盖一统若斯之难矣”。（《秦楚之际月表序》）这是司马迁对先秦以来统一天下艰难历程的概括。统一是人心所向。司马迁在《太史公自序》中对三十世家体例解释说：“二十八宿环北辰，三十辐共一毂，运行无穷，辅拂股肱之臣配焉，忠信行道，以奉主上，作三十世家。”并且对每篇的写作目的进行了说明，在 20 篇中使用了“嘉”字。这个充满赞誉性情感的“嘉”字绝大多数集中在周代诸侯国辅佐周王室和汉初维护中央统一的人物身上。《史记》“十表”，每一表也都体现出了这部著作大一统的思想。

2. 开拓进取。社会发展需要不断地开拓进取，夏禹“披九山，通九泽，决九河，定九州”，就是开拓精神的体现。《史记》中体现进取精神的首先是帝王。中华民族的奋斗不能没有理想和目标，帝王就是这种理想和目标的代表，王迹兴衰变化体现着民族的奋斗历程。《史记》以帝王为中心，这是时代的必然，我们不必苛求司马迁。尽管像三代圣君、秦皇汉武等不可避免地带有个人野心，但当他们在结束分裂、统一天下时，或在巩固自己的新兴政权时，表现出非凡的气魄和力量，顺应了时代发展的潮流，因而受到人们的称赞。

社会的发展是各个阶层的人物共同推动的结果，天子毕竟是少数，因此，最能体现我们民族开拓进取精神的当是社会各阶层人物。以将相名臣而言，有的忠心耿耿，辅佐国君成就大业，如周公辅成王、管仲辅桓公、萧何辅汉王等；有的大臣敢于进谏，为国着想，如触龙说赵太后，张释之、冯唐面折汉文帝，汲黯直言汉武帝，等等；有的正直廉洁，奉公守法，如《循吏传》所记的孙叔敖、郑子产等“循吏”；有的为民请愿，除暴安良，如西门豹治邺等；有的出使四方，不辱使命，如蔺相如“渑池会”、张骞通西域等。三千年历史，战火不息，因而传记中出现了许多军事家：有的运筹帷幄，如张良、陈平等；有的驰骋疆场，如孙武、孙膑、司马穰苴、田单、廉颇、白起、王翦、韩信、卫青、霍去病、李广等。霍去病“匈奴未灭，何以家为”的豪言壮语，代表了这类人物的进取精神。

《史记》人物中，值得我们注意的是那些思想家，他们为了建构自己的理论体系，积极开拓，表现出强烈的历史责任感和创新精神，还有文学家的创造，体现了我们民族在精神领域中的探索精神。还有《史记》中的天文、历法、医学等领域的特殊人物，也体现了我们民族的智慧和力量。《史记》中还有大量的下层人物，如游侠、刺客、商贾、俳优、卜者，等等，他们为自己的理想而奋斗。可以说，下层人物虽然做的事情不一定惊天动地，但他们的进取精神同样应予以肯定。人类社会是由多阶层组成的，如果缺少了下层人物的进取奋斗，那么，社会这座“金字塔”也就缺少了坚实的基础。

3. 坚韧不拔。司马迁在《太史公自序》中说明设立列传的原因：“扶义俶傥，不令己失时，立功名于天下。”但封建制度并没有给每个人建功立业创造条件，“功者难成而易败，时者难得而易失”《淮阴侯列传》)，因而，建功立业是非常艰难曲折的。也正唯其难，才更显出奋斗者顽强不屈的精神，也更具有生命的价值。《孔子世家》记载孔子是一个热心救世的人物，他有宏伟的抱负，很想在政治上有所作为。他周游列国，宣传自己治国平天下的政治主张。尽管到处碰壁，但他“知其不可为而为之”，这种精神给后代志士仁人以极大鼓舞。屈原为实现自己的“美政”理想与党人进行了顽强不屈的斗争，甚至自己被赶出朝廷后，仍在不断地追求。“路漫漫其修远兮，吾将上下而求索”，就是这种追求的真实写照与高度概括。司马迁身受宫刑，奇耻大辱使他痛不欲生，想一死了之。但是，《史记》还没有完成，如果一死了之，岂不是“若九牛亡一毛，与蝼蚁何异”！他坚强地活了下来，以惊人的毅力完成了《史记》。司马迁在《史记》中还写了许多“隐忍就功名”的烈丈夫：伍子胥报仇，名垂后世；勾践卧薪尝胆，称霸天下；范雎逃难，历尽艰险，终于权重秦国；季布为人奴而不死，终为汉代名将。正是这些人，给《史记》增添了生命力量，千载而下，仍使人激动不已。

4. 革故鼎新。当旧的生存环境已经老化，没有生机、没有朝气时，一些有志之士，尤其是统治阶级内部较为清醒的人物，极力想给它注入新的活力。或革新，或革命，以改变或摧毁现实、建立新的生存环境为目标。改革，意味着改变传统，改变旧有的观念和做法，尤其是改革触动贵族利益时，往往遭到保守势力的反对。《商君列传》记载商鞅变法时，先以雄辩和果敢打消了秦孝公的疑虑，然后又与甘龙、杜挚等保守势力进行斗争，终于使秦国获得新生。但后来，保守势力又一次抬头，商鞅被车裂，成为悲剧人物。再如《晁错传》所记，西汉初年，中央集权和地方势力之间存在着尖锐的矛盾，晁错从加强中央集权的愿望出发，提出许多变革的策略，最重要的一条就是削弱郡国势力，这引起了一场轩然大波，诸侯对他恨之入骨。结果，晁错被身斩东市，同样成为悲剧人物。

如果说革新还只是对现实进行轻微改造的话，那么，革命则是更激烈的改造现实的方式。《史记》所载的汤伐桀、武王伐纣，乃是改朝换代。一个王朝因为政治弊坏而走向覆灭，但同时又意味着另一个受民众欢迎的王朝的新生。对华夏民族来说，这是暂时的曲折和苦难，我们民族不屈不挠的精神也就体现在这伟大的变革之中。“本纪”就是这个变革的具体体现。与改朝换代相关联的是起义。也正由于这些起义，推动社会向前发展，从一个侧面反映出我们民族积极进取、勇于革命的精神。尽管起义多以失败而告终，但最终留给后人的，却是一种可歌可泣的精神。

5. 忧国爱国。忧患，这是个体生命一种普遍的精神现象。春秋战国时以孔子、孟子为代表的儒家学派，则把这种忧患意识扩大到整个社会。忧患意识有着深刻而丰富的内涵，它饱含着生命的热情，是人的生命意志的顽强表现，促使人发奋努力，促使人追求“生”的价值。《屈原列传》就是这方面的代表。当社会处于分裂、动荡之时，忧患意识会成为一种积极的时代风尚，一大批有志之士，为社会的统一、安定而忧虑。如春秋战国时代，之所以出现百家争鸣局面，与思想家们的忧患意识分不开，尽管各家学说不完全相同，甚至针锋相对，但有一个共同的时代主题，就是如何结束战乱、统一天下。诸子百家的著作中，都有这些思想家的自我形象，透过他们的理论主张，也不难看出他们的忧患意识。《史记》对这些思想家的忧患意识也都有表现。当然，在天下一统、新王朝刚刚建立之时，统治者为巩固政权也往往会产生忧患意识，因而也会有共同的时代课题。如西汉初年，围绕着如何巩固政权问题，出现了一大批忧患人物，《史记》中记载的陆贾、贾谊、邹阳等，都为国家的长治久安而忧患，甚至在盛世也会出现"危言"。贾谊生活在"文景之治"的盛世，朝廷上下都以为可以坐享太平，独有贾谊深谋远虑，发出振聋发聩的忧世之言，表现出超前性的忧患意识。忧患意识是与爱国精神紧密相连的。忧国，正是为了爱国。在中国古代，爱国精神在不同阶段有不同表现，而且往往与忠君连在一起，但它已作为我们的民族心理，深深地积淀下来。《史记》所记蔺相如在渑池会上奋不顾身维护国家尊严，在内部不愿与廉颇争功，而是"先国家之急而后私仇"；霍去病为国家忘自家、克己奉公；卜式输财助边，济国家之困；李广反击匈奴，保家卫国等，都体现了爱国精神。

6. 崇尚德义。西周时，"敬德"思想就已成为衡量国君的一个重要条件。此后，社会急剧变化，人从神的桎梏中解脱出来，人成为主宰自己行动的主人。而要真正做人，就必须注重道德修养。孔子的仁学思想就是这个时代的产物。就个体人格而言，孔子强调"三军可夺帅也，匹夫不可夺志也"（《论语・子罕》），孟子更追求大丈夫人格，"富贵不能淫，贫贱不能移，威武不能屈"（《孟子・滕文公下》），尤其是儒家杀身成仁、舍生取义的人格追求，给有志之士以巨大的鼓舞力量。在《史记》中，我们可以看到，从传说中的黄帝开始，许多国君德厚仁爱，受到民众拥护爱戴；而暴虐如桀纣的国君，则被民众推翻。《郑世家》记载子产的话语："为政必以德，毋忘所以立。"为了维护自己的统治，执政者不得不实行一些于民有利的措施，以显示自己的仁德，尤其是新王朝建立之初，更是如此。像商汤、周文王、周武王、汉文帝等，被人称为仁爱之君。即使像"春秋五霸"，也时常打出仁德的旗号，以争取人心。《孝文本纪》记载："汉兴，除秦苛政，约法令，施德惠，人人自安，难动摇。"当然，在《史记》中，我们更多的是看到志士仁人的高风亮节。伯夷、叔齐不愿食周粟而饿死；屈原为保持高洁人格而沉江自杀；鲁仲连宁愿“蹈东海而死”，也不忍秦国称帝；尤其是《赵世家》记载的“赵氏孤儿”故事中的公孙臼、程婴等义士，为保护赵氏孤儿而牺牲自己，谱写出一曲动人的乐章。

《史记》所表现的民族精神，除以上所述外，还有维护正义、反对邪恶、团结友爱、忠于职守，等等。

三、《史记》对民族精神塑造所起的重要作用

《史记》所表现的中华民族的生命及其精神，并没有随着时代的消逝而消逝，也没有随着历史的过去而凝固，而是一个继续流淌着的过程，它是传统精神，但经过净化、升华之后又变为现实精神，并指向未来。

《史记》对于中华民族精神的塑造起了重要作用。民族精神不是抽象空洞的，是由无数个实实在在的个体身上所体现的精神形成的，流淌在我们民族的血液中。黄帝为中华民族的祖先，我们的民族精神就从这里发源。民族生命、民族精神犹如一江春水，细大不捐，兼收并蓄。在三千年的发展过程中，河流愈来愈宽，声势愈来愈大，力量愈来愈强。如果把整个中华民族精神比作一个母系统的话，那么中华大地上各个民族的精神就是各个子系统。在这些子系统里，有无数个富有生命活力的个体生命在跃动。它们的跃动，使整个系统都充满了活力。《史记》中许多人物积极进取、刚强不息、勇于革命，也正是活力的体现。一个民族的大厦需要全民族的人来支撑，而《史记》中大量的优秀人物、脊梁人物，在支撑民族大厦过程中起了中坚作用，对民族精神的形成做出了重要贡献。

作为一部史书，《史记》通过独创的编撰体例展现我们的民族精神。司马迁第一次把中华民族三千年历史纳入一个巨大而又系统的载体之中。《史记》是纪传体著作，以人为核心反映历史的变化，所以，对于民族精神的展现主要是通过各阶层人物来实现，这些人身上有我们民族精神的徽记。本纪、世家、列传三体各有侧重，从不同的层面展现帝王、贵族、社会各阶层的人物。三体的开篇颇有深意，它们具有共同的思想特征，即以“德”和“义”立意，已经体现出我们民族的价值追求。本纪开篇《五帝本纪》，突出五位帝王的“德”和“让”，

有德者有天下。世家第一篇《吴太伯世家》，司马迁在《自序》中阐明创作主旨："嘉伯之让，作《吴世家》。"列传第一篇《伯夷列传》亦是如此："末世争利，维彼奔义；让国饿死，天下称之。作《伯夷列传》。"所以，司马迁选择人物，其中就蕴含着他的精神追求。一些高官厚禄之人没有进入史书，反而是一些下层人物入选，目的就是要突出有价值、有意义的人物。《史记》选择人物的过程，实质上就是对人物精神的选择过程。"八书"展现不同时代的文化典章制度，揭示人与自然、人与社会、人与人之间的关系，为认识中华民族精神提供丰富的社会和自然环境背景。"十表"则以大事年表的形式清晰展现中华民族三千年历史的流程。因此，《史记》五种体例互为补充，是一个完整的系统。中华民族精神就是在这个系统中得以体现。

《史记》对于民族精神塑造的又一贡献在于，较为真实全面地记载了各民族逐渐融合的过程。通过这个融合过程，也体现了我们民族兼容并包的精神。如前所说，《史记》设立专门的民族列传，真实反映了各民族之间的关系。《史记》其他篇章中也往往注意民族融合问题。如《吴太伯世家》："余读《春秋》古文，乃知中国之虞与荆蛮句吴兄弟也。"说明吴国与中原之间的密切关系。又如《自序》所言："嘉句践夷蛮能修其德，灭强吴以尊周室，作《越王句践世家》。"强调勾践与中原的关系。《晋世家》记载晋悼公时重用魏绛，"使和戎，戎大亲附"。晋悼公称赞道："自吾用魏绛，九合诸侯，和戎、翟，魏子之力也。"体现出不同民族之间和平共处的特点。

《史记》为了展现人物的精神追求和价值取向，采用了一些独特手法。因为精神不是空洞的，而是通过具体的行为体现出来，所以往往在人物传记中放大某些事件。虞舜至孝、禹分九州、勾践卧薪尝胆、商鞅变法强国、蔺相如渑池相会、田单复齐、项羽破釜沉舟、韩信背水一战、晁错削藩、李广治军、张骞通西域、司马迁发愤著书等重大事件，最能表现人物的精神，《史记》也就特别用浓墨重彩去描写。有时则通过一个小小的细节，体现人物的精神品格，如《吴太伯世家》记载，季札出使，北行时造访徐国国君。徐君喜欢季札的宝剑，但没敢说，季札心里也明白徐君之意，但因还要出使中原各国，所以没献宝剑给徐君。出使回来又经徐国，徐君已死，季札解下宝剑，挂在徐君墓旁树木之上才离开。随从人员不解其意，季札曰："始吾心已许之，岂以死倍吾心哉！"表现了季札诚信的人格精神。廉颇“负荆请罪”表现知错就改，“公仪休拒鱼”表现廉政，甚至不知名姓的“漂母”，其助人精神也感动后人。另外，《史记》常常通过人物的语言描写、心理描写以及对比描写等手法表现人物的精神追求，也给人留下深刻的印象。

当然，司马迁敏锐的思想，独特的价值观、历史观，渗透在《史记》中，对我们民族精神的塑造起了关键作用。司马迁是思想家，他要“究天人之际”，通过三千年历史找到了答案：推动社会巨轮前进的是人不是天，而每个人身上所体现的精神正是社会力量的集中体现。他要“通古今之变”，强调从“变”中观察一切。社会在变，人的精神也在变，我们的民族精神也正是在不断的发展变化中逐渐形成的。司马迁也正是在究天人之际、通古今之变的过程中，大胆突破传统思想观念，表达了不同于一般思想家的“一家之言”。正是由于司马迁独特的历史观、价值观，使《史记》成为“史家之绝唱”，成为我们民族精神的载体。司马迁用自己的心血铸成了我们中华民族历史的长城，把我们民族的精神揭示出来，其贡献值得肯定。

《史记》所展现的先秦至汉代的中华民族精神，经过不断地扬弃、净化，成为我们民族宝贵的精神财富。时代发展到今天，我们既要弘扬传统精神，又要呼唤更高层次的民族精神，为民族复兴提供强大的精神动力。

（张新科，陕西省司马迁研究会会长，陕西师范大学教授，博士生导师。）

《史记》中的黄帝形象与汉帝国政制①

郭　星

从司马迁的《史记》开始，中国历史的开端正式定位于传说中的黄帝。威廉姆·G·波尔茨（William G. Boltz）认为，《史记》为刘姓王朝建构了一个政治合法性的神话，即用历史编纂的方法将刘姓皇帝同上古时代的五帝联系在一起，意在建构一种无可争辩的、毫无争议的皇家历史谱系。通过追溯君王的谱系和祖先，帝国统治的政治合法性得以确立②。在整个历史谱系当中，黄帝作为起点，是司马迁笔下十分重要的形象。这个形象在《史记》中分别在《五帝本纪》和《封禅书》两处出现，但前后记载差异之大，无法忽视。因此，《史记》中的黄帝形象问题之于司马迁所撰写的帝国历史而言是一个无法绕开的重要问题，本文试对此问题加以探讨。

一、《史记》的古今对照结构与黄帝形象问题

司马迁承父著史遗志，作《史记》以继承孔子《春秋》之道已是学界共识。在司马迁看来，周公制礼作乐乃文教之开端，古今之一大变局，自此以后孔子在礼崩乐坏之际作《春秋》为治国之纲纪，重整周公之礼乐传统，“上明三王之道，下辨人事之纪；别嫌疑，明是非，定犹豫；善善恶恶，贤贤贱不肖，存亡

---

① 本文为陕西省哲学社会科学基金年度项目“古罗马与中国两汉文学中的国家想象与文化建构比较研究”（项目编号 2014104）阶段性成果。

② William G. Boltz, *Myth and Structure of the Shyy Jih*, *Asiatische Studien*, 56.3 (2002): 573—585。

国，继绝世，补敝起废，王道之大者也。”[①]自此五百年之后，司马迁所处的时代是历史上的又一次重大变革时代。记录这一变革，思考变革背后的本质，解释变革的内在规律，是作为历史学家的司马迁义不容辞的责任。

逯耀东评《太史公自序》云：“著十二本纪，既科条之矣。”所以，本纪的写作形式承《春秋》编年之法。以本纪为经，其他的表、书、世家、列传则为纬。因此，本纪是统领众事的纲领，其目的是为了叙述一个时代的重大历史事件，以及历史发展的主要趋势。所以本纪仅记其大端，至于列传及其他则委曲细事以释本纪。在列传之中，《史记》以《魏其武安侯列传》为汉武帝时代诸列传之始，而以《汲郑列传》作为诸列传之终，原始察终，叙述汉武帝“一人有庆”的绝对君权形成的过程。并于《汲郑列传》之后，辅以公孙弘为主的《儒林列传》与张汤为首的《酷吏列传》，探索其形成的原因。以此作为《今上本纪》“内修法度”的开端，也就是“今”之开端，然后以此为基点，向过去寻求其演变与发展的因果关系，于是出现了“古今”之别。[②]

因此，《史记》在整体布局上存在一个古今对照的内在结构。司马迁撰写《史记》的“隐略”就隐于“古今”之中。在诸多的“古今”之别中，作为历史开端的黄帝形象颇为关键。先秦诸典籍当中记载的黄帝千差万别。面对浩繁的典籍，太史公如何取舍？这个问题是思考《史记》黄帝形象的关键。在《五帝本纪》中太史公曰：

> 学者多称五帝，尚矣。然《尚书》独载尧以来，而百家言黄帝，其文不雅驯，荐绅先生难言之。孔子所传宰予问五帝德及帝系姓，儒者或不传。……予观春秋、国语，其发明五帝德、帝系姓章矣，顾弟弗深考，其所表见皆不虚。书缺有间矣，其轶乃时时见于他说。非好学深思，心知其意，固难为浅见寡闻道也。余并论次，择其言尤雅者，故著为本纪书首。[③]

---

① 司马迁：《史记·太史公自序》，中华书局 1999 年版，第 2491—2492 页。

② 逯耀东：《抑郁与超越——司马迁与汉武帝时代》，生活·读书·新知三联书店 2008 年版，第 139、170 页。

③ 司马迁：《史记·黄帝本纪》，中华书局 2011 年版，第 42 页。

这里的一般解释是，司马迁在材料取舍的过程中，以崇实的史家原则，去除了其中的怪诞成分。如前所引《五帝本纪》的太史公曰段落中，司马迁明确提到他叙写黄帝事迹的重要资料是《五帝德》及《帝系姓》。

西汉初年，戴德《大戴礼记·五帝德》有记载：

宰我听说黄帝三百年，因而请教孔子“黄帝者人邪？亦非人邪？何以至于三百年乎？”孔子答：“黄帝者，少典之子，曰轩辕。生而神灵，弱而能言，幼而慧齐，长而敦敏，成而聪明。治五气，艺五种，抚万民，度四方。教熊罴貔貅豹虎，以与赤帝战于坂泉之野，三战，然后得行其志。黄帝黼黻衣，大带黼裳，乘龙衣云，以顺天地之纪，幽明之故，死生之说，存亡之难。时播百穀草木，故教化淳鸟兽昆虫，历理日月星辰，极畋土石金玉，劳心力耳目，节用水火材物。生而民得其利百年，死而民畏其神百年，亡而民用其教百年，故曰三百年。”①

可见，《五帝德》一文讨论的核心问题乃黄帝的人性与神性的问题。借由孔子与宰我之对话，文章突出了黄帝“人”的形象，更将其功业表述为治理万民、开创文明，使民蒙利三百年的现世成就。这样的圣王形象，正是司马迁《五帝本纪》述黄帝形象之所本。

因此，《五帝本纪》开首即言：“黄帝者，少典之子，姓公孙，名曰轩辕，生而神灵，弱而能言，幼而徇齐，长而敦敏，成而聪明。”文后又叙：“黄帝崩，葬桥山，其孙昌意之子高阳立，是为帝颛顼也。”这里清楚地表明了黄帝天赋神灵、长而聪明，却是个有生有死的“人”。其后所叙黄帝“修德振兵”以“抚万民”，为平天下而“披山通道、未尝宁居”，为教化万民而“勤劳心力耳目，节用水火财物”。司马迁所记叙的黄帝形象，不仅退去神话色彩，更是典型的圣王贤君。

对于这个问题，顾颉刚做了一个假设：

五帝的传说到司马迁时代已经发生了三百年左右了，在传说里，

① 高明：《大戴礼记今注今译》之“五帝德第六十二”，台湾“商务印书馆”1975年版，第235—236页。

在文籍里，业已根深柢固，但只是偏于神话的、奇迹的，或是道家的口气的，司马迁不愿用；惟有“五帝德”中的五帝是完全站在儒家的立场上的，与《论语》《孟子》中说的尧、舜、禹、汤最相近，可以说是在一种方式之下的，所以虽是很空洞，却是仅有的一篇，遂被采用了。（只有“乘龙”的话近于神仙家言，依然不雅驯，所以《史记》里便把这些文字删去了。）①

依据顾氏的推论，司马迁以儒家的立场叙述黄帝的事迹，因此，《史记》中的黄帝形象，才与神话、诸子中所记载的截然不同。然而，顾氏的解释当中，恰恰忽视了一点，即“乘龙”的情节不仅没有消失，反而更加详细地出现在《封禅书》的黄帝事迹当中。以上观点均无法解释《史记》前后篇章中黄帝形象分殊迥异的问题。

而对《封禅书》的另一种理解则能够用来更为直接地解释这个问题，即它是司马迁讽刺批评汉武帝的劝谏之书，并主张将《五帝本纪》与《封禅书》对照而读。②很明显地，《史记》中存在着两个黄帝，一是《五帝本纪》由传说提炼的历史的黄帝，一是《封禅书》中的神仙黄帝。前者是古，后者是今。《太史公自序》言：“略推三代，录秦汉，上记轩辕，下至于兹……”如果在考虑到《封

① 顾颉刚：《中国上古史研究讲义》，洪叶文化事业有限公司 1994 年版，第 92 页。

② 明末清初李邺嗣认为：“太史公作《史记》，虽传述古今，而尝自以其意见于叙次中。至为帝王诸本纪，质叙而已。唯诸篇似无所致意，可无深考。余独三复之，谓史公称《尚书》载尧以来，而今自黄帝始。盖“黄帝本纪”，实太史公之谏书也！当与《封禅书》并读，即可见矣。”（李邺嗣《杲堂文钞》卷四《五帝本纪论》，见《历代名家评史记》，北京师范大学出版社 1986 年版，第 320—321 页）李邺嗣的看法被清末学者薛士学阐发，他认为李邺嗣将“黄帝纪”视为谏书是得其要领的：“《史记》不载三皇之事，岂其才学有所不能哉？盖子长之慨然怀古，而首称黄帝，正为汉武辨其怪诞荒唐之无足信也，如此则方士神仙之言绌矣……方士托言黄帝，以为是天子而圣人者也，以圣人天子而终之铸鼎以作神仙，此真汉武之所甘心矣。史迁盖曰，以臣所闻古黄帝何尝若此，而朝廷方惑于其说，又不能执书策所当考信者而力争之，则《史记》之首称黄帝故阙三皇也。鄞人李邺嗣以为太史公之谏书得其指矣。则夫孝武晚年之悔所云天下岂有神仙者，安知不从读史中来，而子长忠爱之思有以讽之乎。”（《历代名家评史记》，前揭，第 321—322 页）

禅书》作为整部《史记》唯一直接记录汉武帝的篇章，[①]又在其中特别凸显出汉武帝对于黄帝登仙的重视程度的话，那么，司马迁将黄帝与汉武帝作为古今之别的呼应关系则显而易见。但是，仅仅将《封禅书》视为讽刺汉武帝的谏书未免过于简单化和绝对化。[②]

的确，武帝一朝，黄帝信仰达到高潮。司马迁撰写《封禅书》的针对性是明显的。不过，司马迁虽欲辨明神仙之说“怪诞荒唐”，但是他并不反对封禅，更不反对崇奉黄帝。他在《封禅书》的开首声言：

> 自古受命帝王，曷尝不封禅？盖有无其应而用事者矣，未有睹符瑞见而不臻乎泰山者也。虽受命而功不至，至梁父矣而德不洽，洽矣而日有不暇给，是以即事用希。传曰：“三年不为礼，礼必废；三年不为乐，乐必坏。”每世之隆，则封禅答焉，及衰而息。[③]

汉武帝在封禅的过程中，最终抛弃了儒生繁复而含糊不清的封禅仪式，把封禅降低到追求仙人仙药、长生不死的水平上，其中黄帝的神话起到关键的作用。在司马迁看来荒诞不经的黄帝形象恰恰是汉武帝所采信的黄帝形象。因此，将这个帝王所渴慕的黄帝记录下来，恰恰能够反映汉武帝本人对于君王身份的体认。司马迁用这样的方式将远古帝王黄帝与当今的皇帝联系起来，有着更深的用意。

事实上，司马迁理解的黄帝与汉武帝所追求的黄帝形象的分歧，反映的是司马迁理想中的帝国政制与汉武帝实际建立的帝国政制之间的分歧。司马迁的历史书写不仅仅是关于现实历史的记录，还在于对于理想历史模型的建构，现实与理想的对照在《史记》中就转化为今与古的对照，古今之间透露出中国政治

---

① 逯耀东认为，司马迁撰写《史记》最先写的就是《今上本纪》，司马迁的《史记》，汉武帝是绝对的主角。而经过巫蛊之祸的司马迁，目睹血腥的政治斗争，深刻意识到拥有至高权力的汉武帝的可怕之后，着手删改已经完成的《史记》，《今上本纪》很有可能就是在这个过程中被删除的。

② 逯耀东认为此说不可信，因为继承父亲司马谈遗志，追随汉武帝巡狩封禅 30 年的司马迁，不可能根据一己之恩怨，以暗嘲讥讽，抒发个人好恶为目的来写作《封禅书》。因此，如实记录武帝统治时期划时代的大事件——封禅才是司马迁的核心立场。

③ 司马迁：《史记·封禅书》，中华书局 2011 年版，第 1259 页。

思想史的重要线索。

二、天人分际的启蒙维度与帝国政制的冲突

逯耀东先生在《抑郁与超越》中指出，司马迁著《史记》以“究天人之际，通古今之变”对应了一个重要的涉及天人分际与古今分殊的内容：即孔子确立六艺传统，使原来集中于王廷的知识转变为普通个体能够获得的普及性的文化，从而实现了思想的启蒙以及学术传统与政治统治的分离，此为古，也是天人分际的一次重大突破。而孔子之后的儒生将六艺经典化为六经，重新依附于政治，此为今。①《史记》的古今对照结构根本的落脚点在于今，透过古今之对照，可以展现统一帝国的建立过程中思想文化与帝国政制的冲突与妥协。

余英时先生认为从周公“制礼作乐”开始，以神为中心的宗教政治秩序被以“德”为中心的人间政治秩序取代。《尚书·召诰》中，周公告诫成王“不可以不敬德”，并提出“王其德之用，祈天永命”。这里的观念性突破在于，君主的权威合法性来自于“德”的积累，“天命靡常”的意思并不在于怀疑天命，而在于强调“德”与受命之间不可分割的关系。周公“制礼”，更新了夏、殷以来的礼乐传统，诚然是一大变动，但其终极关怀则仍沿而未改，即王朝的“天命”问题。孔子在重建“礼”治秩序的努力中，不乞灵于集体的“天命”，而诉诸个体的“仁心”，上自王、侯，下至士、庶，无所不包。从孔子开始，他内向人心重新寻找“礼之本”，最后归宿于“仁”，从而使个体以“仁”的追求为起点接近真理，并以此脱出了王朝“天命”的旧轨道。因此，孔子代表一个“启蒙时代”的到来。②刘殿爵《论语》英译本导言论述“天命”的概念时也提到：“在孔子时代的唯一发展，是天命不再局限于君主。所有人都受天命的约束，天要人有道德，人也有责任达到天命的要求。”③

天人分际的启蒙维度在于，就个体而言，寻求生命的超越不再依赖于集沟通

---

① 参见《抑郁与超越》，第 58—66、139 页。

② 余英时：《天人之际：中国古代思想起源试探》，台北联经出版事业股份有限公司 2014 年版，第 31、108、109 页。

③ D. C. Lau, *The Analects*, Hong Kong: The Chinese University Press, 1992, p. XXVII

神人权力于一身的君主，而可以依靠自身的努力来达成；同时这种生命超越的方向也不再是超越此岸人世达致彼岸的鬼神世界，而是现世生命层次的提升。因此，君王身上原来所具有的宗教功能，即沟通神人的中介作用，在春秋战国的各家思想当中自然被取消。但是，这种启蒙运动并不可能马上消除旧的思想传统，而它的当下效应是空前地扩大了大多数人民和少数精英之间在信仰上的差距，鬼神信仰的影响在一般民间文化中仍然不小。与此同时，统治者也看到传统信仰在巩固统治方面的正面作用，依然寻求旧的信仰系统对自身统治的支持，从而在事实上又造成了知识精英阶层与统治者之间的紧张关系。直到汉代，经过董仲舒的改造，才使得本已在思想精神层面取得独立地位的知识精英重新融入以君主为权威的政治秩序当中。与之相对应的，就是帝国政制的古今之变。

春秋战国时期，周王和各级诸侯的政治权威越来越多地受到下层贵族的挑战，一种政治权力与宗教权力相分离的思想出现。周天子的权威到后来越来越多地是一种宗教权威，而不是一种政治和军事权威。但是随着灭国战争的残酷性的增强，恢复和平的愿望越来越强烈，重新恢复中央集权的呼声也相应增强。孔子对于将君主置于礼制秩序顶端的强调恢复君主权威的趋势具有重要意义。

到了战国后期，期盼一个可以一统天下的圣王出现带来和平、造福万民的理想逐渐成为主流。[①]战国思想家都提出了各自的解决方案，其中以荀子和韩非子的主张最有代表性。荀子希望在保证君主至高无上地位的同时，将具体的施政权授予经过严格筛选和训练的辅政者，即具备了高尚道德的政治精英，让他们代替君主管理日常事务。“明君贤臣”相配合来取代“余一人”的绝对专制，即所谓“人主不可以独也。卿相辅佐，人主之基杖也”[②]。而韩非子则坚持突出君主作为整个政制秩序最高权力核心的地位，强调君主权力不能以任何形式进行分割。同时提出，君主施政的基础是公正的法律和合理的制度安排，官吏只要根据理想君主的意志形成法律严格执法即可确保政治系统稳定运行。倡导以合理的制度安排来确保没有圣人美德的君主在施政过程中也不会出错，是韩非子

---

① [以色列] 尤锐著，孙英刚译：《展望永恒帝国：战国时代的中国政治思想》，上海古籍出版社 2013 年版，第 53 页。

② 王先谦：《荀子集解 · 君道》，中华书局 1988 年版，第 244 页。

反复论述的主题。实际上，无论是韩非子还是荀子，都从不同角度提出了战国后期的政治思想中普遍存在的君主垂手而治的“无为”政治理念。①

然而，当秦始皇开创了统一帝国的皇帝制度，第一次将战国时代存在于思想家脑中的帝国构想付诸实践时，始皇帝创造的“皇帝”称号就在一定程度上意味着他抛弃了战国后期思想家所设想的君主“无为”而治的原则。“皇帝”名号不但意味着秦始皇对自身所拥有的人世至上权位的绝对自负，同时也暗示着他对自己绝世功德的无比自信。“皇帝”不但意味着至上权力，同时也意味着至高德行。“皇帝”名号包含有一种深刻的“德”的内涵。“皇帝”之“德”即在于它是天地秩序落实为人间秩序的一种自我创造。②因而，秦始皇直接而积极地插手政治治理的各项事务。因为在他看来，帝国治理无论是依靠大臣还是法律，都是为平庸的君主而设计的，而他自信自己将成为历史上少有的圣人君主。秦始皇将圣人和君主合二为一的做法成为后世帝国制度中皇权神圣化倾向的开端。“帝”之真谛乃在于逐渐凸显其神圣性和权威性。所谓神圣性即为形上之观念，体现神性或天命；所谓权威性即为形下之权力，即最高世俗权力之标志。③如果说战国后期思想家对于君主制帝国的设想体现了天人分际思想在政治领域的实践的话，那么秦始皇则在一定程度上恢复了将神性与世俗权力集中于“余一人”的天人合一构想。这无疑是对孔子以来思想启蒙的一次反动。

汉帝国对于秦朝的教训保持了足够的警醒，因此，汉帝有别于秦帝之处就在于其自我反省意识。其特点是，保留了皇帝的神圣性，但一定程度上放弃了皇帝积极干预政治治理的做法。即一方面强调皇帝的职责，另一方面强调皇帝自己常

① [以色列] 尤锐著，孙英刚译：《展望永恒帝国：战国时代的中国政治思想》，上海古籍出版社 2013 年版，第 110—132 页。

② 雷戈：《秦汉之际的政治思想与皇权主义》，上海古籍出版社 2006 年版，第 83 页。

③ 徐连达、朱子彦：《中国皇帝制度》（广东教育出版社 1996 年版，第 9 页）一书写道，“皇帝是高出于人间之王，乃是天人合一、神人合一、代天治民、独一无二，拥有无上权威的人世间的主宰”。刘泽华则认为，“皇帝称谓集合了各种君权观念，成为各种权威的集合体，充分体现了君主权威的垄断性……皇帝集天地君亲师的权威于一身，其至上性、独占性、神圣性、绝对性，即使是神明也会自愧不如。”（刘泽华：《中国的王权主义》，上海人民出版社 2000 年版，第 239—240 页。）

常不能尽职尽责；以皇帝政治权力的绝对性为前提，来对皇帝行政能力的有限性进行反思。因而汉帝国保留了秦朝的国家机器架构以及法律系统，但同时放弃了让这个系统高效运行以贯彻皇帝意志的功能。汉初的“无为而治”在一定程度上是恢复了战国时代关于帝国君王的预设，因而将秦始皇所确立的君王神圣性进行了弱化。

但是，君主是神还是人，皇帝的肉身存在与永恒神圣性之间的悖论问题是汉初统治者最终要回答的问题。《史记·封禅书》的一个细节透露了玄机。里面提到文帝下诏：“秘祝之官移过于下，朕甚弗取，其除之。”这种移过于下的传统本身就体现了皇帝权威的绝对正确性——即使个别的皇帝本人不能做出正确的决定，可通过将其个体的过错转移到大臣身上，从而象征性地实现皇帝权威的神圣性。神的肉身化，以及神圣性的现世标准导致了中国的皇帝信仰成为人的自我神圣化欲望的表达。至此，超越人的现世欲望的道德标准崩塌，追逐欲望的满足，个体欲望极度膨胀，自我成神的倾向一发而不可收，到汉武帝时达到了顶点。

因此，司马迁在《五帝本纪》中记录黄帝行封禅前“修德振兵”“抚万民”“万国和”“未尝宁居”，行封禅之后，推贤治民，劳勤心力，节用财物。而《封禅书》中，司马迁写武帝行封禅的同时又写河决、天旱、蝗灾及伐匈奴、南越、朝鲜诸事，两相对比，则深意自显。司马迁以民心向背为君主的天命之关键，君王之修德爱民又为得民心与否之关键。汉武帝不追随修德爱民的上古贤君黄帝，而沉迷于效仿乘龙成仙的黄帝，在司马迁看来实际上是一种自我神圣化的行为，其实是武帝将个人欲望凌驾于天道之上。因此司马迁在《汲郑列传》中借汲黯之口直接点出汉武帝“内多欲而外施仁义”的真相。在司马迁看来，黄帝作为上古圣王的典范，其权威的基础在于修德，而非成仙。汉武帝只有关注“人事”，而非“鬼神”，以修德抚民为治政之基，才能真正避免重蹈秦之覆辙。

因此，钱穆有言：“盖汉武鄙薄始皇，远慕唐虞。究其所至，仍亦为始皇之所为而止耳。而汉武顾自以为唐虞三代，不知其仍为亡秦之续也。……汉廷学者，至武帝时，几无不谈唐虞三代，而深斥亡秦者。然不知其所高谈所深斥，要亦未出亡秦之牢笼。上者亦不越于战国。此惟司马迁能言之。”①

① 钱穆：《秦汉史》，生活·读书·新知三联书店 2012 年版，第 87 页。

三、黄帝形象背后的帝国空间秩序

对司马迁而言，天人分际的问题是一个政治问题。①与皇帝制度的建立相关联，天人之际还蕴含着帝国政制对于神圣空间与世俗空间的安排。古代中国的政治权力必须将自身置于上述两个空间当中，找到自己的合理位置，从而获得其合法性的根基。从上古时代至武帝朝，空间秩序以天人关系为中心，经历了几次重大的变化，集中反映在“绝地天通”的神话中。

《尚书·吕刑》中记载：

> 若古有训，蚩尤惟始作乱，延及于平民……苗民弗用灵，制以刑，惟作五虐之刑曰法。杀戮无辜……上帝监民，罔有馨香德，刑发闻惟腥。皇帝哀矜庶戮之不辜，报虐以威，遏绝苗民，无世在下。乃命重、黎，绝地天通，罔有降格。②

《国语·楚语下》中，楚昭王问观射父“绝地天通”的含义，答曰：

> 古者民神不杂。……于是乎有天地神民类物之官，是谓五官，各司其序，不相乱也。民是以能有忠信，神是以能有明德，民神异业，敬而不渎，故神降之嘉生，民以物享，祸灾不至，求用不匮。
>
> 及少昊之衰也，九黎乱德，民神杂糅，不可方物。……颛顼受之，乃命南正重司天以属神，命火正黎司地以属民，使复旧常，无相侵渎，是谓绝地天通。③

《尚书》是“绝地天通”神话最早的出处，而《国语》中观射父对这一神话的解释则反映了春秋时期对于天人关系的普遍理解，并且这种理解一直延续到了汉代。在“绝地天通”的神话中，我们可以明确地看到上古天人关系的演变

① 徐复观：《两汉思想史》第三卷，华东师范大学 2001 年版，第 194 页言：“过去的历史，实由政治所支配，这是史公所无法逃避的现实。所以他的思想，不能不落在政治之上。”

②《十三经注疏·尚书正义》，北京大学出版社 1999 年版，第 535—539 页。

③《二十五别史·国语》，齐鲁书社 2000 年版，第 274—275 页。

轨迹：民神不杂—民神杂糅—绝地天通。尽管《国语》中提到“绝地天通”乃是“始复旧常”，然而我们从具体的描绘中可以看到，二者是完全不同的两种状态。前一阶段的民神不杂乃是天人之间各得其序，不相乱也，同时又保持了良好而畅通的交流；而后一阶段，《尚书》中特别强调了“罔有降格”，这就意味着天人之间通过巫师的降神而达致交流的途径被断绝，进而取消巫在上古沟通天人的重要中介作用。《国语》中，观射父将实施绝地天通的主体由《尚书》中的神（上帝）解释为人王颛顼，也从另一个层面表明，以巫为中介的人神交互最后被人王独占通天的特权、以挟天命行人间统治而取代。因此，神圣空间与世俗空间经历了平行共存，到相互交融，再到彻底隔绝的三个阶段。而最后一个阶段的隔绝事实上确立了人王处于神圣空间与世俗空间之间，即天人之际的独一无二的地位，以及其政治权力的不可取代性。借由神圣空间所赋予的权力，人王得以分配其在世俗政治空间的权力格局，从而确立国家权力秩序建立的基础。

周代的统治者就以上述理论为依据建立了自己的“天命”思想。天作为决定人间政治的至高神，在人间拣选符合天的绝对正义、拥有神圣品质的人，赋予其与天沟通的特权，同时也赋予其政治统治的合法性，从而保证了周天子之至高无上且独一无二的权威不可取代。春秋战国礼崩乐坏，原有的权力格局被打破以后，重新建立天地之间，四海之内的帝国空间秩序，成为知识阶层的共同理想。“天下混而为一”的大一统国家政治形式不仅已为士人接受，而且被视为无可置疑的当然之理，并演进为合乎时代品格的帝国思维模式。同时，经过思想启蒙的战国后期，在天人分际基础上，构建人间治世的理想典范成为知识阶层一致的目标。于是，在战国后期初步形成了以“德”为中心的帝国权力秩序设想。在这些构想中，上天与君王的关系以君王的职责与限度为体现，国君权力不是绝对的，而是有条件的。其统治合法性来自人民和神明这两个主要对象。人民要求生活有保障，神明要求祭祀。如果国君不能满足这些要求，就失去了统治合法性，即会招致上天的干预。民、天与君王各归其位，从而构成一个完整的政治空间。封禅正是一个君王体现其联结神圣空间与世俗空间的特权以宣示其权力合法性的重要仪式。司马迁及其父亲事实上非常重视封禅大典的仪式，司马谈也曾配合儒生方士一起商议封禅大典的具体形制。因此，《封禅书》中写道：

昔三代之皆在河洛之间，故嵩高为中岳，而四岳各如其方，四渎咸在山东。至秦称帝，都咸阳，则五岳、四渎皆并在东方。自五帝以至秦，轶兴轶衰，名山大川或在诸侯，或在天子，其礼损益世殊，不可胜记。及秦并天下，令祠官所常奉天地名山大川鬼神可得而序也。①

田天的《秦汉国家祭祀史稿》中详细勾勒了秦汉国家祭祀制度的建立过程，在其中我们不难看出秦与汉在神圣空间与世俗空间关系上的重大变化。

秦人用本国国家祭祀的基本形式，搭建出帝国国家祭祀的框架，又吸收了东方山川、八主等关东地区的祭祀形式。……它们作为秦代国家祭祀形式的重要组成部分，也被西汉继承。……如果说在秦代，战国的东方传统进入国家祭祀体系并造成了一定的影响，那么在西汉武帝朝，借由邹鲁儒生和燕齐方士，东方文化与东方传统大规模复归，直接参与了最高国家祭祀的重塑。②

秦始皇建立了一个以至高无上、严酷苛刻的皇帝为中心，能够贯彻皇帝意志的一整套国家机器，从而帮助皇帝将他权力控制的范围延伸到帝国的各个角落。但是，从秦的国家祭祀体系可以看出，秦帝国将原来作为诸侯国的秦国祭祀格局直接放大至整个帝国，对于东方原有的祭祀体系吸收内化得并不充分。可以说，神圣空间的建构并不能对应世俗空间的扩大，这一点正对应了秦统一之后长期存在的关中—东方二元文化格局。某种程度上说，这也是秦迅速崩溃的原因之一。因此，汉帝国的建立者意识到了实现大一统的复杂性。在他们的意识当中，得天命，得民心，实现思想层面的大一统才能免于重蹈秦的覆辙。因此，汉帝国最大限度地被包容在文化层面现实存在的东西二元格局之中，这样的局面一直到汉武帝时才打破。汉武帝最大限度上将关中与东方不同的信仰体系相整合，在秦帝国所建构的神圣空间当中加入了最具代表性的东方传统，并找到二者的结合点，重新建构了汉帝国的神圣空间。黄帝传说就成为神圣空间大一统的关节点。因此，《秦汉国家祭祀史稿》中提到：

甘泉泰畤的太一，则是武帝推立的全新至上神。……不过，此时，

① 司马迁：《史记·封禅书》，中华书局2011年版，第1272页。

② 田天：《秦汉国家祭祀史稿》，生活·读书·新知三联书店2015年版，第7—8页。

太一祭祀尚未体现出与其他祭祀十分不同的特征。……武帝并未十分肯定太一的地位。……在公孙卿构拟的历史中，黄帝所得的这只宝鼎，即泰帝所铸的神鼎。黄帝得鼎书后“迎日推策”，终于“登仙于天”。得自申公的“鼎书”已经预言，武帝得到神鼎后，如能效仿黄帝封禅，便能够像黄帝一样登仙。这也就是公孙卿所谓“得天之纪，终而复始”。正是这一番说辞，成了武帝立太一坛的最后触发点。……太一（泰帝）祭祀对武帝最大的吸引力，与“周而复始”的预言相关。武帝笃信自己受天命神策，能与黄帝同功。①

通过对以甘泉泰畤为中心的神圣空间的建构，武帝朝让整个国家的祭祀体系在承担神圣的职能以外，与世俗政事保持密切的联系。武帝在位 57 年，临幸甘泉宫 75 次，诸多帝国的重大决策包括立储在内，都发生在甘泉宫。同时，武帝借祭祀之机，亲至东方地区处理政务、考察官员，进行最直接的管理。《史记》中，司马迁完整记录了汉武帝“外攘夷狄，内修法度”，最终实现了“德归京师”，“一人有庆，万民赖之”的大一统局面。在这之中，完整建构帝国的权力空间无疑是一个极为重要的内容。从汉武帝通过封禅所建立的国家祭祀体系来看，将君王权力与上天的权柄相结合，无限扩大君王在天地之间的地位，并且将先前的神圣空间与世俗权力空间相分隔的帝国空间结构重新合二为一，使其能够相互对应，从而进一步实现天地人集于君王一人的高度专制化的大一统模式。

然而，《史记》以黄帝为开端，司马迁在交代《五帝本纪》的撰写宗旨时讲得很清楚：

维昔黄帝，法天则地，四圣遵序，各成法度……厥美帝功，万世载之。作《五帝本纪》第一。②

其后，《五帝本纪》记叙黄帝功业的时候，特别突出了他抚万民、和万国、得宝鼎，获天受命，然后封禅以敬神的事迹。也就是说，在司马迁看来，作为

① 田天：《秦汉国家祭祀史稿》，生活·读书·新知三联书店 2015 年版，第 192—193 页。

②司马迁：《史记·太史公自序》，中华书局 1999 年版，第 2859 页。

君王必须能够真正将神圣空间与世俗空间相联结，扮演好天人之际的角色，从而得以以封禅来确立其统治的合法权威。

与此相对照，《封禅书》中的黄帝“且战且学仙，患百姓非其道者，乃断斩非鬼神者。……鼎既成，有龙垂胡髯下迎黄帝。黄帝上骑，群臣后宫从上者七十余人，龙乃上去。余小臣不得上，乃悉持龙髯。龙髯拔，堕……”①

前后两个黄帝的形象，一个是遵循天地时序，勠力为民的君王，而另一个则是与臣民的关系紧张而决绝，斩断一切人间关系的独断式君王。通过这样的两相对照，司马迁在这里暗示了武帝在天人之际扮演君王角色的重大失误，即他忽视了作为神圣空间与世俗空间的各从其序的维护者的职责，特别是忽视了自身权威合法性的另一个重要支柱——民，从而可能面临丧失权力合法性的危险。

可以说，从秦始皇开始到汉武帝的帝国空间秩序是逐渐将皇帝与天相结合，神圣空间挤压世俗空间而导致自秦代以来的尊君抑臣，以及无限君权建立的过程。最终，皇帝成为受命于天的至高存在，而否定了君对于天和民的双重责任，进而否定了“人事”。因此，司马迁通过《五帝本纪》中的黄帝功业表明，自古帝王均依人力而治，从而明白无疑地批评了汉武帝建立专制集权的过程中过于凸显君王承天命的至高无上的权力，而忽略了作为人君建立权威的德政基础。

因此，《史记》当中的“黄帝”形象问题与全书“究天人之际，通古今之变，成一家之言”的总体目标紧密结合、交相呼应，是司马迁发表自己对于武帝一朝帝国政制看法的微言所在。可以说，司马迁对汉武帝时代大一统帝国的崛起总体上是认同与赞颂的，他以黄帝作为帝国历史的开端，整体上构建了一个时间与空间上都连贯整一的帝国史。然而，理想中的永恒帝国与现实政制中对于帝国永恒存续的诸多威胁是司马迁所忧虑的，其中最为关键的一点就是皇帝的私欲与帝国的整体利益之间内在的紧张关系。因此，黄帝的形象就不仅仅是一个历史源头这么简单，而涉及理想政制与现实政制的对照中，体察国运之兴衰的关节点，即所谓“原始察终，见盛观衰”的创作初衷。

（郭星，西安工业大学副教授，文学博士。）

① 司马迁：《史记·封禅书》，中华书局2011年版，第1187页。

《史记》民族认同思想刍议

马 倩

战国之时形成了较稳定的民族共同体和“华夷五方”格局，民族认同的文化、政治趋势已经形成。秦汉大一统使得这一趋势变为现实，而司马迁在《史记》中将这一趋势行诸文字，首创民族史传，列有《匈奴列传》《东越列传》《南越列传》《朝鲜列传》《西南夷列传》《大宛列传》六篇，分别按地区写出北方、南方、东南、东北、西南、西北的民族历史，这六篇合起来基本是一部较完整的民族史，也是中国最早系统地对少数民族历史的记载。这些民族史传与其他篇章交相辉映，展现了中华民族全方位的历史，发展了民族同源、民族统一的思想。

一、华夷共祖与民族认同

民族是具有共同生活方式的人们的共同体，必须和“非我族类”的外人接触才发生民族的认同。①民族认同即是社会成员对自己民族归属的认知和感情依附。②可见，认同不仅包括对自身所属民族心理的趋同，而且也包括对“他族”的区分。民族的形成在于认同，出自民族角度最为突出的观念就是民族共祖的形成。

司马迁在《史记·五帝本纪》中提出了以黄帝为中心的五帝世系，“华夷共祖”“华夷一家”民族大一统思想始肇于此。③“华”是指春秋战国以来逐渐形

① 费孝通：《中华民族多元一体格局》，中央民族学院出版社1989年版，第7页。

② 王希恩：《民族过程与国家》，甘肃人民出版社1997年版，第140页。

③ 先秦文献中已经有了华夷共祖的记载，《史记》将其进行整合，使之成为华夏一脉的民族观。

成的具有共同文化认知的华夏族，[①]至秦汉统一之后发展成为汉民族，是秦汉时期统一多民族国家的主体。"夷"是西周以来华夏族对其他族群的泛称，在秦汉统一政权以外的周边各少数民族，都被称为"夷"。"祖"主要是指在大一统文化语境中的人文初祖黄帝。"华""夷"的主要区别在于文化认知，而不在于血缘和地域。

先秦时期的族群认同观念自《左传》《国语》《世本》等文献已经肇端。[②]最早在《春秋》中称之为夷、狄的族群，如楚、秦、吴，在春秋中后期逐渐被纳入到华夏族群中。[③]《国语》中周太子晋在劝谏周灵王时曾经言"皆黄炎之后也"，便是逐渐形成的以炎黄为共祖的新的民族认知。在这一共同认知的基础上，战国时期的吴楚族群，包括秦人，都不再将自己视为戎狄。[④]《世本》中将诸多少数民族也都追祖于黄帝。《世本》中记载的允姓，本为少数民族之姓，允姓之下所列具的各国，诸如鄀、允格、壹骀、陆浑、阴戎等皆是少数民族之族属及建国，他们在追溯自身姓氏源起之时，也是多向黄帝靠拢，通过黄帝子孙建立起血缘关系，以达到归向华夏的目的。"鄀"在《世本》中记载为"允姓国，昌意降居为侯"，"格氏"记载为"出自允格之后"，而允格则在《左传·昭公元年》中记载为"昔金天氏有裔子曰昧，为玄冥师，生允格、台骀"，允格即金天氏之裔孙，自然应该为黄帝之子孙。壹氏者亦如是，"金天氏裔孙"，也即自视为黄帝之子孙。除允姓之外，嫱姓之中，"翟氏"，《世本》记载"黄帝之后，代居翟地"，也是追祖于黄帝。

《史记》对先秦就已经存在的这种文化认同趋势进行了整理，将原本散乱的族群关系进行了整合，使之形成了以黄帝为起点、五帝脉系为核心、诸多族群涵括在内的华夏民族形成史。

---

① "华夏民族"并不是真正意义上的民族，与"汉族"的概念不同，它不是如今的单纯民族观念下的民族，而是建构在文化认同基础上的一种合称，与之相对应的就是对不在本文化圈内的民族的称谓，如夷、狄、蛮、戎。

② 民族的形成在于认同，出自民族角度的最为突出的观念就是民族共祖的形成。

③《左传》中多次出现对于楚、吴、秦的称谓，均是以夷、狄、戎、蛮称之。

④《战国策》中对秦、楚诸侯的劝说已经不再有戎狄歧视的观念了。

《史记·五帝本纪》开篇载："黄帝者，少典之子，姓公孙，名曰轩辕。生而神灵，弱而能言，幼而徇齐，长而敦敏，成而聪明。"[①]"黄帝二十五子，得其姓者十四人。"黄帝娶西陵之女，得子玄嚣与昌意，昌意之子高阳，是为颛顼。颛顼后，帝高辛即位，是为帝喾，喾为颛顼之侄，黄帝之曾孙。帝喾娶陈锋氏之女，生放勋，是为帝尧。而虞舜虽非尧子，但根据记载，"虞舜者，名曰重华。重华父曰瞽叟，瞽叟父曰桥牛，桥牛父曰句望，句望父曰敬康，敬康父曰穷蝉，穷蝉父曰帝颛顼，颛顼父曰昌意"[②]，以此推算，虞舜也为黄帝后裔。这样一来，五祖同宗，五祖之间有着密切的血缘关系。

司马迁力图从世系衍变和同源共祖的关系来说明统一多民族国家的形成和发展。不但五祖同宗，而且三王也共祖黄帝。《五帝本纪》和《夏本纪》都将夏禹视为黄帝的直系子孙，《史记·三代世表》还提出了商始祖契与周始祖后稷同是黄帝的后代，是同父同祖的兄弟。这样一来，夏、商、周三代共祖黄帝，而夏、商、周三个王朝作为中华民族最早的核心和中华民族凝聚力的最早的起点，不断朝着中华民族发展。虽说三代世系有矛盾抵牾之处，但从中体现出的"圣王同祖于黄帝"的思想却不容忽视。

秦、楚、燕本是华夏族周边存在的戎、蛮、夷、狄等少数民族集团，随着民族融合，战国时期已成为华夏的一部分，秦、楚、燕等已列于中国，进而问鼎中原了。司马迁通过层层追祖溯源，认为他们也都是黄帝的后裔。"秦之先，帝颛顼之苗裔孙曰女脩"[③]，"楚之先祖出自帝颛顼高阳"[④]，"越王句践，其先禹之苗裔，而夏后帝少康之庶子也"[⑤]。西方的秦本为地处偏远的部落，其远祖多以驯兽驾车见长，虞舜时造父受封到周屡有功，位列诸侯，并在不断吸取中原文化后逐渐发展为强国。南方的楚在春秋时北侵诸夏，中南部的越人文身断发，均被视为"夷"。司马迁通过将其先祖追尊至黄帝，完成其民族族源历史记忆的

---

① 司马迁：《史记》卷一《五帝本纪》，中华书局 1982 年版，第 1 页。

② 司马迁：《史记》卷一《五帝本纪》，中华书局 1982 年版，第 31 页。

③ 司马迁：《史记》卷五《秦本纪》，中华书局 1982 年版，第 173 页。

④ 司马迁：《史记》卷四〇《楚世家》，中华书局 1982 年版，第 1689 页。

⑤ 司马迁：《史记》卷四一《越王勾践世家》，中华书局 1982 年版，第 1739 页。

重构。

五帝与夏商周秦楚之间通过某些传说意味颇浓的材料，建立起彼此间共同的历史根性，被赋予了华夏族共同的血脉。司马迁在构建大一统思想时，建构出的华夷一体、夷夏共祖的观念，民族认同是其中重要的一环。如果没有共祖的认定，大一统的整个框架便无法完成。

既然秦已入本纪，楚、吴、越已入世家，那么匈奴、东越、南越、朝鲜、西南夷进入列传也就符合情理了。《匈奴列传》称："匈奴，其先祖夏后氏之苗裔也，曰淳维。"[①]匈奴作为北方的一个游牧民族，族称始见于战国，因与华夏族差异明显，长期被视作与华夏族有异的族体而存在。尽管汉、匈间冲突、战争不断，但追溯"先祖"后却是同源。《东越列传》中交代了闽越王与东海王的来历，"闽越王无诸及越东海王摇者，其先皆越王句践之后也，姓驺氏"[②]。闽越王无诸和东海王摇是越王勾践之后，勾践为夏禹之苗裔，禹又是黄帝之玄孙帝颛顼之孙，这样其族也即黄帝之后。《西南夷列传》所涉族国众多，而滇是叙述重点之一。"始楚威王时，使将军庄蹻将兵循江上，略巴、黔中以西。庄蹻者，故楚庄王苗裔也。"[③]楚人的先祖为帝颛顼，那么作为楚之苗裔的滇王，亦即楚人之后，自然也是黄帝之后了，甚至朝鲜也与黄帝有千丝万缕的关系。[④]

在此，司马迁完成了对这个庞大共同体既往历史的重建，其中共同的血缘是维系彼此的关键因素。不论是华夏共祖或是华夷共祖，司马迁通过层层祖源追溯，将其祖源都追溯至黄帝，明确体现出"夷夏一体"的思想，使得民族认同有了强有力的约束力量，这种血缘认同有利于维护国家和民族统一，这一重要的标识可以缩短我族与他族的心理距离，更有效地固化已建立的大一统格局。当然，司马迁将各少数民族之始祖皆视为五帝之后或华夏民族之后，提法看似牵强片面，但在客观上却把此时期民族纳入到一种强大的民族聚合力之中，用华

---

① 司马迁：《史记》卷一一〇《匈奴列传》，中华书局 1982 年版，第 2879 页。

② 司马迁：《史记》卷一一四《东越列传》，中华书局 1982 年版，第 2979 页。

③ 司马迁：《史记》卷一一六《西南夷列传》，中华书局 1982 年版，第 2993 页。

④《史记·宋微子世家》载："箕子者，纣亲戚也。"周武王灭商纣王后，"乃封箕子于朝鲜"。又《史记·朝鲜列传》载："朝鲜王满者，故燕人也。"

夷共祖这一民族文化认同思想，使各民族自觉融入华夏族中，并使之成为一种文化上的必然趋势。

《史记》这一书写方式，对后代正史撰述民族史传无疑有导夫先路之功，而司马迁也成为撰写民族列传的先行者，《史记》中反映出的民族认同观念，也是对中华民族多元一体格局的认同。司马迁在论述天下各民族出于一源时，实旨在说明汉王朝统一天下的合理性，是在宣扬天下一统的民族观念。所以从另一个角度理解，司马迁虽将各民族纳入七十列传之中，但最终的落脚点却放在了"尊汉"上。

二、天下一统的民族观

秦汉时期由于统一中央集权制的建立和政治大一统局面的出现，以"华夏"为中心的民族观正在逐渐形成，其形式的核心是以"华夏"为中心，以"四夷"为辅。当然，不可否认的是，在先秦文化认同的发展进程中，本就存在着一直发挥作用的夷夏之防观念。①

夏、商、周三个王朝均以华夏族为主体，长期以来诸夏与夷狄社会不论是生活习俗或是文明程度均呈现出不平衡状态，"内其国而外诸夏，内诸夏而外夷狄"便成为诸夏处理与少数民族关系时的基本原则。诸夏为了捍卫本族的文化优越

---

① 贾谊认为，"凡天子者，天下之首，何也上也。蛮夷者，天下之足，何也下也"。参见《汉书》卷四八《贾谊传》，中华书局 1962 年版，第 2240 页。董仲舒发挥《公羊传》的思想，对夷夏的分辨更为精细，强调"从变从义"，以礼仪文化区分华夏夷狄，从王者一统的角度肯定教化"四夷"的必要性，把"天下"的民族划分出严格的明伦秩序："《春秋》慎辞，谨于名伦等物者也。是故小夷言伐而不得言战，大夷言战而不得言获，中国言获而不得言执，各有辞也。有小夷避大夷而不得言战，大夷避中国而不得言获，中国避天子而不得言执，名伦弗予，嫌与相臣之辞也。是故大小不逾等，贵贱如其伦，义之正也。"董氏将夷夏分为三等，即中国、大夷和小夷，强调小夷避大夷、大夷避中国、中国避天子。也就是说，不但有夷夏之别，而且还有大夷小夷之别，即在大一统的政治格局之下，各民族是分成大小贵贱等级的，最高的民族是华夏中国，其他各民族则"贵贱如其伦"。参见苏舆撰，钟哲点校《春秋繁露义证》卷五《精华》，中华书局 1992 年版，第 85 页。

感，往往会着重强调夷夏相异性，进而在话语系统中否定夷狄，甚至在道德上贬低夷狄。如《左传·闵公元年》中管仲曰："戎狄豺狼，不可厌也。诸夏亲昵，不可弃也。宴安鸩毒，不可怀也。"[①]"戎狄冒没轻儳，贪而不让，其血气不治，若禽兽焉"[②]，已经将戎狄视为非人化的禽兽。司马迁在民族专传中，将少数民族视作客观实体，正视其与华夏族相异之处，并未将其视为外族。随着民族交往的增多，"夷夏之防"的观念也渐被抛开，夷狄族群也往往被融合于华夏族群。

西周前期，通过推行井田制与分封制，极大拓展了王朝的疆域，中原地区文化和习俗相近的民族不断融合，形成了华夏族的主干。而在其四周，分散着一些少数民族政权，因之习于迁徙而无统一政权，具体的族体数量不得而知，遂以夷、蛮、戎、狄概称。此时的华夏族并未真正形成，经常会受到少数民族的野蛮掠夺。随着西周亡于犬戎，平王被迫东迁，王室日益衰微，春秋战国时期诸侯渐强而戎狄并盛，诸侯之间以力相争，形成混战不休的政治局面，于此之时诸多少数民族迁居于中原，渐渐被同化为华夏族的一部分。至秦，并山东六国统一诸夏，建立了中国历史上第一个统一的国家，并采取一系列措施巩固中央集权制，从政治统一的层面为地理范围内的诸多民族的内化提供了保障。

《秦始皇本纪》载，"王翦遂定荆江南地；降越君，置会稽郡"[③]，"分天下以为三十六郡，郡置守、尉、监"[④]，"始皇乃使将军蒙恬发兵三十万人北击胡，略取河南地"[⑤]，"三十三年，发诸尝逋亡人、赘婿、贾人略取陆梁地，为桂林、象郡、南海，以适遣戍。西北斥逐匈奴。自榆中并河以东，属之阴山，以为十四县，城河上为塞。又使蒙恬渡河取高阙、阳山、北假中，筑亭障以逐戎人"[⑥]。秦平定六国统一诸夏后，采纳丞相李斯建议，分天下为三十六郡，后陆续共建有四十郡。其中闽中郡治东冶（今福州市），桂林郡治桂林（今广西桂平），象

①《春秋左传正义》，中华书局 2009 年版，第 1346 页。

② 徐元诰撰，王树民等点校：《国语集解》，中华书局 2002 年版，第 58 页。

③ 司马迁：《史记》卷六《秦始皇本纪》，中华书局 1982 年版，第 234 页。

④ 司马迁：《史记》卷六《秦始皇本纪》，中华书局 1982 年版，第 239 页。

⑤ 司马迁：《史记》卷六《秦始皇本纪》，中华书局 1982 年版，第 252 页。

⑥ 司马迁：《史记》卷六《秦始皇本纪》，中华书局 1982 年版，第 253 页。

郡治临臣（今广西崇左），南海郡治番禺（今广州市），这几郡已辖今广东、广西、福建部分地域，后又遣使经营西南夷并置吏管理。秦所建的全国性郡县制，所有郡县直属中央管辖，相当于建立了中央集权。中央集权制是我国政治管理体制的一大变革，反映了华夏族这一政治共同体内部一致性的加强。“地东至海暨朝鲜，西至临洮、羌中，南至北乡户，北据河为塞，并阴山至辽东”①，实现了西至甘宁，北至内蒙古，东至海及辽河以东，南至岭南广大地区的政治统一。这次统一是以黄河流域的华夏族为主，实也包括了周边一些少数民族，西部氐羌、北方及东北一部分民族、东夷已基本融入华夏族，百越基本上纳入秦帝国版图，成为秦人的一部分。秦建立的统一多民族国家不仅是历史上第一次空前大一统，也是我国统一多民族国家形成的重要标志。

汉朝建立以后，对与少数民族的关系，分为两个阶段，汉武帝以前主要采取和平手段，武帝以后主要依靠武力手段。汉初，鉴于战乱对经济的严重破坏，为了稳固政权，恢复生产，对周边少数民族更多采取的是和平友好政策，如与匈奴和亲以求北边安宁，向南越遣使通好建立番邦关系等。武帝时期，随着中央集权日益稳固，经济、文化繁荣昌盛，中央已不再满足与其他民族的和平相处政策，民族关系变保守自保为主动出击，甚至采取战争手段解决积久的矛盾。武帝分别在元朔二年（公元前127年）、元狩二年（公元前121年）、元狩四年（公元前119年）派卫青、霍去病北击匈奴，夺取匈奴所侵略的河南地、阴山地区，设立了朔方郡（治朔方，今内蒙古乌拉特前旗地），取匈奴河西地，置酒泉郡（治禄福，今酒泉）、武威郡（治姑臧，今武威）、敦煌郡（治敦煌，今敦煌）、张掖郡（治觻得，今张掖）四郡。上述五郡的设立，使今内蒙古、甘肃、青海部分地区和分布在这一地区的少数民族，有效地加入统一多民族国家的管辖之中。

除征讨匈奴外，武帝对其他民族也加紧了征伐的节奏，如利用闽越与东瓯矛盾，先后将其迁入江淮一带，归会稽郡，成为汉朝的编户齐民，之后其逐渐融入汉族。后又平定南越和海南，设置了岭南九郡，即南海郡（治番禺，今广州市）、苍梧郡（治广信，今广西梧州）、郁林郡（治布山，今广西桂平）、合浦郡（治合浦，今广西合浦东北地）、交趾郡（治羸娄，今越南河内市）、九真郡（治

① 司马迁：《史记》卷六《秦始皇本纪》，中华书局1982年版，第239页。

胥浦，今越南清化地）、日南郡（治西卷，今越南广治）、珠崖郡（治瞫都，今海南琼县）、儋耳郡（治儋耳，今海南新英县）。通过设置以上九郡，使先秦以来一直活跃在南方的百越，也基本被纳入统一多民族国家之中，而且还有部分越族融于汉族。

在西南，汉武帝从建元六年（公元前 135 年）开始，先后设立了犍为郡（初治鳖县，今贵州遵义，后治僰道，今四川宜宾）、牂柯郡（治故且兰，今贵州贵定县）、越巂郡（治邛都，今四川西昌）、益州郡（治滇池，今云南晋宁、澄江）、武都郡（治武都道，今甘肃武都县北）等郡县，在这些地区采取羁縻统治，因其俗以为治，除中央所派郡县官吏外，仍保留地方少数民族统治者。武帝经过这一系列的征伐与开拓，客观上将大多数少数民族融入统一多民族的郡县体制之内，建立了空前强盛和广阔的多民族国家。

总之，《史记》除了主要叙述中原王朝的兴废荣衰，还为东、西、南、北这些少数民族立传，反映了司马迁“天下一统”的思想，说明了天下一统不仅包括政治上的统一，还包括民族的统一。随着郡县制在周边少数民族分布区的推广、民族间融合交往的增多和“天下一家”政治观念的加强，汉王朝大一统格局也更加稳固。

三、“夷夏共创”的历史观

夷夏共创指中华民族的历史是由主体民族华夏族和少数民族共同创造和发展的历史。春秋战国时期，由于经济、文化等水平的不同，诸夏与蛮夷表现出一定程度的差异，被看作四裔，而兼并、会盟等又促使各民族混为一体。①

先秦史料文献中，对于少数民族的记载都是无意的附着，大多零星碎散，不得其详。孔子认为“夷狄之有君，不如诸夏之亡也”，即言“中国”有礼，而“夷狄”无礼，主要表现为文化上的自豪感和优越感，但也滋生出“夏尊夷卑”之观念。《礼记・明堂位》中传达出的“以内为亲为尊”和“以外为疏为卑”，实

① 童书业：《春秋左传研究》，上海人民出版社 1980 年版，第 252 页。

是对“内诸夏而外夷狄”的延伸。《礼记·王制》①更是将东、南、西、北化为夷、蛮、戎、狄四族，以居中者为中国，不同地域不同种族的人因地理环境的不同，产生了不同的“性”，在服饰、饮食、居住等方面有很大的差异，如服饰方面，有“文身”与“不文身”之分，有“被发”与“不被发”之别；饮食方面，有“火食者”与“不火食者”，“粒食者”与“不粒食者”之分；居住方面，有“穴居”和“不穴居”之分等等。由此看来，“五方之民”的划分依据更多的是区域文化，而不是血缘。三代政治格局表现出明显的地域政治性，如大禹划天下为九州，五服制的出现。

《史记》首为少数民族设立专传，最早建立了少数民族历史体系，将民族传分编于七十列传之中，且与名臣将相互为并列关系，开始形成完整的中国历史。后出正史虽也设立民族专传，但基本是作为中原汉王朝的陪衬或从属而加以记述，并将其编排于华夏之后，书于史书之末，这种定型的四夷模式将少数民族放在不平等地位上，并对其持鄙视态度，也使得被我们称为正史的史书在某种程度上成为汉民族的发展史。随着民族交往的日益增多，周边民族以不同身份参与到各个历史时期的政治事务中来，司马迁在《太史公自序》中，论及设立民族专传的原因：

> 自三代以来，匈奴常为中国患害。欲知强弱之时，设备征讨，作《匈奴列传》第五十。
>
> 汉既平中国，而佗能集杨越以保南藩，纳贡职。作《南越列传》第五十三。
>
> 吴之叛逆，瓯人斩濞，葆守封禺为臣。作《东越列传》第五十四。

---

①《礼记·王制》曰：“凡居民材，必因天地寒暖燥湿，广谷大川异制。民生其间者异俗，刚柔、轻重、迟速异齐，五味异和，器械异制，衣服异宜。修其教，不易其俗，齐其政，不易其宜。中国戎夷五方之民，皆有性也，不可推移。东方曰夷，被发文身，有不火食者矣；南方曰蛮，雕题交趾，有不火者矣；西方曰戎，被发衣皮，有不粒食者矣；北方曰狄，衣羽毛穴居，有不粒食者矣。中国、夷、蛮、戎、狄，皆有安居，和味，宜服，利用，备器。五方之民，言语不通，嗜欲不同。达其志、通其欲：东方曰寄，南方曰象，西方曰狄鞮，北方曰译。”（参见郑玄注，孔颖达正义《礼记正义》，上海古籍出版社 2008 年版，上册，第 537—538 页。）

燕丹散乱辽间，满收其亡民，厥聚海东，以集真藩，葆塞为外臣。作《朝鲜列传》第五十五。

唐蒙使略通夜郎，而邛笮之君请为内臣受吏。作《西南夷列传》第五十六。

汉既通使大夏，而西极远蛮，引领内乡，欲观中国。作《大宛列传》第六十三。①

由此可知，司马迁为少数民族立传的标准，一是对“为中国患害”以达到知彼而“设备征讨”，即为已威胁中央政权的少数民族立传；二是“保藩”“纳贡”，即为成为中央政权之藩臣，并尽纳贡义务的少数民族立传；三是“为臣”，即对不论自愿或被迫成为“内臣”，抑或“葆塞为外臣”的这些臣服于中央政权的少数民族立传；四是“引领内乡，欲观中国”的“来献见者”，即为虽为远蛮，但愿与中央政权进行交往的少数民族立传。根据此标准，其他一些较有影响的少数民族如羌等被排除在外。

从这六篇民族专传的论赞中,可以看出中华民族的历史绝不是由单一民族创造的，而是由各民族共同创造的。司马迁通过对历史事件的叙述，肯定了华夏民族与四夷的关系密不可分，同属于大一统国家政体之中，所以在《太史公自序》中提及赵佗为保卫南方藩属之地，东瓯人保卫封禺山终为汉臣，卫满安定真藩等部、保卫边塞而成为塞外之臣，邛、笮之君请求成为汉朝内臣并接受朝廷所派官吏等史实，并未歧视少数民族，而是承认其历史功绩，说明周边少数民族也肩负着保卫中央政权统一的责任。司马迁把周边民族看作大一统帝国的组成部分，将其历史视为汉之历史的重要部分，体现了其对“中国一统”及“泽流罔极，海外殊俗，重译款塞，请来献见”的民族合流的至高追求。

司马迁通过政治上的一统和文化上的认同，将夷夏各族都看作是黄帝的后裔，并将其纳入中原王朝历史体系之中，肯定少数民族的历史地位。以“夏”为内，以“夷”为外，从血缘和地缘两方面对民族进行划分。在使用“用夏变夷”理论时，强调用中原先进文化去改造四裔，这就打破了《公羊传》“内中国而外

① 司马迁：《史记》卷一三〇《太史公自序》，中华书局 1982 年版，第 3317 页。

诸夏，内诸夏而外夷狄”的主张及董仲舒提倡的“华夷有别”“小夷避大夷”“大夷避中国”的明伦秩序。

民族史撰述具体反映了民族区域历史与统一中央政权历史之间的密切关系，展现了中国各民族区域历史文化发展的过程。

总之，司马迁以其超卓的历史观和宽广的眼界，抛开“夷夏大防”，批判性地吸收前人有关民族问题的观念，成为第一个认真研究民族问题的史学家。如何处理好主体民族华夏族与周边少数民族的关系，历来是统治阶级关心的问题，是史家治史也不能回避的问题。他在《史记》中详述少数民族的历史，贯彻了“华夷共祖”的民族认同观，主张民族统一，反对民族分裂，从而形成了卓异于前人的民族一统观，开后世治史之先河。

（马倩，陕西国际商贸学院文学与教育学院讲师，文学博士。）

论《史记》所载周代孝文化的社会功能①

师　帅

孝是中华民族的传统美德。孝的观念源远流长，“孝”字最初见于殷商卜辞。《尔雅·释训》中将“孝”解释为“善父母为孝”。东汉许慎《说文解字》对“孝”的解释是：“孝，善事父母者，从老省、从子，子承老也。”可见孝最初仅限于血缘家庭中，是指从物质和精神两个方面奉养父母，其主要内容是祭祀祖先，善事父母。在中国历史上，孝是一个不断变化的观念，在不同的历史时期，孝的观念不尽相同。“在长期的历史发展过程中，孝的内涵从最初的尊亲养亲、祭祀祖先过渡到家庭伦理道德；再由家庭伦理泛化到处理人与人之间关系的社会伦理道德规范；最后移孝为忠，上升为国家意识形态，从而形成多重的文化内涵，渗透于社会生活的方方面面。”②本文主要透过《史记》对周代历史事件、历史人物和有关礼制的记载，研究探讨周代孝文化的内涵与社会功能。本文所谓的周代，包括西周和东周（春秋、战国）两个历史时期。

一、《史记》中周代孝文化的内涵

《史记》对周代历史的记载，主要集中在“本纪”的《周本记》《秦本纪》；“世家”的主要《吴太伯世家》《齐太公世家》《鲁周公世家》《燕召公世家》《孔子世家》等十七世家中；“列传”的主要《伯夷列传》《管婴列传》等二十四列

① 本文为国家社科基金重大项目“中外《史记》文学研究资料整理与研究”（项目编号 13 & ZD111）阶段性成果，曾刊发于《渭南师范学院学报》，2012 年第 9 期。

② 计志宏：《对中国传统孝文化的辩证思考》，《创新》2010 年第 4 期。

传中；“书”中的《礼书》，是专门探讨有关礼的若干理论问题的。司马迁在对周代历史事件、历史人物和有关礼制的记载中，给我们呈现了周代孝文化丰富的内涵。

（一）养亲尊亲，善事父母

古人云：“羊有跪乳之恩，鸦有反哺之义。”奉养父母是做儿女的义务，孝敬老人是中华民族的传统美德。在《史记》中，关于这方面的记载非常丰富。《周本记》记载道：古公亶父决定把王位的继承权传与少子季历，以便使季历传给其子周文王姬昌。长子太伯与二弟虞仲在得知父亲的心意后，“乃二人亡如荆蛮，文身断发，以让季历”。太伯他们的举动，正是尊亲的表现。而周文王姬昌没有辜负祖辈的厚望，也没有辜负父辈的希望，他“遵后稷、公刘之业，则古公、公季之法，笃仁，敬老，慈少，礼下贤者，日中不暇食以待士，士以此多归之”。所以“伯夷、叔齐在孤竹，闻西伯善养老，盍往归之”[①]。周文王的孝，已经从孝敬父母延伸到对所有长辈老人的尊敬与爱戴。《郑世家》中，郑庄公因为弟弟共叔段与母亲结下仇恨，并发誓曰：“不至黄泉，毋相见也。”在颍考叔孝心的感召下，郑庄公那颗已经木然的孝心终于温暖了。在颍考叔的策划下，郑庄公掘地见母，其乐融融，母子情意恢复如初。作者在这里既传扬了颍考叔的孝心，又彰显了母子之情难以割舍的道理。

与此相反，也有在风雨血腥的争权夺利之中背弃养亲尊亲孝道的历史。《赵世家》中诸公子为了抢夺王位，赵武灵王被围宫中，“主父欲出不得，又不得食，探爵谷而食之，三月余而饿死沙丘宫”。一代枭雄的悲剧令人悲叹！“桓公病，五公子各树党争立。及桓公卒，遂相攻，以故宫中空，莫敢棺。桓公尸在床上六十七日，尸虫出于户。”诸位公子全然不顾忠孝的道德，致使称霸诸侯的齐桓公落得如此下场，令人扼腕叹息。《齐太公世家》中，“景公卒，太子荼立，是为晏孺子。冬，未葬，而群公子畏诛，皆出亡”。亲情在权力争斗面前已经荡然无存。这些反面教材，值得人们深思。

对父母的孝敬，也包括劝谏父母。《宋微子世家》中微子曰：“父子有骨肉，

① 司马迁：《史记》，中华书局 1982 年版，第 116 页。

而臣主以义属。故父有过，子三谏不听，则随而号之。”认为侍奉父母，如果他们有不对的地方，做儿女的就应该委婉地给予劝谏；当多次劝谏，父母不愿意听从时，就要以痛哭的方式劝谏。《越王勾践世家》中记载道：范蠡次子因杀人犯法被囚禁，为了救儿子，他命第三子携千金前去营救，但长子坚决不同意说：“家有长子曰家督，今弟有罪，大人不遣，乃遣少弟，是吾不肖。”并以自杀威胁父亲。无可奈何之下，范蠡只好让他前去，结果等来的是次子被处死的消息。对于此结果，范蠡早已预料到，因为他深知长子吝惜钱财，不肯轻易弃掷千金的性格。关于范蠡走后门的事实是否合理合法，我们姑且不论，但这是一个听从儿子劝谏而坏事的例子。

在《史记》中，司马迁也记载了许多孝子不辨事情原委，盲目听从父命，一味追求孝敬的美名，以至于亡身的历史。《楚世家》中伍奢遭奸人费无忌陷害，被捕入狱。楚平王欺骗伍奢说，伍奢如能召回儿子伍尚、伍子胥，方可免罪。伍尚对子胥曰：“闻父免而莫奔，不孝也；父戮莫报，无谋也。……子其行矣，我其归死。”为了孝亲，伍尚自投罗网被杀害，伍子胥为了报仇而逃亡吴国。《李斯列传》中赵高、李斯密谋，伪造秦始皇生前书信，赐公子扶苏与蒙恬死，而扶苏不辨真伪，就哭泣着说：“父而赐子死，尚安复请。”结果自杀而死。这是典型的愚孝、愚忠的案例。

（二）祭祀祖先，守孝三年

《礼记·祭统》云：“祭者，所以追养继孝也。”又云：“是故，孝子之事亲也，有三道焉：生则养，没则丧，丧毕则祭。”说明孝道可以凭借祭礼来表达，而祭祀本身则体现了孝，因为祭祀的实质，是一种祖先崇拜，而人们追念父母和祖先，其形式就是祭祀。《周本记》云：“日祭，月祀，时享，岁贡，终王。……于是有刑不祭，伐不祀，征不享，让不贡，告不王。”[①]可见祭祀祖先，是周王朝和诸侯国的大典，那些对于祭祀活动不恭的诸侯，周王朝可以讨伐，可见当时整个社会对祭祀活动重视的程度。因为祭祀活动具有安定人心、凝聚人心的作用。在当时，也有一些政治家对祭祀活动采取了现实的态度。如《郑世

① 司马迁：《史记》，中华书局 1982 年版，第 136 页。

家》记载："六年，郑火，公欲禳之。子产曰：'不如修德。'"子产的做法，实际上是把祭祀引向更好地为政治服务的轨道。

为仙逝的父母守孝三年，也是当时孝道内容之一。《仲尼弟子列传》中孔子通过批驳弟子宰我的观点，明确提出"夫三年之丧，天下之通义也"的观点。他认为父母去世后，要按照礼节埋葬他们，祭祀他们，并通过为他们守孝三年的方式，向亡故的亲人完全倾吐自己的悲哀。人们这种悲哀，正是仁慈、善良心灵的表现。由此可见，祭祀祖先、守孝三年都是礼与孝的表现。而守孝三年，虽然并不是强制性的规定，但在当时社会普遍通行。《赵世家》中晋定公"三十七年卒，而简子除三年之丧"。赵简子为晋定公守孝三年后脱去孝服。"赵武服齐衰三年，为之祭邑，春秋祠之，世世勿绝"。赵氏孤儿赵武不仅为恩人程婴悲哀地守孝三年，而且划出一块领地，专门为祭祀程婴、公孙杵臼之用。上层社会如此，民间亦如此。孔子去世后，"弟子皆服三年。三年心丧毕，相诀而去，则哭，各复尽哀；或复留。惟子贡庐于冢上凡六年，然后去"[①]。孔子生前受到弟子们的尊敬与爱戴；孔子离世后，弟子们依然怀念他，那种发自内心的浓厚深情犹如涓涓溪流，在我们心中荡漾。《刺客列传》中，"聂政母死。既已葬，除服"，为母亲守孝三年后，聂政便慷慨悲壮地去完成刺杀韩相侠累的光荣任务。由此可见，祭祀祖先，守孝三年都是礼与孝的表现。

（三）承志立身，光宗耀祖

《中庸》云："夫孝者，善继人之志，善述人之事者也。"孝，就是能够继承先人的遗志，完成先人的事业，这种子承父志的思想具有一定的进步性。在周代，"父死子继，兄死弟及，天下通义也"[②]。所以承志立身成为人们的信条。周公辅佐成王，遭到管叔、蔡叔的猜疑，面对流言蜚语，周公表明心迹说："我之所以弗辟而摄行政者，恐天下叛周，无以告我先王太王、王季、文王。三王之忧劳天下久矣，于今而后成。武王早终，成王少，将以成周，我所以为之若

① 司马迁：《史记》，中华书局 1982 年版，第 1945 页。

② 司马迁：《史记》，中华书局 1982 年版，第 1622 页。

此。”①为了继承先祖的事业，为了周王朝的江山社稷，周公呕心沥血，无怨无悔。赵武灵王实行胡服骑射，是“欲继襄主之迹，开于胡、翟之乡，而卒世不见也”，从而建立旷世功业。“三年不飞，飞将冲天；三年不鸣，鸣将惊人”的楚庄王，继承先辈遗志，最终成为春秋五霸之一。孔子更是提出，“父在，观其志；父没，观其行；三年无改于父之道，可谓孝矣”②。时代发展到今天，孔子无改父道的思想未免有些保守。但在春秋之际，他之所以提倡这种思想，目的在于维持封建社会的稳定。

为亲报仇也是承志立身的思想之一。自古道：杀父之仇，不共戴天。古代孝子为了履行孝道，卧薪尝胆，为亲报仇的事迹不绝史书。越王勾践在姑苏打败吴军，击伤吴王阖闾的脚趾，吴军退却。“阖庐病创将死，谓太子夫差曰：‘尔忘勾践杀尔父乎？’夫差对曰：‘不敢忘。’”两年后，夫差在夫湫击败勾践，为父雪恨。楚平王杀害伍子胥父兄，这是不共戴天的仇恨，于是伍子胥逃往吴国，借吴军复仇，破楚后鞭平王以报杀亲之仇。对此，司马迁赞扬道：“弃小义，雪大耻，名垂于后世，悲夫！”③《赵世家》中赵氏孤儿最终杀奸臣屠岸贾，灭其族。《刺客列传》中秦将樊於期因为得罪秦王，逃亡至燕国，其“父母宗族皆为戮没”，对于这刻骨仇恨，“於期每念之，常痛于骨髓”，为了给亲人报仇，他甘愿自刎，把头颅献给荆轲去刺秦王。

显耀双亲、光宗耀祖是孝道的最高境界。正因为此，许多人都以出人头地、光宗耀祖为己任。《苏秦列传》中，苏秦出于对功名利禄的热衷与追求，先以连横游说秦惠王，后又以合纵游说六国诸侯，最后身佩六国相印，衣锦还乡，显亲扬名。面对家人隆重的欢迎仪式，他叹道：“此一人之身，富贵则亲戚畏惧之，贫贱则轻易之，况众人乎！且使我有洛阳负郭田二顷，吾岂能佩六国相印乎！”自得自耀之态跃然纸上。而以连横发迹的张仪，“秦惠王封仪五邑，号曰武信侯”，可谓荣耀至极，门庭熠熠生辉。

---

① 司马迁：《史记》，中华书局 1982 年版，第 1518 页。

② 杨伯峻：《论语译注》，中华书局 1980 年版，第 7 页。

③ 司马迁：《史记》，中华书局 1982 年版，第 2183 页。

（四）孝、仁、忠相融合

到了春秋战国时代，由于社会生产力的发展，封建生产关系的产生，平民的社会地位发生了极大的变化。另外，这一时期又是中国古代第一个文化高潮时期。政治、经济的发展，百家争鸣局面的出现，促进了文化思想、理论观点的大发展，而在这个发展过程中伦理道德思想占据着重要的位置，于是孝与忠、孝与仁已经出现相融合的趋势，因为孝是仁爱之心产生的根源。仁与孝的基本意蕴都是爱人，孝是行仁的根本与起点。一个连自己父母都不爱的人，决不会去爱他人。所以，仁爱之心必定先产生于养亲尊亲、善事父母的亲情之中，然后推己及人，进而惠及整个社会，忠君、爱国。

赵武灵王要臣民改换胡服，首先派大臣告诉叔父公子成说："家听于亲而国听于君，古今之公行也。子不反亲，臣不逆君，兄弟之通义也。今寡人作教易服而叔不服，吾恐天下议之也。"①以君臣孝悌之道劝说公子成支持自己胡服的决策。《晋世家》中太子申生被骊姬陷害，晋献公下令捕杀申生，有人劝太子向献公申辩，而申生却说："吾君老矣，非骊姬，寝不安，食不甘。即辞之，君且怒之，不可。"为了博取忠孝的美名，申生甘愿背负罪名，最后含冤自杀。伍尚"为人，廉，死节，慈孝而仁，闻召而免父，必至，不顾其死"②。兼备忠、孝、仁美德的伍尚，竟然被楚平王杀害了。

对于忠孝之道，孔子则在理论上做了论述，提出了"君君臣臣、父父子子"的君臣父子观点，要求君臣父子各自按照应有之道去做。但是在周代，为了争权夺利，臣弑其君、子弑其父、弟弑其兄的悲剧在历史舞台上一幕幕上演。

二、周代孝文化的社会功能

通过以上论述，我们可以总结出周代孝文化的特点：第一，孝道观念广泛渗

---

① 司马迁：《史记》，中华书局 1982 年版，第 1807 页。

② 司马迁：《史记》，中华书局 1982 年版，第 1713 页。

透于周代人们的生活方式及民俗中，既有上层统治者的孝道，也有下层百姓的孝道，但其核心内容是一致的：祭祀祖先，善事父母，都是为了维护家庭结构的稳定，属于家庭伦理道德。第二，到了春秋战国时期，随着社会的进步，孝道已经突破了血缘关系，从家庭向社会和国家渗透，成为处理人与人之间关系的社会伦理道德规范，对塑造中华民族性格方面起到了一定作用。第三，孝逐渐与忠君相结合。春秋时期，由于孝文化在维护上层社会统治以及安定社会秩序方面具有特殊的功能，从而受到上层统治者的重视。于是孝与忠君相结合。其实，统治者并非看重孝道本身，而是为了寻求社会秩序安定和政治统治的巩固。第四，孝逐渐与仁相结合。儒家学派的创始人孔子，怀有强烈的救世情怀，希望结束春秋后期混乱无序的社会状态，重新建立合理的社会秩序。他围绕善事父母这一孝道核心，丰富和发展了孝文化的深刻内容，提出了“仁”的思想。要求“弟子，入则孝，出则悌，谨而信，泛爱众，而亲仁”①。将孝和仁、孝和悌相结合。周代丰富多彩的孝文化，在历史长河中，具有一定的社会功能。

（一）周代孝文化是后世孝道发展的基础

孝观念的孕育、发展经历了相当漫长的历史阶段。孝观念在原始社会末期产生。“孝观念之所以形成于该时期，在于其产生当具备的两个条件在父系氏族公社时代已经具备，即一是基于血缘关系而产生的亲亲之情，二是个体婚制的建立。这种以血缘关系为基础的亲情就孕育了孝的萌芽，而氏族群体的尊老自然衍生出父权制家族的孝亲”②。当时的人们为了感恩父母及长辈的生育抚养，表达爱戴之情，便产生了善事父母、报答父母的观念。所以说，这时的孝观念只是一种敬亲爱亲的真挚感情，并未超出自然之性。可见孝的这种原始意义是朦胧与淡薄的。周代孝文化处于一个承前启后的历史阶段，它上承善事父母、报答父母的孝观念，并将其发扬光大。“西周灭商以后，周公摄政，制礼作乐，建立宗法制度，孝意识被纳入到宗法制度之中，成为宗法制度的重要内容”③。特

---

① 杨伯峻：《论语译注》，中华书局 1980 年版，第 4 页。

② 谭绍兵：《传统孝道的源流及分析》，《北京青年政治学院学报》2003 年第 6 期。

③ 计志宏：《对中国传统孝文化的辩证思考》，《创新》2010 年第 4 期。

别是西周以后，孝开始从家庭向社会和国家转化，这时，孝的内容也由单一向多元化扩展，由善事父母、报答父母扩展到祭祀祖先，守孝三年、子承父志、光宗耀祖，孝已经从家庭伦理扩大到宗族伦理，成为处理人与人之间关系的社会伦理道德规范。到了孔子时，将孝和仁、孝和忠相结合。曾子更是“移孝为忠”，将孝扩大到政治领域。由此可见，“孝”观念到春秋战国时代，已经系统化、理论化。到了汉代，孝观念已经被纳入封建道德体系中，逐渐成为中国传统文化的基础和核心。“且夫孝始于事亲，中于事君，终于立身。扬名于后世，以显父母，此孝之大者”[①]。这是司马谈给儿子司马迁的临终遗言，从中可以看出孝观念在汉代的发展。

（二）周代孝文化具有凝聚人心的向心力和感召力

在周代，孝意识被纳入宗法制度之中，成为宗法制度的重要内容，同时，以孝治国，孝就成为凝聚人心的法宝。周文王美德懿行，以孝治国，王道至上，天下贤能争先恐后前往。于是姜太公云：“吾闻西伯贤，又善养老，盍往焉。”[②]伯夷、叔齐也一同前来。郑国子产，为人仁爱，事君忠厚。子产执政之前，郑国“国乱，上下不亲，父子不和”。“治郑二十六年而死，丁壮号哭，老人儿啼，曰‘子产去我死乎！民将安归？’”子产忠、孝、仁的美德不仅赢得了民众的爱戴，还获得了孔子的高度赞扬。“子谓子产，‘有君子之道四焉：其行己也恭，其事上也敬，其养民也惠，其使民也义’。”可见，孝对于一个国家来说具有凝聚人心的感召力；对于社会而言，孝道具有明确的价值方向引导作用；对于普通人们而言，孝道具有道德教化的功能，对人们起着潜移默化的作用。在孔子弟子中，曾子非常注重自身道德品质的修养，提出了“吾三省吾身”的修养方法。同时，曾子还以孝著称，为了孝顺父母，他多次辞官不去赴任。“孔子以为能通孝道，故授之业。作《孝经》。”[③]曾子著《孝经》，标志着周代孝文化的发展。《孝经》专门论述行孝道的道理、准则和方法，成为人们修养的必读书目之一。《孝

---

① 司马迁：《史记》，中华书局 1982 年版，第 3295 页。

② 司马迁：《史记》，中华书局 1982 年版，第 1478 页。

③ 司马迁：《史记》，中华书局 1982 年版，第 2205 页。

经》提出："立身行道，扬名于后世，以显父母，孝之终也。"把孝与个人修养、建功立业联系起来。"故当不义，则天不可以不争于父，臣不可以不争于君，故当不义则争之，从父之令，又焉得为孝乎。"阐明了孝与顺从、孝与谏诤的辩证关系。

（三）周代孝文化具有和谐家庭、稳定社会的功能

家庭是社会最基本的细胞，家庭和睦是社会稳定的基石。春秋战国时期，礼崩乐坏，整个社会弥漫着血腥的气息，而传统孝道随着宗法制度破坏而出现动摇，养亲问题显得特别突出。而孝道的核心内容养亲尊亲、善事父母，就是强调每一个家庭的和睦美满。对此，孔子明确指出："今之孝者，是谓能养。至于犬马，皆能有养；不敬，何以别乎？"①针对当时赡养父母存在的一些问题，孔子更强调敬爱父母必须发自内心，要做到和颜悦色，希望通过孝道促进家庭的和睦，营造和谐的气氛。

《孟子·离娄上》说："天下之本在国，国之本在家。"家庭是最小的社会政治单元，维护家庭关系的和睦稳定，对于整个社会的安定十分重要。而周代的孝道讲究在家尽孝，为国尽忠，做人要有仁德。这一切有利于天下太平局面的形成，对维护社会政治的稳定起了巨大的促进作用。周公继承周文王的事业，爱护、辅佐成王执政七年，制定了一套典章制度，从而维护了社会政治的稳定，巩固了周朝的统治。子产以忠、孝、仁治理郑国，"二十三年，诸公子争宠相杀，又欲杀子产。公子或谏曰：'子产仁人，郑所以存者子产也，勿杀'"②。郑国经过子产二十六年治理，一度国泰民安，社会安定。

（四）周代孝文化对塑造中华民族性格起到了一定的作用

《礼记·开宗明义章》"夫孝，德之本也，教之所由生也。"说明孝道是道德教化的核心和基础。孝观念发展到周代已渐渐成熟，并成为一种十分重要的道德规范，是周代人立身、处世的基本准则之一。特别是孝"到了孔子手里却发

① 杨伯峻：《论语译注》，中华书局 1980 年版，第 14 页。

② 司马迁：《史记》，中华书局 1982 年版，第 1772 页。

生了本质的变化，把孝由统治者的手上拿到每一个人的手上来，使其成为每一个青年所必需的起码行为；把孝由建立外在的家庭间的秩序的需要，转而为每一个人内心的天性之爱，并且是这种内心的天性之爱的自然流露；把孝由每个人都能做到的善事父母的极寻常的行为，上升到人生最高原理的仁上面，使其成为仁之本”①。对孝道的大力提倡与普及，促使中国人形成了仁爱、敦厚、守礼的优良品质，追求心身和谐，追求家庭和谐的人生内在心理需求。魏公子无忌，“为人仁而下士，士无贤不肖皆谦而礼交之，不敢以其富骄士。士以此方数千里争往归之，致食客三千人”②。魏公子以仁爱的品德、礼贤下士的美德，不仅赢得了当时士人的赞美，也得到君王的倚重。吴太伯、周公、子产、晏婴等，都是周代孝的榜样、仁德的典范、后世学习的楷模。正因为此，司马迁在《管晏列传》中由衷地赞叹道：“假令晏子而在，余虽为之执鞭，所忻慕焉。”这些志士仁人仁爱、敦厚、守礼的优良品质，又形成了中华民族心地善良、心胸开阔、志存高远、厚德载物的民族精神。

不可否认，周代的孝文化在形成民族性格方面也产生了一定的消极影响。如保守落后、因循守旧、逆来顺受、愚忠、愚孝等等，这些都是孝文化在传承过程中产生的负面影响，我们应该取其精华，摒弃其糟粕。

（师帅，渭南师范学院人文学院讲师，文学硕士。）

① 肖群忠：《孝与中国国民性》，《哲学研究》2000年第7期。

② 司马迁：《史记》，中华书局1982年版，第2377页。

简论《史记》的军事思想

王麦巧

军事思想是通过战争总结出来的，是用兵作战的根本，何法守在《投笔肤谈》中说："谋乃行师之本，非谋无以制胜于万全。"《史记·齐太公世家》记载道："其事多兵权与奇计，古后世之言兵及周知阴权，皆亲太公为本谋。"谋、计即军事思想，中国古代经常用谋、略、兵略、韬略、计等表示治兵、用兵的原则、方法等。军事思想通常包括战争观、战略思想、作战思想等内容，下面即从这三方面探讨《史记》中军事人物的思想。

一、"兵以诈立"的军事观

春秋战国之前，作战讲究仁义，不能用诈，认为用诈是"以一时之权"废"万世之利"。《汉书·艺文志》中指出："汤、武受命，以师克乱而济百姓，动之以仁义，行之以礼让。"①因此，"不鼓不成列""不以阻隘""不擒二毛""不推人于险"等等被人们视为主要的作战指导原则而不敢违背。城濮之战舅犯用了诈术，打了胜仗，但是晋文公没有奖励舅犯，表明晋文公是不赞成用诈术的。春秋战国以后，随着整个社会政治、经济的发展，军事上、思想观念上也有很大变化，"兵以诈立""出奇设伏，诡诈之兵并作"的思想就是这种变化的反映。孙武提出"兵者，诡道"的思想，认为用兵就是虚虚实实、真真假假，深刻地揭示了战争所固有的诡诈性的特殊属性，明确认识到了军事谋略的重要性。张良辅佐刘邦入关灭秦使用的就是"诈术"。刘邦入关，采取避难就易的战术，不

① 班固：《汉书》，中华书局1962年版，第1762页。

走函谷关险路，跟秦军硬碰硬，而取道南阳入武关。由于秦南阳郡守固守宛城，刘邦欲舍宛西进。张良谏曰："今不下宛，宛从后击，强秦在前，此危道也。"[①]刘邦于是回军围宛，宛城守将吕齮惶惧求降，刘邦封以侯爵，仍令守宛，只收其兵。于是所经城池没有不投降的，收到了不战而下城的功效。赵高杀了秦二世之后，想和沛公定约在关中分地称王，沛公以为其中有诈，就用了张良的计策，派郦生、陆贾去游说秦将，并用财利进行引诱，乘秦军懈怠时偷袭武关，大获全胜。之后，又在蓝田南面与秦军交战，增设疑兵旗帜，命令全军，所过之处不得掳掠，秦地的人都很高兴，因此刘邦军大败秦军，直趋咸阳。以上张良设疑兵之计，固为兵不厌诈之术，而袭击已降之将，以确保胜利也未可厚非，因为善战者皆尽量避免和减少战争中的兵员伤亡。

韩信深谙孙子兵法，对"兵以诈立"军事观念的运用已经达到了出神入化的境界，明修栈道，暗度陈仓就是韩信活学活用孙子兵法的结果。作为一种军事谋略，暗度陈仓是指以某种假象迷惑对方，使之产生错觉，从而出奇制胜。表面上，刘邦派樊哙、周勃率领万余士卒去修通往关中的褒斜栈道，使章邯产生错觉，认为刘邦想从栈道进入关中，于是，将重兵布置在栈道口；可暗地里，汉军抄秦岭险道暗出陈仓，突袭章邯的后背。章邯一直把注意力集中在褒斜一线，根本没想到汉军会出现在陈仓，思想上麻痹大意，而且在陈仓的兵力相比褒斜一线相对薄弱，结果被汉军打个措手不及，一战而退，二战而亡。

宋襄公迂腐至极，不谙"兵以诈立"的军事观念，坚持"不鼓不成列""不擒二毛"的陈旧理念，结果在泓水之战中碰得头破血流。公元前638年，宋国与楚国为了争夺中原霸权，战于泓水。"楚人未济，目夷曰：'彼众我寡，及其未济击之。'公不听。已济未陈，又曰：'可击。'公曰：'待其已陈。'陈成，宋人击之。宋师大败，襄公伤股。"[②]战争的目的就是取胜，因此，在打击敌人时，一般不受道德的约束。宋襄公强调道德，不从目夷之言，不扼楚于险，不擒二毛，无非是为了笼络人心，博取霸主地位。然而高士奇却认为宋襄公此举是欺世盗名："宋襄其谁欺乎？夫祸莫憯于残人之骨肉，而以国君为刍狗。无亏之杀，鄫

① 司马迁：《史记》，中华书局1982年版，第359页。
② 司马迁：《史记》，中华书局1982年版，第1626页。

子之用，以视重伤与二毛，孰大？逆天害理之事，宋襄敢行之，而故饰虚名以取实祸，此所谓妇人之仁也。以是图伯，不亦难乎？”①宋襄公在强权与诈谋面前惨败的事实，反映了传统观念在霸权迭兴时代的窘况。

二、战略思想

《史记》军事人物非常重视军事战略，《孙子兵法》《吴起》《孙膑兵法》《司马法》等都是对军事战略思想的总结，这些战略思想各有特点，既有共同的一面，也有各自的发展。具体而言，主要有以下几方面：

（一）知己知彼，百战不殆

《孙子·谋攻篇》：“知己知彼，百战不殆；不知彼而知己，一胜一负；不知彼，不知己，每战必殆。”意思是说，在作战时，既要了解自己，也要了解敌人，这样才能有把握取胜，否则就会带来危险。田忌赛马、井陉之战之所以能够取胜，就是因为孙膑、韩信做到了知己知彼，在此基础上运筹部署，事半功倍。田忌喜欢赛马，却每次都输，于是求助于孙膑。孙膑首先对双方的马做了调查研究，从等级来看，都有上、中、下三等；从脚力来看，双方的马相差不多，但田忌的马稍逊一筹。其次，孙膑还了解到，每次比赛时，田忌都用自己的上马对对方的上马，中马对中马，下马对下马，结果每次都输。根据以上情况，孙膑建议田忌采用以己之长对对方之短的策略，结果一败两胜。同样的马匹，调换了一下出赛顺序就反败为胜，归根结底，应归因于知己知彼、正确部署。

井陉之战取胜的原因很多，例如知己知彼、出奇制胜、背水而战、“避其锐气，击其惰归”等，在这一系列原因中，知己知彼是最根本的原因。韩信善于用兵，每战之前，他都能做到对敌情、己情、天时、地形等情况了如指掌，并根据具体情况运筹谋划，周密部署。井陉之战，韩信军与赵军相比有如下不足：一是兵力不足，当时赵军号称二十万，而韩信军只有五六万。二是地形不利，赵

①高士奇：《左传纪事本末》，中华书局 1979 年版，第 541 页。

军占据着井陉口之地利。井陉口，在石邑西，即今河北井陉县东北之井陉关，为太行山险关之一。“井陉之道，车不得方轨，骑不得成列，行数百里”，地势十分险要。三是部队战斗力不强，韩信军多是新招募的士兵，没有作战经验，而且长途行军，远离后方，士卒疲乏，战斗力受到很大影响；而赵军兵员充足，紧靠后方，以逸待劳，处于非常有利的地位。以上三方面韩信当然洞悉，而且他还了解到，陈馀不用李左车“正面‘深沟高垒，坚营勿与战’，以奇兵从间道断绝汉军粮道”之计谋。有了这些准备工作，韩信对自己有限的兵力做了极为周密的布置：以一万兵背水列阵，又派两千骑兵间道至赵军营垒附近隐蔽起来，趁机“拔赵帜，立汉赤帜”以乱赵军；以主力正面攻击，佯败诱敌。这种部署，照应有法，无懈可击，令人叹为观止，赵军之败亦可想而知。

（二）置之死地而后生

置之死地而后生是指把军队布置在无法退却、只有战死的境地，士兵就会奋勇前进，杀敌取胜。《孙子兵法》云：“帅与之期，如登高而去其梯；帅与之深入诸侯之地而发其机，焚舟破釜，若驱群羊，驱而往，驱而来，莫知所之。聚三军之众，投之于险，此谓将军之事也。”破釜即破釜沉舟，破釜沉舟是将自己置于死地。所谓死地，孙武解释为“疾战则存，不疾战则亡者，为死地”。在死地，如果不力战就必死，于是士卒就会殊死奋战。巨鹿之战中，项羽置士兵于死地，士兵以一当十，大破秦军。死地并不是绝地，置之死地是在一定条件下才能后生。楚军虽然破釜沉舟，却还有生机：楚军持有三日粮，而且有黄河之水，有吃有喝，士兵没有后顾之忧；而秦军多次被楚军断绝了粮道，军心涣散。在兵力方面，秦军有三十万，楚军二十万，但是在巨鹿周围，还聚集了很多前来救援的诸侯军，再加上被围困的赵军，兵力总数相当。在战斗力方面，秦军已经与赵军相持数月，战斗力薄弱；楚军承其疲，以逸待劳。巨鹿之战，除项羽所部力战外，张耳、陈馀所部的抵抗与牵制也不可忽视。在巨鹿之战中，“张耳奉赵王坚守城垣”，“而大将军陈馀则北收常山之兵数万人，驻军巨鹿之北，成掎角之势，遥相呼应”，使得秦军在围攻巨鹿时心有余悸。在项羽切断章邯给王离的供给后，陈馀写信给章邯劝降，瓦解了秦军的斗志，加速了章邯的倒戈。由此看来，破釜沉舟只是增加了士兵作战的勇气，提高了胜利的可能性。

一般情况下，将领是不会主动进入死地的，除非是不得已。井陉之战中，韩信万不得已进入死地——井陉道口的河对岸，正对着陈馀的营垒。井陉是咽喉要道，陈馀已先占领了有利地形，只给他留下这个死地。韩信如果不愿自投死地，就必须放弃进攻陈馀的战略意图，但如果放弃这个意图，韩信新招募的士卒将处在一个更为不利的形势之中：在敌国作战，没有后方补给，没有兵员补充，平定河北的整个战略行动只能放弃。放弃平定河北是不可能的，韩信只有背水列阵。除了不得已的原因，更多的是战略部署的结果。韩信不是赳赳武夫，没有十分把握不会置军队于死地，他是经过深思熟虑后才做此决定。背水列阵是示弱于陈馀，陈馀误以为韩信军尽在囊中，不作他想，只顾眼前之利，于是倾巢攻击韩信军，致使大营成为一座空营，为汉军两千骑兵突袭陈馀大营提供了机会。置之死地，增强了汉军的战斗意志，他们在死地比平时坚持的时间更长一些，为骑兵赢得了时间。当陈馀军尽出后，这两千骑兵突袭陈馀大营，拔掉了赵军的旗帜，竖起了韩信军的旗帜。陈馀军发现自己的大营已经丢了，兵大乱。汉兵夹击，大破赵军。以上事例说明，置之死地固然极险，但并非不能出奇制胜，像韩信这样的高明将领，就有可能全身而退。

（三）不战而屈人之兵

孙子云，“不战而屈人之兵，善之善者也。”一个将领打一次胜仗容易，百战百胜难矣，可百战百胜并不是最高明的，最高明的是不战而能达到自己的政治目的，这才是最高明的战略。“上兵伐谋，其次伐交，其次伐兵，其下攻城。”攻城、伐兵、伐交为不得已，因为战争就意味着死亡，意味着财产的损失、经济的破坏，而且这种损失往往是双方的，因而通过非暴力手段赢得战争方是上策。楚汉战争末期，项羽被围困于垓下，“兵少食尽，汉军及诸侯兵围之数重”。为了彻底摧垮楚军，韩信让汉军夜唱楚歌，楚军听到后，误以为汉军已经占领了楚地，人心惶惶，无心恋战，因而大败，项羽最终自刎乌江。只要唱唱歌就可以瓦解军队，这是不战而屈人之兵思想的体现。同样是韩信，同样是不战而屈人之兵，破燕之战不用一兵一卒，这才是理想境界。要不战而屈人之兵，自己先要有强大的实力以威慑对方。韩信平赵后，“名闻海内，威震天下”，但其部队由于长期征战，已经疲惫不堪，实难再用。如果强攻燕国，恐怕力不能拔，旷日持久，又有强齐虎视眈眈，胜算不大。为此，韩信毅然采纳李左车“先声而后实”的策略：“案甲休兵，镇赵抚其孤，百里之内，牛酒日至，以飨士大夫醳兵，北首燕路，而后遣辩士奉咫尺之书，暴其所长于燕，燕必不敢不听从。燕已从，使諠言者东告齐，齐必从风而服，虽有智者，亦不知为齐计矣。如是，则天下事皆可图也”[①]。不费一兵一卒，就使燕国望风而靡。韩信平燕，固然用的是李左车之计谋，但是，能用他人之智者为上智。韩信获李左车而不杀，延之上座，师事之，用其谋而下燕，正是他聪明过人之处。

（四）速战速决

作战打的是综合实力，消耗的是财力、人力、物力，战事越快结束越好，否则就会拖垮国家经济，影响百姓正常的生活，故孙子曰“兵贵速，不贵久”。霍去病西攻匈奴就采用了速战速决的战略思想。匈奴是游牧民族，打仗主要靠骑兵，作战灵活，战斗力强，“利则进，不利则退，不羞遁走，苟利所在，不知礼义”。汉武帝时，为了对抗匈奴，建立了强大的骑兵集团，霍去病凭借骑兵的优势深入大漠，出其不意，速战速决。第一次西征匈奴，“讨遬濮，涉狐奴，历五王国”。获胜后，霍去病一切人众、财物弗取，迅速回师。第二次西征，霍去病“逾居延至祁连山”，击破匈奴右贤王主力后立即撤退。在这两次战争中，从行军距离、辎重保障、将士作战能力与士气保持、敌我兵力等方面考虑，都宜采取速战速决的策略。汉军与匈奴相距千里以上，辎重难以保证，势必影响军心，制约部队的战斗力。而且千里袭敌，士卒长途跋涉，风餐露宿，会削弱作战能力。“百里而趣利者蹶上将，五十里而趣利者军半至”，何况千里以上。从兵力来看，霍去病第一次西征匈奴，率兵一万，孤军深入，匈奴主场作战，人多势众，不宜与敌人打持久战，出其不意，攻其不备，方是上策。第二次西征，霍去病所部兵力不详，根据合骑侯公孙敖、博望侯张骞、郎中令李广所率兵力推测，霍去病所部大约万余人，虽然四路配合，但合骑侯公孙敖“失道”，霍去病孤军犯险，速战速决，大获全胜。

---

① 司马迁：《史记》，中华书局1982年版，第2617页。

三、作战思想

作战思想与战略思想相配合，强调的就是要根据战场的具体情况，灵活且有针对性地采取制胜方法。《史记》军事人物经常采用出奇制胜、避实就虚、舍小取大、兵力分合配合等作战思想，克敌制胜。

（一）出奇制胜

出奇制胜，重点在奇，奇是一种超常规的军事行为，是于不可能中寻找战机。但是奇必须与正配合，“凡战者，以正合，以奇胜。故善出奇者，无穷如天地，不竭如江河，奇正之变不可胜究也”。常法为正，变法为奇。《史记·田单列传》中，司马迁记叙了田单出奇制胜的故事。公元前 285 年，燕国大将乐毅联合赵、楚、韩、魏四国攻破齐国，占领了齐国大片土地，田单和本族人逃到即墨。即墨城守战死后，田单受命于危难之际，被推为首领。为了把燕国军队赶出去，田单先后使用了反间计、诈降计、火牛阵。他先利用新上台的燕惠王和乐毅之间的矛盾，巧施反间计，撤掉了名将乐毅，换上了骑劫；继之又使用反间计唆使燕军割掉齐国降兵的鼻子，挖了齐人的祖坟，这些举动大大激怒了齐人，激发了齐人的士气，他们决心与燕军决一死战。在这种情况下，田单又和士兵同甘共苦，亲自手持工具修筑工事，并把自己的妻妾都编入军队之中，进一步使内部团结一心，共击燕军。同时，为了麻痹敌人，田单又使用诈降计。他让精锐部队埋伏起来，让老弱女子上城守卫，派遣使者约期投降，又让有钱人家送去重金贿赂燕将，于是，燕军放松了警惕。经过多方面的准备，田单提高了自己的士气，削弱了敌人的战斗力，为胜利奠定了基础。最后火牛粉墨登场，田单在火牛身上“为绛缯衣，画以五彩龙文，束兵刃于其角，而灌脂束苇于尾，烧其端。凿城数十穴，夜纵牛，壮士五千人随其后。牛尾热，怒而奔燕军，燕军夜大惊。牛尾炬火光明炫耀，燕军视之皆龙文，所触尽死伤。五千人因衔枚击之，而城中鼓噪从之，老弱皆击铜器为声，声动天地”①。齐军出其不意的行

① 司马迁：《史记》，中华书局 1982 年版，第 2455 页。

为致使燕军溃不成军，燕将骑劫死于乱军之中。齐人乘胜追击，一举收复了失地。对于田单之用兵，太史公给予很高的评价："兵以正合，以奇胜。善之者，出奇无穷。奇正还相生，如环之无端。夫始如处女，适人开户；后如脱兔，适不及距：其田单之谓邪！"

韩信用兵善出奇兵，破魏之战可谓奇中有奇。公元前205年8月，韩信率兵击魏。魏都平阳，西凭黄河天堑，扼守临晋、茅津、龙门等津渡要点，而以安邑为指挥中枢，以阻挡汉军的入侵。汉都栎阳，与魏以河为界，自栎阳东渡河入魏地，必经临晋关，渡过临晋关则可至安邑，安邑是自战国以来河东的重镇。《战国策》云："秦有安邑，则韩必无上党，三晋之祸，盖始于失河外，而成于亡安邑。"平阳"东连上党，西略黄河，南通汴洛，北阻晋阳"，由两地的形势可见魏国地位的重要性。刘邦要取得楚汉战争的胜利，就必先平定魏地。韩信为了迅速摧毁魏豹的抗拒，以免被魏军阻滞于黄河沿岸，乃采取奇袭策略。当时魏军除守备各城邑外，主力集中在蒲坂、临晋渡口及要塞。韩信乃"因敌情"，在临晋西岸集中船只，佯作大规模渡河攻击之状，诱使魏军把注意力集中在临津渡口，忽略了对夏阳的戒备。而韩信却伏兵夏阳，欲从夏阳渡河奇袭魏军。但是夏阳根本没有渡船，奇中之奇是韩信以木罂缶为船。木婴缶取材便利，制作简易，操作灵活，在那时可说是再理想不过的渡河工具，这是魏豹无论如何想不到的。他自以为凭借黄河之险就可以高枕无忧，岂料还没有明白韩信军所从何来，就成其阶下之囚。

（二）舍小取大

舍小取大是指委敌小利，获取全局胜利。有时为了照顾全局的部署，不得不面对现实，权衡利弊得失，"两利相权从其重，两害相衡趋其轻"。周亚夫平定七国之乱就是典型的舍小取大的战例。周亚夫是著名的军事家，治军严明，富有谋略。汉景帝三年，吴王刘濞、楚王刘戊、胶西王刘印、胶东王刘雄渠、淄川王刘贤、赵王刘遂、济南王刘辟光由于不满国家削减他们的权力，发动叛乱，是为七王之乱。吴楚联军是叛乱的主力，他们举兵向西，一直打到河南东部，至梁国，在棘壁与梁王的军队交战，歼灭梁军数万人，占领了梁国的部分地区。梁军退至睢阳，又被吴楚联军包围。梁王向景帝求救，景帝派周亚夫平叛。周亚夫根据敌我形势制定了正确的战略：第一，更改原定的进军路线。周亚夫原定经崤、渑至洛阳，后改由蓝田出武关，经南阳至洛阳，这样虽比走原路线多用一两天时间，但却可以神不知鬼不觉地抵达洛阳，避免了吴楚联军的袭击。周亚夫到达洛阳后，迅速占领了荥阳要地，控制了洛阳的武库和荥阳的敖包，切断了敌人的军械补给和粮食补给。第二，委梁于敌，舍小取大。周亚夫领兵救援，并没有直接趋梁，而是向东北进发，在昌邑深沟高垒，修筑起坚固的防御阵地，准备打持久战，拖垮敌人。虽然梁国多次求援，周亚夫以“地有所不争，君命有所不受”为由，坚持不分兵救梁。周亚夫采取这种策略是基于两个原因，原因之一是梁国是个势力雄厚的诸侯国，“居天下膏腴地。地北界泰山，西至高阳，四十余城，皆多大县”，有足够的实力抵挡吴楚联军，而且梁都睢阳城防坚固，易守难攻，足以消耗吴楚联军的实力；原因之二是当时七国联军有五十万，汉军仅有十万，在兵力不足的情况下，周亚夫分身无术，只得舍弃梁国，以保证全局利益。第三，根据敌我双方兵势情况，灵活地处理进攻与防守的关系。在对吴楚联军的作战中，采取防御的战略手段，深沟高垒，不理睬敌军的挑战，还派出轻骑兵迂回到吴楚联军的背后，绝其粮道。吴楚联军粮食缺乏，士气受挫，进攻失败，只好引军撤退。这时，周亚夫立即派精锐部队追击，大破吴楚联军，完成了战略进攻。

（三）避实击虚

避实击虚是“在了解敌人兵力、部署、计谋等情况下，有意识地在军事活动和战争中造成表面现象与实际的内容背离，假象与真相难分；乃是有效的击敌、破敌的用兵原则”①。《孙子》所谓“攻其必趋”“攻其必救”即避实击虚。无论敌我，有实就有虚，有虚就有实，寻找到虚就寻找到易胜之点，击虚即攻敌之虚弱处与要害处，使敌人无所用力，自然百发百中。围魏救赵、楚汉成皋之战都运用了避实击虚的战术。魏军包围了赵国都城邯郸，赵国求救于齐国，齐国派田忌、孙膑率兵救赵。田忌决定率领大军开赴赵国与魏军交战，孙膑提出反对意见。他先分析了敌我双方的形势：魏军是外实内虚，精锐部队都去了赵国，

① 谢国良：《中国古代军事思想概论》，《军事历史研究》1995 年第 1 期。

留守大梁的一定是老弱官兵；齐军如果直奔邯郸救援，必然要长途行军，长途行军，兵疲士挫，然后与魏军之精锐部队打攻坚战，并不一定能解除赵国之围。如果“引兵疾走大梁，据其街路，㝵其方虚，彼必释赵而自救。是我一举解赵之围而收弊于魏也”。根据以上之分析，孙膑提出避实就虚的战术：“夫解杂乱纷纠者，不控卷，救斗者不搏撠，批亢捣虚，形格势禁，则自为解耳。”①避实击虚，没有巧妙的伪装和欺骗是不可能实现的。为了隐蔽自己兵力的主要进攻方向，孙膑派出少数部队佯装与庞涓的部队交战，示弱于魏军。而齐军精锐部队直奔大梁，魏军果然回师大梁，归途中与齐军战于桂陵。齐军以逸待劳，魏军长途疲惫，结果魏军大败。

楚汉成皋之战中，韩信协助刘邦制定出避实击虚的战略。刘邦彭城大败后，韩信总结失败经验，反对马上进攻彭城，提出实行战略防御。楚强汉弱，应转攻为守，坚壁不与战，这一战略思想的实行既阻止了楚军西进，又使项羽陷入“深入敌国八九百里，欲战不得，攻城则不能，老弱转粮千里之外”的困境。另一方面，对楚军实行战略包围：在正面，刘邦亲率主力固守荥阳、成皋一线，吸引楚军；在北方，派韩信北攻燕、赵，东击齐；在南方，派随何争取九江王英布背楚归汉，牵制楚军的力量；在敌后，令彭越不断骚扰楚军心脏地区，“往来苦楚军，绝其粮道”。战略包围的目的是先打击楚国势力较薄弱的侧翼，对项羽引领的楚军主力严防死守，不予反击，等到楚军兵疲粮少，才集中力量，彻底打败他。成皋之战持续多年，项羽终于被刘邦拖垮。

（王麦巧，渭南师范学院人文学院教授、文学硕士。）

①司马迁：《史记》，中华书局1982年版，第2163页。

对白公之乱及白公其人的重新审视

孙 杰

春秋时期，不仅国与国之间矛盾重重，各个国家内部的矛盾也是纷繁复杂，尤其是王室内部，各种原因引发的动乱，可谓数见不鲜。由楚王室白公胜直接策划、推动的白公之乱，历来被定性为一场王室内部争斗残杀的宫廷叛乱。对于白公之乱及白公其人，历史上有不少评判，但是要么含而不露，引而不发，要么挂一漏万，以偏概全，忽视了事件中的多重矛盾及人物自身性格的多个层次。本文就此做一些梳理，以求教于方家。

一、基本史实分析

白公，芈姓熊氏，名胜，号白公，楚平王之孙，太子建之子。初与伍子胥一起逃奔吴国，楚惠王二年，被召回楚国封于巢。因其父太子建为郑国所杀，白公多次向令尹子西请兵伐郑，未及发兵，晋伐郑，郑求救于楚，子西率兵救郑并受赂于郑，与郑盟而还。因此，白公归罪于子西。惠王十年，白公因败吴有功得献战备于朝，遂作乱，杀子西与子期，劫惠王。后为叶公所败，自缢于山中，惠王复位。

白公之乱的具体细节，见载于《左传·哀公十六年》《史记·楚世家》《史记·伍子胥列传》《国语·楚语下》，关于其中人物的描写和评价，也散见于《战国策·楚》《荀子·非相》《韩非子·内储说上七术》《韩非子·说疑》《汉书·贾谊传》《说苑·立节》《资治通鉴·汉纪》《太平御览·人事部》等史料。参考各书，仔细梳理，不难发现以下几点信息：

（一）白公之乱的根本原因

白公与郑国之间的杀父之仇是白公作乱的根本原因。

楚平王听信费无忌的谗言，下令诛杀太子建，囚禁太傅伍奢。结果太子建与伍子胥出奔宋国，平王诛杀了伍奢与伍尚。因宋国有华氏之乱，建与伍子胥又奔郑，得到郑国的礼遇。尔后，太子建又到了晋国，晋顷公让太子建回到郑国做内应，企图灭郑，不料被郑国得知，郑定公就派子产诛杀了太子建。伍子胥惧祸，就带着建之子胜，逃往吴国。

由此观之，白公的宿敌有两个集团，一个是以费无忌为代表的楚平王政权，一个是以子产为代表的郑定公政权，核心人物是楚平王、费无忌、郑定公和子产四人。而白公的四个大仇人中，楚平王死于公元前 516 年，费无忌被令尹子常下令诛杀，死于公元前 515 年；郑定公死于公元前 514 年，子产死于公元前 522 年。白公被召回楚国，重新得势却是在公元前 487 年，也就是说，在白公归楚之时，他的几个仇人都已经辞世，所以他就是想报仇，也无处可报。

于是，白公就把复仇的矛头对准了这几个人身后的政权集团。

先说白公与郑国。太子建死于子产之手，死在郑国，不管是出于什么理由杀死的太子建，白公肯定会向郑国宣战。

再看白公与楚国，其中各种因素使得两者之间的恩怨暂时得以化解。

第一，白公自己就是楚国的王室贵族，从国家大义出发，这个身份使他不能与楚国为敌。

第二，白公是被以子西为代表的惠王集团征召回国的，也就在宗法和政权两个层面上承认了白公回国的合法性，同时也承认了他的楚国王室身份，楚国也就成了白公强大的后盾。

第三，以子西为代表的楚国政权明白，白公是不会把复仇的火焰燃烧到楚国的。因为楚平王已经死了，而且在昭王元年，就下令由子常诛杀费无忌，这在当时可谓一石三鸟之计。一来，安定民心，巩固新生的昭王政权；二来，或多或少可以消解伍子胥对于楚国的怨恨；三来，对已故太子建及其后代，也算有个交代。并且，楚政权之所以召回白公，也是利大于弊。不仅显示出了惠王政权的仁慈宽大，还对白公施以恩宠，在外少立敌。而且，子西将白公安排在楚吴边界的居巢，这里是太子建之母居住的地方，楚吴曾在这里发生过战争，安排白公这样一个与楚吴都有瓜葛的人在这里，最合适不过了。更重要的是，子西深信白公只是一只还未长大的雏鸟，何况只是将他安排到吴楚边境，对楚国并不会造成多大的威胁。

综合以上三个因素，白公血海深仇的聚焦点就从郑楚两国缩小到了郑国。

（二）白公之乱的导火索

整个事件的导火索是，令尹子西业已答应出兵伐郑，却又救郑于晋，接受郑国贿赂，并与郑结盟。这激怒了白公，直接导致白公又将复仇的目标锁定在了以子西为代表的楚国政权上。

关于白公与子西的矛盾，《左传》《史记·楚世家》记载的都是因为“许而未为发兵”[①]，救郑，并与郑盟。《史记·楚世家》中又增补了一条很重要的信息，“受赂而去”[②]。子西为什么要这样做？在《史记·楚世家》中，有这样一句评价子西的话，“子西，平王之庶弟也，有义”[③]。综合《史记》来看，义就是子西这个人物的精神内核。他在政治上行仁政，在宗族问题上也表现出无比的宽容。而在郑楚两国的关系上，他并不想因为与白公的一己私仇而破坏两国关系。反观太子建与郑国之间的纠纷，其实错在太子建，他因为恩将仇报才招致杀身之祸，楚国并不占理。因此，不管是从国家利益层面，还是从大道义理方面，子西都不愿伐郑。白公却不这样想，父仇大于天，春秋乱世，本就无理可言。

这样一来，他复仇的矛头就从郑国转向了楚国与子西。

（三）复仇心态的不断强化与扩大

伍子胥、令尹子西、死士石乞、叶公子高这些人都不同程度地强化与促成了白公的复仇心态。

太子建在郑国被杀，伍子胥惧祸，就与建之子胜一起奔吴。后来伍子胥不得

① 司马迁：《史记》，中华书局 2014 年版，第 2071 页。

② 司马迁：《史记》，中华书局 2014 年版，第 2071 页。

③ 司马迁：《史记》，中华书局 2014 年版，第 2067 页。

志于吴王僚，就“退而与太子建之子胜耕于野”[1]。白公的童年就是在避祸逃亡中度过的，一朝不慎，四体不全，这是其性格形成的基础。并且，在他的童年，陪伴他的人是伍子胥。深种于伍子胥内心的复仇主义，同时也唤醒了白公内心的复仇思想，让他走上了为父报仇的道路，可以说伍子胥是白公复仇心态的启发者。

令尹子西本想借助白公这枚棋子安邦定国，没承想，这枚棋子却搅乱了整个棋局。子西一开始是向白公施恩，征召他回国。并且不管叶公怎么危言相劝，言明其害，他都不为所动，并为白公进行正名，认为白公仁勇兼备，自己是十分器重白公的。后来，白公回国，多次向他请求发兵伐郑，他也答应了。这个时期，子西是想拉拢白公的。可是后来他在郑国的问题上，却出现了严重的外交失误。他救郑国，并与郑国结成同盟，这成了白公作乱的导火索，在白公本来就轰轰烈烈的复仇火焰上又浇上了一桶油。并且在白公告知其子，他将杀子西以泄愤的时候，子西还回答说，“胜如卵耳，何能为也”[2]。这样的答语充满了蔑视和不屑。白公终于明白，子西之所以这样对待自己，其实只是把自己当作安邦定国的棋子，并且还防备着自己这枚棋子，将自己安排在边邑。在《左传·哀公十六年》中，子西的答语中除了蔑视之意，还对白公抱着一丝幻想。因为他死之后，楚王室贵族中，很有可能就是白公接替令尹的位子，为了子孙考虑，子西确实还不能把话说得太过绝情。可是在白公的答语中，我们却只是看到了无比的愤恨，他恨自己被子西玩弄于股掌，恨父仇之未报。可以说子西是白公复仇心态的加强者，正是他使得白公的复仇心态达到了极点。

石乞作为白公的下属，在白公之乱中，一直追随着白公，在所见的史料中，白公与石乞共同出现的频率还是很高的。在白公之乱中，有这样一个细节值得我们关注：白公杀了子西、子期之后，石乞又说：“不杀王，不可。”[3]于是白公才劫王。《左传·哀公十六年》中，石乞在动乱中更表现出惊人的分析能力，“石乞曰：‘焚库、弑王，不然不济。’白公曰：‘不可！弑王，不祥。焚库，无聚。

① 司马迁：《史记》，中华书局2014年版，第2644页。

② 司马迁：《史记》，中华书局2014年版，第2653页。

③ 司马迁：《史记》，中华书局2014年版，第2653页。

将何以守矣？’乞曰：‘有楚国而治其民，以敬事神，可以得祥，且有聚矣，何患？’弗从。”[①]石乞非常直接、坚决地向白公进言，一不做二不休，要防以后会有什么变动，就要把事情做绝，这样的态度逼着白公把复仇的目标扩大化，宁可错杀一千，不能放过一个。石乞忠心于白公，所以他才会这样仔细地为白公考虑，但是他让白公的复仇心态有增无减，在复仇的道路上越走越远。石乞可以说是白公复仇心态的扩大者，逼着白公走上绝路。

叶公子高对于白公的把握可以说十分到位，一开始他就进言不能召白公回国，却没能成功，于是就“以闲疾居于蔡”[②]。直到白公为祸国中，子西与子期都被杀，惠王被劫，他才率兵攻打白公，扶持惠王复位，受到举国百姓的爱戴。他一直站在白公的对立面，阻拦无果，索性就撇下不管。如果从正面的角度去解读叶公，那么他就是劝谏无果，终救国于狂澜之中的大功臣；但是如果从反面的角度再去解读，叶公就是一个浅尝辄止，将国家置于危乱之中从而沽名钓誉的奸险小人。他的一味阻拦，在一定程度上也推动了白公之乱的发生。

（四）事件深层的矛盾转移

白公之乱大致可以分为四个时期，其间有三次矛盾转移。

第一个时期是在白公流亡吴国之时，此时矛盾的双方是复仇者白公与郑定公、子产、楚平王、费无忌及其背后的政权集团，是一个人与两大集团的矛盾。

到了第二个时期，随着郑定公等四人相继过世，楚惠王又召回白公，使得白公不得不重新确定他真正的仇人。楚国于他有血肉相连的亲情和封疆为王的恩情，而郑国于他却只有仇恨，所谓父债子偿，他就自然地将复仇对象缩小到以郑献公为代表的郑国集团上了。白公极力请求子西发兵伐郑，如果子西答应伐郑，那么矛盾双方就从白公与郑国集团，转变为以白公为代表的楚国集团与郑国集团，成为国与国的矛盾。

及至第三个时期，子西食言，与郑国结盟，使得白公以楚国的力量来复仇的梦想化为泡影，并且子西接受郑国贿赂，又蔑视白公，让白公看清楚了他在楚

---

① 陈成国：《春秋左传校注》，岳麓书社 2006 年版，第 1331 页。

② 陈桐生译注：《国语》，中华书局 2013 年版，第 655 页。

国的真实地位与作用，他也就对子西不再抱有任何期望，并且将仇恨一下子都推到子西身上。这样，矛盾双方又转变为白公一族与子西一族，成了国家内部王室成员之间的恩怨仇杀。

最后一个时期，也就是动乱之中，石乞劝白公杀惠王，烧府库，而在《史记·楚世家》中更是记载了白公自立为王。白公本人是不愿意这样做的，他也没有预料到事件会发展到这样一个无法挽回的地步。这时的矛盾双方就又变成了以白公为代表的叛乱者与以惠王为代表的楚国政权。但是应该注意到的是，这一阶段的矛盾转化，是客观的矛盾转化，是随着事件发生的不知不觉进行的转化，矛盾双方在事件发生过程中，不自觉地陷入漩涡之中，与前几个阶段的主观化的矛盾形成是有着明显区别的。

二、历史上对于白公之乱及白公其人的评价

（一）《史记》

在《史记》中，司马迁两次详细地描写了白公之乱。一次是在《史记·楚世家》中，一次是在《史记·伍子胥列传》中。

在《楚世家》中，因为前后文讲述的是楚国历史的变迁，因此白公之乱的历史背景就比较明了。太史公以时间为节点，着重于对事件本身的勾画，较少对人物进行评价。相比于《楚世家》中的客观冷静，《伍子胥列传》就显得生动可感，恰到好处的细节与语言描写也为人物塑造锦上添花。

司马迁在《列传》中，对白公有直接的评价："白公如不自立为王者，其功谋亦不可胜道者哉！"[①]太史公对于白公的惋惜之情溢于言表。但是这句话却值得商榷。

首先，白公是否自立为王？比较《左传》《史记》等史料可知，白公的矛头明确地指向子西，对于惠王的态度，没有明确记载，但最起码，他并不想弑王。《左传》中记载石乞请求"焚库、弑王"[②]，但白公不从，经劝说才同意劫王。也

① 司马迁：《史记》，中华书局2014年版，第2654页。

② 陈成国：《春秋左传校注》，岳麓书社2006年版，第1331页。

就是说，白公压根就没有想过要动乱国家，他只是想向子西报一己私仇。并且《左传》中还记载，白公欲立子闾为王，子闾不肯，被杀。这样看来，白公并不想自立为王，而且很有可能，他也没有自立为王，所以太史公的这个提法的前提其实是有误的。但是，他说白公之功谋不可胜道，却又有一定的合理性。白公有楚国王室的血统，勇敢、善战，体谅下情，知人大度，敢作敢当，这些优势足以让他在楚国有一番作为。

太史公也借叶公之口对白公进行了一番评价，对于白公褒贬皆有。

除此之外，司马迁把白公之乱放在《伍子胥列传》中，恐怕也是有意为之。除了伍子胥与太子建、白公胜曾有着共同逃亡的经历之外，还有一些方面值得挖掘。太史公对于伍子胥与白公的评价也有着相似之处，他将这两个人有机结合在一篇之中，又放在一起进行点评，其实就是将他们看作一类人，他们有很多相同的特征：

1. 都背负杀父之仇。

2. 结局都很悲惨。

3. 都具有真才实能。

但是这些相同之处中，又有不同的因素。伍子胥的父亲伍奢是被小人谗害致死，而白公之父太子建则是以怨报德，咎由自取。两者复仇，一个在理，一个不在理。伍子胥之死是遭受谗言所致，虽死犹荣，而白公之死却是谋乱叛上，遗臭万年。伍子胥能够合时合地运用自己的才能完成一番大事业，有了坚强的靠山之后，才报父仇。而白公却一心一意只想着报仇，不管功名。

尽管二者在历史上所收获的评价有天壤之别，但是太史公还是慷慨地给予二者以相同的怜惜之情，甚至将白公一个叛臣贼子也放入列传之中。

（二）《左传》

关于白公之乱的细节，当属《左传》描写得最为细致，缘起、经过、结果、影响，没有一点遗漏。但是《左传》仅是客观的描写，对事件与人物的评价几乎不置一词。但是从《左传》开始，就已经用“乱”来定性这个事件。一个“乱”字，其实就是左氏对于这个事件隐含的评价。正如石乞最后被叶公俘获时所说，

“此事克则为卿，不克则烹，固其所也”[①]。成王败寇的观念不仅影响了左氏，而且让历代几乎所有的史学家都继续延续着这种对白公之乱最基本的评价。

（三）《国语》

《国语》也记载了白公之乱，但其着墨点主要放在了叶公劝谏子西的细节上。叶公是个聪明人，所以他能见微知著，一眼洞察白公的性格将带给楚国的灾难。《国语》中，叶公从一开始就说：“彼其父为戮于楚，其心又狷而不洁。若其狷也，不忘旧怨，而不以洁悛德，思报怨而已。则其爱也足以得人，其展也足以复之，其诈也足以谋之，其直也足以帅之，其周也足以盖之，其不洁也足以行之，而加之以不仁，奉之以不义，蔑不克矣。[②]”指出白公狷而不洁，“展而不信，爱而不仁，诈而不智，毅而不勇，直而不衷，周而不淑”[③]，并且更深入地指出“夫造胜之怨者，皆不在矣。若来而无宠，速其怒也。若其宠之，毅贪无厌，既能得人，而耀之以大利，不仁以长之，思旧怨以修其心，苟国有衅，必不居矣。非子职之，其谁乎？彼将思旧怨而欲大宠，动而得人，怨而有术，若果用之，害可待也。”[④]子西为白公进行辩解，希望对白公能做到“德其忘怨”[⑤]，使双方都相安无事。而叶公却又将白公与齐国的驺马繻、邴歜、阎职，晋国的长鱼，鲁国的圉人荦相类比，希望子西能有所警醒，但是子西却一笑了之，仍旧召回白公。

叶公把白公的性格剖析得非常具体，但是，我们也不能不看到《国语》中人物语言的目的性、夸大性、渲染性。叶公的一席话，将白公描画成了一个不信不仁，诈而不衷，毅而不淑的奸贼，认为只要白公留在楚国，楚国就一定会有祸乱。为了达到阻止白公归楚的目的，他不顾什么事实，完全用一切最恶意的词汇来形容白公。而叶公对于白公的评价本就是一家之言，因此，子西也不以

① 陈成国：《春秋左传校注》，岳麓书社2006年版，第1334页。
② 陈桐生译注：《国语》，中华书局2013年版，第650页。
③ 陈桐生译注：《国语》，中华书局2013年版，第648页。
④ 陈桐生译注：《国语》，中华书局2013年版，第650页。
⑤ 陈桐生译注：《国语》，中华书局2013年版，第652页。

为意。

另一方面，子西的话里话外都透着一股仁义。他不仅是楚国的令尹，按照辈分，他也是白公的叔祖父。就算是为了国家和宗族，他也得对叶公的话进行辩驳。所以他一心希望族中的这个年轻人能够以德报怨，放下仇恨。

《国语》的记载只是从叶公这一角度去渲染，其中肯定有与史实不相符的成分，因此只能作为参考。

（四）《汉书》《资治通鉴》

《汉书·贾谊传》与《资治通鉴·汉纪》，都记载了汉太傅贾谊对于白公的评价。当时汉文帝封淮南厉王四子为列侯，贾谊于是给文帝上奏疏，说："白公胜所为父报仇者，大父与伯父、叔父也。白公为乱，非欲取国代主也，发愤快志，剡手以冲仇人之匈，固为俱靡而已。"[①]贾谊把视角聚焦于白公在楚国内部的仇怨，他认为白公一心只是想报仇而已，哪怕是玉石俱焚也要复仇。贾谊的言论固然与当时皇帝封四子有关，但是拿白公与此四子作对比，其实就是从一个角度对白公做了评价。认为白公欲报一己私仇而置国家大义于不顾，是一种可耻的行径，也就是从根本上否定了白公之乱，与传统的评价一脉相承。但是白公并不想取国代主，也就是说，他从宗族等情面上，对于楚惠王还是有所保留的。贾谊的观点与上文所谈到的白公弑王、劫王与自立为王三者的分析，可谓互相映照。

（五）《韩非子》

韩非子在《韩非子·说疑》中，有这样的记载，"若夫齐田恒、宋子罕、鲁季孙意如、晋侨如、卫子南劲、郑太宰欣、楚白公、周单荼、燕子之，此九人者之为其臣也，皆朋党比周以事其君，隐正道而行私曲，上逼君，下乱治，援外以挠内，亲下以谋上，不难为也。[②]"直接将白公与齐田桓，宋子罕，鲁季孙意如等九个人列在一起进行类比，并给予了非常恶劣的评论，不仅是对白公之

① 班固：《汉书》，中华书局 1962 年版，第 2263 页。

② 高华平，王齐洲，张之文译注：《韩非子》，中华书局 2015 年版，第 631—632 页。

乱的否定，也是对白公其人的彻底否定。

（六）其他典籍

关于白公之乱的史实与评价，还散见于《战国策·楚》《荀子·非相》《韩非子·内储说上七术》《说苑·立节》《太平御览·人事部》等史料，这些书要么是拿白公作为犯上作乱的典型来立言，要么是将白公与叶公来对比，突出叶公的英明智勇，还有的将白公与石乞、熊宜僚、屈固、申鸣等人作对比，突出这些人物的性格特征。总体来看，这些史料对于白公和白公之乱的观点也是延续《左传》《史记》的评价传统，是否定的态度。

三、白公之乱及白公其人之我见

综上所述，在笔者看来，白公之乱固然可以用传统的史学评价，定性为一场政治动乱，毕竟白公逃不脱成王败寇的固定模式。但是对于白公其人，却应该看到他性格的多面性，他是一个复杂的、合理的人，各种矛盾的因子互相融合，才形成了这个多维度、立体的人。

他有勇有谋。楚国派他驻守在居巢，他就努力地为楚国作战，平定了吴人伐慎之乱，并以此作为契机，向朝廷请求献战备于朝，筹划精细。他知人大度。在他举事之前，请熊宜僚助其一臂之力，但是被熊宜僚拒绝，他不仅没有杀熊宜僚灭口，还对他十分敬重，也只有春秋时期的君子才有这种风范吧。他体谅下情。《太平御览·人事部》说他“所下士者三人，与已相君臣者五人，所与同衣食者千人。[①]”与属下同衣食，才能收服人心，为他所用，也正是因为如此，石乞就算是为了保护他的尸体，也甘心被烹。他敢做敢当。在杀子西之前，直接对子期说：“胜以直闻。不告女，庸为直乎？将以杀尔父！”[②]陈成国在注解中就评价说，“要杀人父，事先当面告诉此父之子，如此直率，世上怕真

① 李昉等：《太平御览》，上海古籍出版社 2008 年版，第 897—224 页。

② 陈戍国：《春秋左传校注》，岳麓书社 2006 年版，第 1329 页。

是少有。”①

白公从一出场，就注定以悲惨结局。《左传》《史记》《国语》等书中都对他复仇的心理有着直接的体现，复仇的火焰燃烧着他，从他随伍子胥流亡开始，他就背负了这个使命，不管今后他到哪里，父仇都萦绕在他心头，这个使命伴随他终身，最后也被这一使命一步步带向灭亡，他生于动乱，也注定死于动乱。

他在这个过程中，就像伍子胥一样，似乎没有一个人来替他化解仇怨，因为在春秋时期，父仇大于天。从伍子胥到令尹子西，再到死士石乞，还有叶公子高，无一不在强化着他的复仇信念，最后，他被他们逼到了深山，逼到了绝路。从白公被征召回国到他叛乱，只有七年时间，七年中发生的种种事件，足以毁灭他的心智，在他的心中只剩下复仇，并最终推动着他走向反叛，走向灭亡。因此，白公的悲剧是他自己一手造成，心之所向，无人可挡。他是一个悲剧的复仇者形象，被命运榨干。

对于白公，人们或许可以采用司马迁的态度，给予同情，对于白公之乱，则说不清道不明。在动荡的社会中，历史由胜者书写，胜者即代表正义与正统。只不过，白公从一开始就处于道义的下风，也可能正是因为如此，他才注定被道义所丢弃。

（孙杰，西安电子科技大学附属中学教师，文学硕士。）

---

① 陈戍国：《春秋左传校注》，岳麓书社 2006 年版，第 1330 页。

魏国错失商鞅之原因及其影响分析

包智慧

据《史记·商君列传》①记载，商鞅姓公孙，名鞅，卫国国君之后，因此又被称作卫鞅。后因率领秦军打败魏国，获封于商，号称“商君”，所以又称商鞅。其生卒年史无记载。钱穆先生在《先秦诸子系年考辨·商鞅考》中考证其生于公元前390年卒于公元前338年。商鞅在去秦之前曾在魏国任职，当时魏国的国君是魏惠王，又称梁惠王，姬姓，魏氏，名罃。魏武侯之子，魏文侯之孙，是魏国第三代国君，在位时间是公元前369—前319年。

商鞅在魏国时担任魏相公叔痤的中庶子，公叔痤知道其有才能，但是直到生病时，才将其推荐给国君。魏惠王却默不作声，没有任用他，就这样错失了商鞅，商鞅得知自己在魏国施展抱负无望的情况下，才选择入秦。历来人们认为魏国错失商鞅是由于魏惠王目光短浅，没有及时任用他。事实却并非如此，造成这一问题的原因众多。下面就结合当时的时代背景，来具体分析魏国错失商鞅的原因。

一、原因分析

（一）商鞅地位低

商鞅出身低微，是卫国国君的远房后代。卫国是周武王的同母小弟康叔的封地。经几代国君后“武公即位，修康叔之政，百姓和集。四十二年，犬戎杀周

① 司马迁：《史记·商君列传》，中华书局2014年版，第2707—2717页。

幽王，武公将兵往佐周平戎，甚有功，周平王命武公为公。”[①]卫武公时期率兵前去帮助周平王定戎患，周平王封武公为公爵，那时卫国一度强盛，成为诸侯首领之一。后据《史记·卫康叔世家》记载，敬公十九年去世，儿子昭公纠立继位。这时赵、魏、韩三晋强大，卫如小侯，从属于赵氏。历经怀公亹、弑怀公、慎公穨、声公训时期，在成侯遬十一年，公孙鞅到了秦国，十六年，卫更贬爵号为侯。可以看到魏国的强盛时期正是卫国的衰落时期，因而商鞅的母国不能作为其支撑，对其在外求职的路上也起不到加分作用。

来到魏国后，商鞅从一个无名之辈，升任到了国相公叔痤的中庶子一职。据司马贞的《史记索隐》记载“中庶子官名也。魏已置之，非自秦也。《周礼·夏官》谓之‘诸子’，《礼记·文王世子》谓之‘庶子’，掌公族也。”中庶子应该是掌管公族事务、教育贵族子弟的官员。可以推知商鞅的主要工作内容就是每天侍奉公叔痤，帮助其处理各种内外行政事务，为其出谋划策。在为公叔痤充当智囊团时，商鞅提出的建议，最后变成了公叔痤的政绩，来展现给魏惠王，其真正实力被隐藏。并且中庶子这一官职只是个小官，离国家的权力核心还有很远的距离，商鞅没有得到一个展示自己才华的大平台，没能为魏国开疆拓土，这使得魏惠王没能看到其真正的能力，所以不可能仅凭国相的一次推荐就重用没有任何功绩的无名之辈。

（二）官吏间明争暗斗

早在商鞅之前，就有孙膑、吴起从魏国出走，魏国人才向他国流失的问题频发。孙膑和庞涓，二人拜鬼谷子先生为师，一起学习兵法。同学期间，两人情谊甚厚。庞涓侍魏国后，得到魏惠王的赏识，担任魏国将军一职。孙膑到来后，庞涓知道自己的才能比不上孙膑，就秘密地监视他的一举一动，害怕其受到魏惠王的重用，威胁到自己的地位。庞涓忌恨孙膑，于是捏造罪名，砍掉他两只脚，并且在他脸上刺了字，想使他埋没而不为人知。好在孙膑有贵人相助逃到齐国。

吴起是卫国人，先事鲁君，后到魏国。先后为魏文侯、魏武侯两位国君效

---

① 司马迁：《史记·卫康叔世家》，中华书局2014年版，第1926页。

力。魏文侯因为吴起善于用兵打仗，廉洁不贪，待人公平，能获得所有将士的真心拥戴，就任命他担任西河地区的长官，来抗拒秦国和韩国。魏武侯时期，吴起虽没能成为魏国丞相，但与魏武侯的第一任宰相田文进行了一场辩论。田文并没有因此而记恨吴起，也没有排挤他，吴起得到了重用。但田文死后，他的继任者公叔痤，却十分嫉妒吴起的才华，想方设法要赶走吴起。据《史记·孙子吴起列传列传》记载，吴起为人廉洁，看重名声，又过于小心，公叔痤的仆人就为其出谋划策，利用吴起的性格来谋害他。他先在魏武侯面前夸奖吴起的才华，又说魏国国土太小，万一吴起离开的话，可是个大损失。魏武侯担心不已，公叔痤便出主意说不如让吴起当驸马，如果他愿意，自然表示愿意在魏国长久发展；如果不愿意，就表示他不想留在魏国了。同时又邀请吴起去自己家做客，故意让公主对自己发脾气。吴起看到身为驸马的丞相在家里一点地位都没有，对公主不禁有了偏见。没想到魏武侯想把另一位公主下嫁给自己，吴起见到公主如此地蔑视国相，果然婉言谢绝了魏武侯。魏武侯于是怀疑吴起，也就不再信任他。吴起怕招来灾祸，于是离开魏国，到楚国去了。就这样，公叔痤用小小的手段就赶走了吴起。

商鞅的顶头上司就是公叔痤，在商鞅之前，公叔痤就为了保住自己的相位，把自己的政敌吴起排挤出了魏国。在商鞅任其侍从时，公叔痤就发现了他很有才能，怕自己的相位不保，位置被取代，所以才等到生病临死前这一时候，才向魏惠王推荐商鞅。造成这一问题的主要原因是大臣如公叔痤，害怕地位不保，官吏间明争暗斗现象严重。

（三）魏国实力雄厚

商鞅来到魏国时，魏国经历魏文侯、魏武侯、魏惠王的治理，早已称霸长达百年。魏国第一代国君魏文侯任用李悝、吴起、乐羊、西门豹、子夏、翟璜、魏成子等人，在战国七雄中首先对内实行变法，改革政治，奖励耕战，兴修水利，发展经济；对外加强与韩国、赵国的盟友关系，使韩、赵都接受魏国的领导；同时对外开战，北灭中山国，西取秦西河之地，败齐攻楚，扩大领土，扩张自己的势力范围。通过采取这一系列措施，魏国成为战国初期最强大的国家。魏文侯死后，其子魏武侯即位，与魏文侯一样，对内任用军事家吴起进行改革，使得国力继续上升；对外不断东征西讨，先后与秦国、齐国、楚国发生战争；与韩国、赵国的关系方面，先是接纳赵朝又出兵助其攻打赵国首都邯郸，后因卫国与赵国再次发生战争，联盟关系彻底瓦解。但在与楚国的战争中，夺取了楚国在中原的大部分土地，为后来政治中心的东移打下基础。等到魏武侯之子魏惠王在位的时候，各国形势发生了显著变化，魏国霸业开始不稳。在魏惠王刚上任不久时韩国、赵国联合进攻魏国，在浊泽大败魏军，并将魏惠王围困在军中。但在如何处置魏国上，韩、赵意见不统一，韩国退兵，魏惠王才趁此机会打败赵国的军队，得以保住君位。之后由于魏惠王对内发展生产，缓和国内矛盾，对外采取团结韩、赵两国的政策，“十四年，与赵会鄗。十五年，鲁、卫、宋、郑君来朝。①”威望逐渐提高。惠王也继文侯、武侯成为诸侯领袖，完成了霸业。

公元前 361 年，商鞅听闻秦孝公的求贤令而入秦国，商鞅在魏国之时，当时的魏国虽然与多个国家发生战争但其实力依旧强劲，在中原各国中一直具有霸主地位。与此同时魏国在李悝、吴起的帮助下已经先后经历过两次变法，而且商鞅的变法思想深受李悝、吴起的影响，魏惠王在继承先王的治国策略和框架的基础上,认为商鞅的变法毫无新意,觉得没有必要重用商鞅也是可以说得通的。

二、影响分析

（一）让敌国强盛

秦孝公登基之时，秦国只是个不起眼的小诸侯国，“周氏微，诸侯力政，争相并。秦僻在雍州，不与中国诸侯之会盟，夷翟遇之”②外有强敌，内讧不断，胸怀大志的孝公要大展宏图实在是力不从心，尚需要进一步改革才能走得更加长远。魏惠王放弃了商鞅，放弃了变得更加强盛的机会，使得自己国家的人才流失到敌国，让秦国有了可乘之机。在公元前 361 年，博学多才的商鞅来到秦国谋求发展，得到了秦孝公的任用，找到了施展才华的大舞台。

---

① 司马迁：《史记 · 魏世家》，中华书局 2014 年版，第 2230 页。

② 司马迁：《史记 · 秦本纪》，中华书局 2014 年版，第 255 页。

据《史记》记载，在公元前356年和公元前350年，商鞅先后两次实行了以“废井田、开阡陌，实行郡县制，奖励耕织和战斗，实行连坐之法”为主要内容的变法。商鞅使秦国强盛的主要原因是其在实施重农重战策略时与厚赏重刑政策的结合。

商鞅认识到在封建社会想要称霸的决定性因素是土地，因而采取重农政策，鼓励民众参加农业生产，并用赏刑的手段来推行，以此来提高秦国的经济实力。《商君书·垦令》中提出了二十项措施，其目的都是使国内的民众全体投身到开垦荒地中。并且用粮食捐官爵的方法来推行重农政策，“民有余粮，使民以粟出官爵，官爵必以其力，则农不怠”（《商君书·靳令》）。在战国时期，各国争霸，战争频发，因此提高军事战斗能力是争霸的关键。“民勇者，战胜；民不勇者，战败。能壹民于战者，民勇；不能壹民于战者，民不勇。圣王见之致于兵也，故举国而责之于兵。”（《商君书·画策》）商鞅要求全国人民都要服兵役，全民皆兵，民众平时务农耕种，战争时参加战斗。但其规定战功的赏赐是很优厚的，“能得甲首一者，赏爵一级，益田一顷，益宅九亩，除庶子一人，乃得入兵官之吏”（《商君书·境内》）人们立了战功，就给予官爵。商鞅变法的战争奖励政策，鼓励人们在战争中同仇敌忾，以至于后来几次激烈而残酷的战争中，秦军都取得胜利。在厚赏的同时，商鞅对于战争不出力的人也有重刑。如：战士五人编为一伍，记在名册上，在作战的时候，一个战士逃跑，其他四个战士都要受刑，能够得到一颗人头的人，则恢复他原来身份。又如战士违反法令，则本人处死，父母、兄弟、妻子连坐等。

商鞅变法后，农民有了自己的土地，使得生产积极性大大提高，秦国的土地也得到了有效地开发利用，秦国生产有长足发展，国家综合实力得到显著提高，不断向东发展，侵入魏国，最终成为魏国最危险的敌人。李斯在评价商鞅变法时说：“孝公用商鞅之法，移民易俗，民以殷盛，国以富强，百姓乐用，诸侯亲服，获楚、魏之师，举地千里，至今治强。”①

（二）削弱魏国

商鞅主要是通过移民政策和对魏国的战争来削弱魏国的。移民政策方面，“今秦之地方千里者五，而谷土不能处二，田数不满百万，其薮泽、溪谷、名山、大

① 司马迁：《史记·李斯列传》，中华书局2014年版，第3086页。

川之材物货宝又不尽为用，此人不称土也。”《商君书·徕民》[①]，是由于秦国的土地有方圆五千里，可是种庄稼的田地还占不到十分之二，田数不到一百万，土地没有被有效利用。因此商鞅出台优惠政策，“今王发明惠，诸侯之士来归义者，今使复之三世，无知军事。秦四竟之内陵阪丘隰，不起十年征，者于律也。”（《商君书·徕民》）采取减免赋税徭役的政策吸引三晋的民众前来秦国务农。“今以故秦事敌，而使新民作本，兵虽在百宿之外，竟内不失须臾之时，此富强两成之效”（《商君书·徕民》）让新招来的民众从事农业生产，这样做既削弱了三晋的兵力，又增加了秦国的粮食产量，用秦国原有的民众来应对战争，民众齐心协力，这样就达到了既富国强兵又削弱敌国的目的。

在秦孝公变法图强，公元前356年，商鞅第一次变法实施之前，秦国实力低下，对魏国不造成任何威胁，因此魏国放松了对秦国的警惕，两国关系一直处于缓和状态。魏惠王又把战争的矛头指向了别的国家，魏国一直处于与其他国家的战争之中，从宋、韩、赵到秦、齐、楚，战国七雄之中除了燕国，魏国全都与之交战过。在秦国出击魏国之前，在这些国家中齐国对魏国的战争影响最大。齐国与魏国之间先后发生了桂陵之战和马陵之战，魏国都以失败告终。在最后的马陵之战中，魏太子申被俘，魏国大将庞涓战死。马陵之战后，魏国精锐铁骑损失殆尽，再没有主动进攻的能力，魏国只能勉强维持。秦国趁魏国衰落，还没有恢复之际，由商鞅亲自带领部队，会同赵国、齐国的军队一起，以谈和为名，趁机偷袭魏军，俘虏了魏国将军公子昂，以计谋打败了魏军。不久之后商鞅逼迫魏军割让土地，“魏惠王兵数破于齐秦，国内空，日以削，恐，乃使使割河西之地献于秦以和。而魏遂去安邑，徙都大梁。”[②]在失去河西上郡与河东后，魏惠王惧怕秦国，无奈迁都，秦国给了魏国致命一击，魏国彻底变成二流国家，到魏王假时彻底被秦国所灭。

商鞅因不被任用而离魏入秦，最后在秦国实行变法，使得秦国经济发达，军事强大，为秦始皇的统一奠定了基础。商鞅的离开对魏国的衰落起到一定的影

① 有些研究者认为《徕民》篇并非商鞅所作。笔者认为《商君书》是商鞅及其后学所作，故其后者会受商鞅思想的影响，因而认为移民思想是商鞅所提出的。

② 司马迁：《史记·商君列传》，中华书局2014年版，第2713页。

响，但对于魏国的灭亡并没有决定性的作用。魏国的失败对我们的警示是对人才的重视。魏惠王在发动了多次目的不明确，毫无规划的战争，并屡次遭受军事上的失败后，才认识到了人才的重要性，在其执政后期开始招贤纳士，孟子、邹衍、淳于髡等便是在这期间来到魏国的。在《孟子》中，梁惠王在见到孟子时，问道："叟不远千里而来，亦将有以利吾国乎？"但这为时已晚，魏国有统一六国的实力和机会，但由于政治决策的失误，最主要是由于错失人才造成其最终失败，这对现代社会的决策者们也有启示作用，具有现实意义。

（包智慧，包头市蒙古族学校教师，文学硕士。）

论《伯夷列传》为《史记》列传第一之因

向 慧

司马迁序《史记》列传七十，而《伯夷列传》为第一，从唐刘知几以来，对此议论颇多。刘知几在他的《史通·人物》里评论说："子长著《史记》也，驰骛穷古今，上下数千载。至如皋陶、伊尹、傅说、仲山甫之流，并列经诰，名存子史，功烈尤显，事迹居多。盍各采而编之，以为列传之始，而断以夷、齐居首，何龌龊之甚乎！"①刘知几认为司马迁放着先于伯夷、叔齐的名臣皋陶、伊尹等人不立传，而立功绩不显的伯夷、叔齐为首传，这是司马迁"龌龊"（小节，器量局促）的表现，是十分不明智的。真是这样吗？

伯夷、叔齐到底凭借什么列为第一传呢？司马迁在《太史公自序》里说："扶义俶傥，不令己失时，立功名于天下，作七十列传。"杨燕起认为这是司马迁给人物立传的标准，并在他的《〈史记〉的学术成就》中指出："司马迁在这里提出的七十列传立传标准有四个方面，这就是：1. 道德原则——扶义倜傥；2. 主动精神——不令己失时；3. 社会功能——立功名；4. 视角范围——天下。"②这只是共同的标准，也就是说只要具备的这些标准，都可以为他立传，不能解决排序先后问题。且比伯夷、叔齐时代更早、功名更显的皋陶、伊尹等人为何没有列入传记里？本文将从以下几个方面一一探讨。

一、《伯夷列传》其文是《史记》列传的总序

要弄清楚司马迁为什么把《伯夷列传》一篇列为《史记》列传之首，首先得

---

① 刘知几著，刘占召注：《史通评注》，中央编译出版社 2010 年版，第 236 页。

② 杨燕起：《〈史记〉的学术成就》，北京师范大学出版社 1996 年版，第 148—149 页。

弄清楚这一篇写了些什么。其开篇说“学者载籍极博，犹考信于六艺。《诗》《书》虽缺，然虞、夏之文可知也”[①]，可见司马迁选择史料的态度，要确信史料的真实。从“虞、夏之文”中，知道尧舜之世的传交帝位之难。其中还有像许由、卞随之类的人，让国而不受。但圣人对他们的记载不如顺从父命的吴太伯和伯夷详尽，并提出疑问“何哉”。第二部分引用孔子评论伯夷、叔齐的话“求仁得仁，又何怨乎”，觉得有疑问，并引伯夷、叔齐传论证，当是有怨的。第三部分由伯夷、叔齐和盗跖两种人遭遇的对比论天道，并不是“常与善人”。第四部分试着解释大善之人与大恶之人的遭遇为什么不同，他们选择的道不同。仁义之士能“举世混浊”中独清，是因为重道义大过于生命。第五部分引孔子、贾谊等人的话论仁义之君子想名传于世，可留名于世需要一定的条件，如伯夷、颜回等人依附孔子才得以名彰于世。提出其他闾巷之中想要立名于世的人应该怎么办的问题。

观其文，不难看出这一篇重点不是伯夷、叔齐的生平事迹。它只占文章的一小部分，只有 200 余字，不到文章的三分之一，且伯夷、叔齐因武王“父死不葬”叩马而谏的事迹与《史记·周本纪》中武王九年才准备以文王的名义伐纣、十一年正式伐纣的说法相矛盾。后世有称司马迁这种采用两种自相矛盾的史料为存疑。不过这不是我们关注的重点，我们要关注的是司马迁为什么把这一篇列传序为第一。

从文章的行文风格来看，此篇为司马迁受宫刑之后所作，是再次整理之作，他在众多整理好了的人物传记中选了伯夷、叔齐为引子，阐述自己的疑问与思考，连续地向圣人、天道等发问，直诉心中不平之意。伯夷、叔齐的事迹只是他发议论的引子，因而所占篇幅不多。归结点在最后一问——君子何以名垂于世？目的在于说明自己为何写列传，天道并不是“常与善人”，世道混浊，众人争利，“欲砥行立名”的仁义之士在世间修身立功本就很困难，死后想扬名于世若不附青云之士而不可得，司马迁要给他们名垂青史的机会，为他们作传。再者，司马迁在文中还交代了他选择史料的原则，“考信与六艺”，无征不信。

司马迁在《伯夷列传》中交代了写传记的缘由，以及选择传记史料的方法、

① 司马迁：《史记·伯夷列传》，中华书局 2013 年版，第 2581 页。

原则，从这个意义上讲，此篇是《史记》列传的总序，当序为第一。

二、《伯夷列传》寄托了司马迁治世思想的诉求

（一）《伯夷列传》寄托了司马迁最高的治世思想——“贵让”

那司马迁又为何从众多的人物传记中选了伯夷、叔齐？为什么不是比伯夷、叔齐时间更早、功绩更显的皋陶、伊尹等人？

纵观《太史公自序》，可以找到一条很清楚的脉络：

“维昔黄帝，法天则地，四圣遵序，各成法度；唐尧逊位，虞舜不台；厥美帝功，万世载之。作《五帝本纪》第一。”①

“太伯避历，江蛮是适；文武攸兴，古公王迹。阖庐弑僚，宾服荆楚；夫差克齐，子胥鸱夷；信嚭亲越，吴国既灭。嘉伯之让，作《吴世家》第一。”②

“末世争利，维彼奔义；让国饿死，天下称之。作《伯夷列传》第一。”③

从本纪第一的《五帝本纪》到世家第一的《吴太伯世家》，再到列传第一《伯夷列传》，从“唐尧逊位，虞舜不台；厥美帝功，万世载之”，到“太伯避历，江蛮是适”，“嘉伯之让，作《吴世家》第一”，再到“末世争利，维彼奔义；让国饿死，天下称之”，这些序词中蕴含的思想一目了然——贵让。

“贵让”是司马迁对尧舜禅让的赞美，对吴太伯、伯夷让国的称扬，更是司马迁理想社会的政治诉求。

百家诸子著书立言，无一不是阐述自己的修身、治世理想，谋求解决当时的时代问题。司马迁著《史记》，有很强的现实意义。当时的现实是怎样的呢？自战国以来诸侯纷争，各诸侯国都欲以兼并战争谋求天下，民不聊生。秦朝统一了天下，但是在很短的时间内就被灭亡了，自汉朝建立之后，诸侯王之乱、外戚乱政，时有发生。于是，像贾谊、陆贾等一批知识分子就开始总结反思历史的兴衰，思秦之功过以图汉兴。这是一股思想大潮，司马迁之父做太史公的司

---

① 司马迁：《史记·伯夷列传》，中华书局 2013 年版，第 4007 页。

② 司马迁：《史记·太史公自序》，中华书局 2013 年版，第 4013 页。

③ 司马迁：《史记·太史公自序》，中华书局 2013 年版，第 4019 页。

马谈临死寄言："幽厉之后，王道缺，礼乐衰，孔子脩旧起废，论诗书，作春秋，则学者至今则之。自获麟以来四百有余岁，而诸侯相兼，史记放绝。今汉兴，海内一统，明主贤君忠臣死义之士，余为太史而弗论载，废天下之史文，余甚惧焉，汝其念哉！"①

司马迁作为一名史官，其职责是通过记载历史兴衰给君王提供历史借鉴。在思秦之功过谋汉之治兴的思潮之下，开始著史"述往事，思来者"，"网罗天下放失旧闻，略考其行事，综其终始，稽其成败兴坏之纪……亦欲以究天人之际，通古今之变，成一家之言"②。"成一家之言"，便是司马迁要借写史来阐发他自己的思想主张。"究天人之际"便是想要"法则天地"，尧舜禅让制便是源于皇帝"法则天地"的结果。余英华在《司马迁"争""让"观研究》中说："司马迁推崇尧舜'禅让'之'至德'，为天下君王立则，这是他的最高政治理想。而在王权世袭已成定制的现实面前，史公不得已而求其次，推崇兄弟让国之德，反对父子相杀，兄弟相争之乱。"③

司马迁要用"义"的"让"来对抗因"利"而起的"争"，那么就不能将皋陶、伊尹等人列为首传。他们虽然生活的年代早，功名也显赫，但不适合司马迁的思想主题。

（二）《伯夷列传》寄托了司马迁对君王的要求——"选贤与能"

《伯夷列传》中，司马迁看着是借伯夷叔齐的遭遇对所谓的天道进行控诉，其实是司马迁对造成积仁絜行的仁义之士悲惨遭遇的上位者的不满。

伯夷、叔齐本是想劝谏周武王不要在"父死不葬"的情况下发动战争，且认为武王身为人臣，伐纣是"不仁"的。这有些像中国古代知识分子们的直言不讳，有点泥古不化。但是伯夷、叔齐的劝谏在道义上讲是没错的。可是武王却欲处死他们，以致他们为了节义而饿死首阳山。这很容易让受过宫刑的司马迁想到自己的遭遇。司马迁在李陵兵败投降的事情上根据实际情况为李陵辩护的

---

① 司马迁：《史记·太史公自序》，中华书局2013年版，第4001页。
② 萧统编：《文选·报任少卿书》，上海古籍出版社1986年版，第1865页。
③ 余英华：《司马迁"争""让"观研究》，安徽师范大学硕士学位论文，2006年。

几句，“且李陵提步卒不满五千，深践戎马之地，足历王庭，垂饵虎口，横挑强胡，昂亿万之师，与单于连战十余日，所杀过当”，“身虽陷败彼，彼观其意，且欲得其当而报汉。事已无可奈何，其所摧败，功亦足以暴于天下”[①]，本想广主上之意，可是主上不听，还为自己招来了祸患。

对于积仁絜行的贤者和乱杀无辜的大盗他们最终遭遇的反差，虽说司马迁自己在《伯夷列传》中说引孔子“道不同不相为谋”来说他们“亦各从其志也”[②]，是他们自己的选择。但真的是他们自己的选择而无怨无悔吗？不是的，司马迁已经从伯夷、叔齐的《采薇歌》里看到了他们的怨。司马迁有没有怨呢？若没有怨，何必说“盖西伯拘而演《周易》；仲尼厄而作《春秋》；屈原放逐，乃赋《离骚》；左丘失明，厥有《国语》；孙子膑脚，《兵法》修列；不韦迁蜀，世传《吕览》；韩非囚秦，《说难》《孤愤》。《诗》三百篇，大氐贤圣发愤之所为作也。此人皆意有所郁结，不得通其道，故述往事，思来者。及如左丘明无目，孙子断足，终不可用，退论书策以舒其愤，思垂空文以自见”[③]。那么他们怨谁了？是虚无缥缈的天道吗？不是，是世道，是人为的世道，是上位者们掌控的世道。

要消除这种怨，就要君主能识别忠奸，选贤与能。这种思想在司马迁之前就有，比如陆贾，“人君莫不知求贤以自助，近贤以自辅，然贤圣或隐于田里，而不预国家之事者，乃观听之臣不明于下，则闭塞之讥归于君。闭塞之讥归于君，则忠贤之士弃于野。忠贤之士弃于野，则佞臣之党存于朝。佞臣之党存于朝，则下不忠于君。下不忠于君，则上不明于下。上不明于下，是故天下所以倾覆也。”[④]司马迁《伯夷列传》中虽没有直接指出，但在《屈原贾谊列传》中借着对楚怀王的评价明确表达了这种观点。

司马迁要隐晦地表达其对于君主不能识别忠奸的不满与希望君主能圣明地选贤与能，那么伯夷、叔齐的例子比伊尹、傅说等名臣更合适，也比许由、卞随等“让国而不受”的贤者合适。

---

① 萧统编：《文选·报任少卿书》，上海古籍出版社 1986 年版，第 1859 页。

② 司马迁：《史记·伯夷列传》，中华书局 2013 年版，第 2585 页。

③ 萧统编：《文选·报任少卿书》，上海古籍出版社 1986 年版，第 1864—1865 页。

④ 陈志坚主编：《诸子集成》（第五册），北京燕山出版社 2008 年版，第 7 页。

三、司马迁选材原则的影响

同样是“让国”，为什么不选此篇中提到的许由、卞随等人呢？上面虽谈到一点，但还是不够充分，需要进一步说明。

南宋人叶适提出“以孔子为正”的观点，似乎是有道理的。伯夷、叔齐在《论语》中出现了四次，确实比其他先贤要多：

1.《论语·公孙长篇第五》：

子曰：“伯夷、叔齐，不念旧恶，怨是用希。”①

2.《论语·述而第七》：

冉有曰：“夫子为卫君乎？”子贡曰：“诺，吾将问之。”入，曰：“伯夷、叔齐何人也？”曰：“古之贤人也。”曰：“怨乎？”曰：“求仁而得仁，又何怨乎。”出，曰：“夫子不为也。”②

3.《论语·季氏第十六》：

齐景公有马千驷，死之日，民无德而称焉。伯夷、叔齐饿于首阳之下，民到于今称之。其斯谓与？③

4.《论语·微子第十八》：

“逸民：伯夷、叔齐、虞仲、夷逸、朱张、柳下惠、少连。子曰：‘不降其志，不辱其身者，伯夷、叔齐与！’谓：‘柳下惠、少连，降志辱身矣，言中伦，行中虑，其斯而已矣。’谓‘虞仲、夷逸，隐居放

① 杨逢彬：《论语新注新译》，北京大学出版社 2016 年版，第 98 页。
② 杨逢彬：《论语新注新译》，北京大学出版社 2016 年版，第 136—137 页。
③ 杨逢彬：《论语新注新译》，北京大学出版社 2016 年版，第 323 页。

言，身中轻，废中权，我则异于是，无可无不可。'" ①

可见孔子是非常推崇伯夷、叔齐的。笔者认为司马迁的确受到了儒家尤其是孔子的影响，但不能说他“以孔子为正”。如果一定要说“以孔子为正”，只能是在材料的取舍方面会以与孔子相关的“六艺”为可信的材料，不能简单地归结为“以孔子为正”。因为《论语》只是孔子弟子乃至再传弟子们编纂的书，对孔子的话语记载的也是零星的，里面记载的贤人也并不多，孔子称赞的其他诸如微子、箕子、比干、柳下惠等人，司马迁却没有给他们立传。若是以孔子为正，其他人不列在伯夷之前，之后也是可以的，但没有。其列传前几篇，除了伯夷、叔齐、管仲、晏婴之外，都不是孔子称赞的人物。所以“以孔子为正”的观点说不通。

所以笔者认为司马迁在选材方面受到儒家尤其是孔子的影响，因为他认为孔子的话和“六艺”是比较可信的。他对孔子很是推崇，把孔子列为世家，又作《仲尼弟子列传》与《儒林列传》，可见司马迁对孔子的尊敬，对儒家的推崇。且司马迁在《伯夷列传》的第一部分就说“学者载籍极博，犹考信于六艺”，“孔子序列古之仁圣贤人，如吴太伯、伯夷之伦详矣”，可见司马迁写《史记》，孔子之语和“六艺”是其重要的参考对象。之所以不是许由、卞随他们，还是因为司马迁没有找到可信的史料，“六艺”中没有，先秦史书几乎没有传下来。《庄子》虽有记载许由，但《庄子》里的材料是寓言故事，不足为信。但还有一点矛盾的是，司马迁虽有要选择可信的史料的意识，但为何选的伯夷传中还有存在争议的地方，且与《周本纪》明显不符，存疑的说法虽勉强能成为一个理由，但是真正的事实又是什么？这需要等待有识之士来解惑。

人或认为许由、务光等人以受国为耻不能与吴太伯和伯夷的“让国”之贤相比，但在司马迁心中，许由和伯夷是可以相提并论的，他在《报任安书》中说：“虽才怀随和，行若由夷，终不可以为荣。”②

所以司马迁不用许由等人，还是因为世间没有留下他们的详细可信的史料。

---

① 杨逢彬：《论语新注新译》，北京大学出版社 2016 年版，第 359 页。

② 萧统编：《文选·报任少卿书》，上海古籍出版社 1986 年版，第 1855 页。

结 语

司马迁以《伯夷列传》为第一，是司马迁诸多考量之后的结果。首先从其文章内容形式上看，《伯夷列传》是列传的总序，当为首传。其次，从《史记》的整体思想上看，《伯夷列传》与《五帝本纪》《吴太伯世家》的“贵让”思想一脉相承，是司马迁最高政治理想的体现；且其中还体现了司马迁希望君主识别忠奸、选贤与能的思想。最后，从史料的选择上来看，司马迁选择详细、接近“六艺”的可信的史料。

（向慧，江海区原雅学校教师，文学硕士。）

《史记》文学研究

「史家之绝唱，无韵之离骚」的纪传体通史《史记》，具有极高的历史价值和文学价值，开一代风气之先。因其最大限度、真实地再现历史，司马迁的《史记》堪称「实录」的典范。

论《史记》的历史浪漫主义①

朱正平

被鲁迅誉为“史家之绝唱，无韵之离骚”的纪传体通史《史记》，具有极高的历史价值和文学价值，开一代风气之先。

能否最大限度、真实地再现历史，是评价史书史学价值的基本标准，司马迁的《史记》堪称“实录”的典范。班固最先高度评价司马迁这种细加考证、秉笔直书、公正客观、不妄加赞美、不隐其恶行的历史叙事方式：“然自刘向、扬雄博极群书，皆称迁有良史之才，服其状况序事理，辩而不华，质而不俚，其文直，其事核，不虚美，不隐恶，故谓之实录。”②“亦其所涉猎者广博，贯穿经传，驰骋古今，上下数千载间，斯已勤矣。”③裴骃称曰：“固之所言，世称其当。”④《史记》在历史实录的基础上，又通过一些艺术手法对历史事件、历史人物进行合理的想象、加工，自然地流露出情感倾向，从而使人物描写具体生动，表现出较高的文学魅力，这就是《史记》之“无韵之离骚”，也就是历史的浪漫主义。

李长之先生在《司马迁之人格与风格》中就指出：“自然主义和浪漫精神本是这一时代精神生活的核心。如果用一句话代表司马迁的人格时，只有‘自然主义的浪漫派’一个形容！”⑤“司马迁的本质是浪漫的，情感的。他的情感本

---

① 本文为国家社科基金重大项目“中外《史记》文学研究资料整理与研究”（项目编号 13 & ZD111）、渭南师范学院人文社科项目“‘司马迁与《史记》’名栏建设发展研究”（项目编号16SKYB11）阶段性成果，曾刊于《渭南师范学院学报》2016 年第 13 期。

② 班固：《汉书》，中华书局 1962 年版，第 2738 页。

③ 班固：《汉书》，中华书局 1962 年版，第 2737 页。

④ 司马迁：《史记》，中华书局 1962 年版，第 2511 页。

⑤ 李长之：《司马迁之人格与风格》，生活·读书·新知三联书店 1984 年版，第 18 页。

是不时爆发而出的。自然主义是他对一切的看法，但看法之后，却终不掩饰他的情感。”① 1963 年 1 月 3 日，方管在《光明日报》发表《关于〈史记〉二题》就直接指出：《史记》作为传记文学来看，基本上是现实主义作品，同时又“富于积极浪漫主义精神”，它把传记写成了“一首组诗，一曲合奏，充满了激情、幻想和光辉”。

《史记》是用文学笔法写历史人物，是历史与文学的高度融合与相辅相成，是科学思维与艺术思维的高度统一，尤其是作品表现出的强烈的历史浪漫主义精神，极大地感染着读者。

一、历史浪漫主义的形成

司马迁在对历史进行“实录”的基础上，又在《史记》中采用了一些文学性的手法，表现出了强烈的抒情性、主体性，渗透着作者强烈的情感倾向，从而创造性地形成了历史浪漫主义。“司马迁作为一位卓越的史家，将其‘故事’书写于《史记》，既具有历史的现实主义白描，也不乏历史的浪漫主义手法，现实与浪漫、历史与文学结合之完美，真可谓前无古人后无来者，亦无怪鲁迅评价司马迁《史记》为‘史家之绝唱，无韵之离骚’。”历史浪漫主义“首先，它必须尽可能真实地再现历史，反映其本质，这是前提和基础。其次，它应该尽可能形象地再现历史人物，为此可以适当运用想象、加工”②。而司马迁伟大之处就是把史实与文学巧妙地结合起来，没有了以前那些史学著作的枯燥、简单，在保留历史事件、人物基本真实的基础上，进行适当的虚构、想象，使作品更加生动形象。

（一）秉笔直书的良史传统

古之良史有着优良传统，必秉笔直书，书法不隐。文天祥《正气歌》“在齐太史简，在晋董狐笔”就高度赞扬齐太史、董狐的良史气节。《左传·襄公二十

① 李长之：《司马迁之人格与风格》，生活·读书·新知三联书店 1984 年版，第 197 页。

② 参见江西师范大学 2002 年宋初健的硕士学位论文《〈史记〉的文笔和史笔》。

五年》载：春秋时，齐国大夫崔杼把国君杀了，齐国的太史在史册中写道“崔杼弑其君”。崔杼怒，把太史杀了。太史的两个弟弟继续写，都被崔杼杀了，第三个弟弟仍这样写，崔杼没有办法，只好让他写在史册中。“南史氏闻大史尽死，执简以往。闻既书矣，乃还。”[①]《史记·齐太公世家》也有相似记载。《左传·宣公二年》载，春秋时，晋灵公昏庸暴戾，被赵穿杀死，逃亡在外的晋大夫赵盾回到朝廷，没有处置赵穿，太史董狐并没有因赵盾大权在握，就避讳他，而是按照礼法在史册上写道：“赵盾弑其君。”孔子也称赞董狐的“良史”笔法：“董狐，古之良史也，书法不隐。”[②]

这些史官不惧当权者，刚烈正直，舍生取义，抱必死之志，前赴后继，死而后已。正是他们为史之献身精神，从而形成了影响深远的著史为正的“良史”传统。

（二）史官世家、壮游交谊及受教于大家

司马迁出生于史官世家，“司马氏世典周史”。父亲司马谈任太史令，立志撰写上接《春秋》的历史著作。司马迁年幼就接受了耕牧苦读的良好家庭教育，“迁生龙门，耕牧河山之阳，年十岁则诵古文”，这也是父亲为司马迁安排的一种特殊的教育模式，也使他从小就有了耕牧的亲身体验，有对下层民众同情体恤的心理与情感。20岁的司马迁接受父亲的安排，进行了一次全国的学术游历，“二十而南游江、淮，上会稽，探禹穴，窥九疑，浮于沅、湘；北涉汶、泗，讲业齐、鲁之都，观孔子之遗风，乡射邹、峄；厄困鄱、薛、彭城，过梁、楚以归”。在《河渠书》又记载了他游历调查的见闻：

> 余南登庐山，观禹疏九江，遂至于会稽太湟，上姑苏，望五湖；东窥洛汭、大邳，迎河，行淮、泗、济、漯洛渠；西瞻蜀之岷山及离碓；北自龙门至于朔方。

之后，他还有过奉使巴蜀以南之游，扈从武帝之游。这些游历使他开阔了视

① 李梦生：《左传译注》，上海古籍出版社1998年版，第431页。

② 李梦生：《左传译注》，上海古籍出版社1998年版，第799页。

野，扩展了胸怀，增长了见识与才干。比如他考证西周建国经营洛邑的情况，纠正了以前学者所传之误。之后，司马迁又师承经学大师孔安国、董仲舒，古今文学兼容并蓄。同时他又结交才俊，和任安、田仁、苏武等人相识甚笃，这些都为《史记》得以有着开阔的视野和深刻的识见奠定了坚实的基础。

（三）司马迁身遭腐刑的“发愤著书”

司马迁崇尚建功立业，年轻时就担任侍从皇帝的郎中这样的武职，曾经作为使者监护过驰义侯遗出征平定叛乱。但因其父的临终遗命，改变了他的人生转向。汉武帝元封元年（前 110），司马谈因反对武帝封禅被滞留洛阳，不准参加封禅大典，临终“执迁手而泣”，要求司马迁放弃功业，子承父业，“汝复为太史，则续吾祖矣”，“余死，汝必为太史；为太史，无忘吾所欲论著矣”。司马谈唯恐因为自己的辞世让撰著《史记》的大业断绝，唯恐司马迁不受遗命，又以作为史官的忧惧和遗憾而劝告儿子：“余为太史而弗论载，废天下之文史，余甚惧焉，汝其念哉！”[①]司马迁在父亲弥留之际，最终向父亲起誓：“小子不敏，请悉论先人所次久闻，弗敢阙。”[②]“‘……正《易传》，继《春秋》，本《诗》《书》《礼》《乐》之际？’意在斯乎！意在斯乎！小子何敢让焉。”[③]元封三年（前 108），38 岁的司马迁继任太史令。

就在司马迁全身心投身《史记》草创之时，天汉三年（前 98），因李陵降匈奴，司马迁独违众议，说了几句公平话就引火烧身，龙颜震怒，遭下狱问罪。他为完成《史记》大任，选择了令自己终身为耻的宫刑，忍辱负重，隐忍苟且，发愤著书，完成了《史记》。“发愤著书”是司马迁最核心、最有价值的创作观，正是由于宫刑之辱，使司马迁不自觉地与当权者保持了一定距离，“述往事，思来者”，他的创作具有了明显的独创性和批判性，他不再是封建皇权的代言人，而是保持了独立人格的史官，在创作中寄寓了一定的褒贬情感倾向。

---

① 司马迁：《史记》，中华书局 1982 年版，第 3295 页。

② 司马迁：《史记》，中华书局 1982 年版，第 3295 页。

③ 司马迁：《史记》，中华书局 1982 年版，第 3296 页。

（四）对历史人物客观实录又秉持公心的情感倾向

《春秋》笔法，“微言大义”，简约却失之详细、生动，更没有打动人、吸引人的东西，后世只能依靠注释勉强解读。司马迁写史却不同于以往古籍，他既具体详细，又生动形象。他采取了非常严谨、审慎的态度，对以前的经典古书记载的人物、事件、山川地理、风俗、谚语歌谣等进行了考信、辨证，“择其言犹雅者”。《史记》中有可考的典籍有：《尚书》《大戴礼记》《国语》《左传》《世本》《庄子》《孟子》《韩非子》《战国策》《吕氏春秋》《礼记》《淮南子》等。他“考信于六艺”，“折中于夫子”。他说：“予观《春秋》《国语》，其发明《五帝德》《帝系姓》章矣，顾弟弗深考，其所表见皆不虚。《书》缺有矣，其轶乃时时见于他说。非好学深思，心知其意，固难为浅见寡闻者道也。余并论次，择其言尤雅者，故著为本纪书首。”[①]“余以《颂》次契之事，自成汤以来，采于《书》诗。”[②]他淘汰、辨伪、澄清、补充，“厥协六艺异传，整齐百家杂语”[③]，从而对历史作出比较全面、客观的记述。同时，他又行万里路，读万卷书，实地考察采访历史古迹、风土人情，了解历史事件及人物的逸闻传说，寻访历史的见证者和幸存者，而且加上自己的考证分析，尽可能还原历史的本来面目。

《史记》既写了那些创造历史、改变历史的重要历史人物，如那些帝王贵戚、将相名臣，又写了那些非主流人物、下层群体典型，对他们做了全景式的展现，这些历史人物身上所具有的人性、品质、精神、气概无不震撼着后人。司马迁在对他们进行记述的同时，在不改变历史人物、事件背景、走向、性质等实录的基础上，秉持着公心，又通过材料取舍、记述技巧等一些艺术手法，渗透了书写者的情感倾向，赋予了人物抒情性价值。因而《史记》在撰述时有着强烈的主观性，其表现出的赞美、歌颂、同情、憎恶、厌烦、愤怒等情感，都不同程度含有对现实的价值判断。

其他的历史著作作者是集体的，要体现统治者的意志，反映当时的价值观，

① 司马迁：《史记》，中华书局 1982 年版，第 46 页。

② 司马迁：《史记》，中华书局 1982 年版，第 109 页。

③ 司马迁：《史记》，中华书局 1982 年版，第 3319—3320 页。

而《史记》更多是司马迁个体的、个性的，既秉承着史官良史的传统，更由于他的腐刑之辱使他有了更多的思考，以一种与当下隔离、批判的态度超越了当时的价值观，在历史人物身上倾注了一定的情感倾向，也赋予了历史人物生命力，从而使历史人物成为作者的抒情主人公，也使《史记》洋溢着强烈的历史浪漫主义特色。

二、历史浪漫主义的主要表现

《史记》历史浪漫主义是在历史史实基本准确的前提下，在整个《史记》撰著中采用了一些灵活的艺术手法，从而使《史记》这部史学著作异彩纷呈、精彩绝伦，人物栩栩如生、活灵活现，思想识见特立不群、高超卓越，也是其所以被誉为“无韵之离骚”的关键所在。

（一）“太史公曰”论赞式的直接褒贬

“太史公曰”形式上来源于《左传》的“君子曰”。先秦典籍《国语》《战国策》及诸子著作间有“君子曰”，《左传》有一百多条引述贤者的话，还有“君子谓”“君子以为”等形式，意为有德君子之言。但这些“君子曰”主要是提示引用，就事论事，只限于具体事情的褒贬，还没有理论体系和理论色彩。而《史记》的“太史公曰”已经非常成熟，或长或短，形式整齐又灵活，有系统的篇前序论，篇后赞论，文中夹叙夹议的传论三种形式。大段序论置于十表、八书、类传篇前，作者概括论述。篇后赞论主要是本纪、世家、列传，传论提示义例，《自序》集中阐述，为全书总纲。这三种形式相互配合，自成体系，浑然一体，具有强烈的理论高度和感情色彩。

司马迁继承了《春秋》爱憎分明、惩恶扬善的褒贬精神，同时在有些篇章倾注了自己的情感，表现了他的人生思考、生命思辨。《孔子世家》的论赞曰：

> 诗有之：“高山仰止，景行行止。”虽不能至，然心乡往之。余读孔氏书，想见其为人。适鲁，观仲尼庙堂车服礼器，诸生以时习礼其家，余祗回留之不能去云。天下君王至于贤人众矣，当时则荣，没则

已焉。孔子布衣，传十余世，学者宗之。自天子王侯，中国言六艺者折中于夫子，可谓至圣矣！①

先引用《诗经》名句，用高山、大路来隐喻孔子的学问与人格，“虽不能至，然心乡往之”，描写自己的仰慕、崇敬之情。从读孔子书，到参观其庙堂礼器，不忍离去，从君王到贤人，无人能及其社会影响，高度评价孔子无冕之王，称谓其为“至圣”，更重要的是司马迁以孔子的学说为是非标准，“折中于夫子”成为他的述史原则。再比如司马迁对屈原、管仲、晏子这些有着崇高理想、优秀品质、高尚人格的君子，也有过同样类似的话，“未尝不垂涕，想见其为人”（屈原），“既见其著书，欲观其行事”（管仲），“假令晏子而在，余虽为之执鞭，所忻慕焉”（晏子），一往情深，充满着赞叹、仰慕、崇敬之情。

司马迁不以胜败名位论英雄，为政治上的失败者项羽立本纪，为陈涉立世家。评价韩信“于汉家勋可以比周、召、太公之徒”，评黥布“功冠诸侯”，评“田横之高节，宾客慕义而从横死，岂非至贤”，对李广赞论：“传曰‘其身正，不令而行；其身不正，虽令不从’。……其李将军之谓也？及死之日，天下知与不知，皆为尽哀。彼其忠实心诚信于士大夫也？谚曰‘桃李不言，下自成蹊’。此言虽小，可以谕大也。”②司马迁引用《易传》和谚语，言近旨远，对其英勇善战、体恤士卒，却因廉正不阿落得悲剧结局并得到天下人的哀悼，深表同情。司马迁从社会发展、历史进程等宏观角度对这些历史的失败者给予了肯定的评价，而对那些帝王贵胄、功勋卓著者却饱含讥讽，“贬天子，退诸侯，斥大夫”。批评秦始皇“自以为功过五帝，地广三王，而羞与之侔”，批评秦二世“繁刑严诛，吏治刻深，赏罚不当，赋敛无度”，批评商鞅“天资刻薄”，批评李斯“阿顺苟合，严威酷刑”。

对司马迁的这种直接褒贬的强烈感情形式，后来一些论者不解，甚至否认司马迁的创造与成就。班固的《汉书》是模仿“太史公曰”而作，在辞章、形式上比司马迁更典雅、庄重，因而司马贞就认为《史记》论赞脱离了述史内容，竟

①司马迁：《史记》，中华书局1982年版，第1947页。

②司马迁：《史记》，中华书局1982年版，第2878页。

然重新为其一一写赞，被称“索隐述赞”，虽然是以韵文写成，只不过是史传内容的重复，却不是史论。唐代刘知几也是扬班抑马，称赞班固的论赞有“典诰之风”，反而认为《史记》论赞“淡泊无味”，是“苟炫文采”的画蛇添足。清人章学诚在《文史通义·史注》中却对之有高度评价：“太史公叙例之作，其自注之权舆乎！明述作之本旨，见去取之从来，已似恐后人不知其所云而特笔以标之，所谓‘不离古文’及‘考信六艺’云云者，皆百三十篇之宗旨，或殿卷末，或冠篇端，未尝不反复自明也。”①“‘太史公曰’，议论宏阔，笔势纵横，言辞精炼，旨义深微，或考证古史，或叙游历所得，或提示取材义例，或明述作之旨，或褒贬人物，或纵论史事，或隐微讥刺，皆直抒胸臆，观点鲜明，构成了系统的史学理论。”②后代的班固的赞、荀悦的论、东观的序、谢承的诠、陈寿的评、王银的议、何法盛的述、扬雄的撰等，都是效法司马迁。

（二）人物传记体例格式的成功选择

《史记》作为第一部纪传体通史，司马迁创造了五体结构，人物传记主要是本纪、世家、列传三种结构，它是以人物活动为主轴。在这三体中，本纪以记帝王，世家以记诸侯，列传以记功臣贤人，但司马迁并不拘泥于自己创制的这种规定，他常有破例。

《史记》有《吕太后本纪》却无《惠帝本纪》，竟然把帝王逸出了本纪。《史记》为楚汉战争的失败者项羽立《项羽本纪》，不用西楚之年，却用“汉之元年”“汉之二年”等记正朔。孔子为布衣，中年以后聚徒讲学，整理《诗》《书》，删修《春秋》，是儒家创始人，其学说成为封建文化正统，其影响功绩远超王侯，因此《史记》为孔子立《孔子世家》。汉初萧何、曹参、张良、陈平、周勃等，爵位不过封侯立世家，是在褒扬其历史功绩，但其他侯国却不立世家。

其他诸侯吴王刘濞，淮南王刘长、刘安，横山王刘赐均因叛逆被降为列传，不立世家，以示贬抑。管叔、蔡叔也曾谋逆，但因悔改，复封诸侯，因之立《管

① 张大可，梁建邦：《史记论赞与世情研究》，参见张大可、安平秋、俞樟华主编的《史记研究集成》第四卷，华文出版社 2005 年版，第 6 页。

② 张大可，梁建邦：《史记论赞与世情研究》，参见张大可、安平秋、俞樟华主编的《史记研究集成》第四卷，华文出版社 2005 年版，第 4—5 页。

蔡世家》。赵王张耳、长沙王吴芮被封为诸侯，传至数代，亦不立世家，不立张耳世家是有意识把张耳和陈余合传，吴芮却因事迹不显，从中可看出司马迁对这些人的情感倾向。

《史记》敢于为反抗暴政的首义者陈涉立世家，描写他们从兴起、发展、壮大、建立政权以及失败的全过程，赞扬其雄才大略、卓越才识以及反抗精神，并对其失败表达了惋惜之情。第一次为诸子百家的代表人物孔子、孟子、荀子、老子、庄子、商鞅、韩非子等立传，开创学术史先河。第一次为文学家屈原、司马相如、贾谊等立传，提供了大量翔实资料，其开创之功同样不容抹杀。第一次为医学家立传，而有《扁鹊仓公列传》，是研究古代医学发展和早期医学家的重要资料。

（三）材料取舍及互见法的成功运用

司马迁在撰写人物传记时，都对材料进行了取舍。《史记》的人物传记有单传、合传、类传、附传等样式。单传是一人一传，合传是二人以上合写一传，类传是分类记叙的传记，附传是正传以外附带所写的人物传记。至于选取何种样式，《史记》的体例安排、结构组织都全面而周详。清代吴见思说："史公之文，每篇各有一机轴，各有一主意。"[①]就是指《史记》各篇皆有一定的主题，全篇围绕着主题组织材料。

"《史记》取材，有着严密的史法义例，宗旨是'成一家之言'。"[②]司马迁从六艺经传中取材，以"考信于六艺，折中于夫子"为辨别是非的标准，以互见法为取材最高技巧。比如《项羽本纪》司马迁歌颂项羽在反秦暴政中的伟大功绩，重点选取了巨鹿之战、鸿门宴、垓下之围三件大事，对这位悲剧英雄寄予了深切的同情。巨鹿之战，项羽杀宋义，成为主帅，破釜沉舟，力克秦军主力，奠定灭秦功勋。鸿门宴，拉开楚汉战争的序幕，放走刘邦已经预示着霸图成空。一场宴席，背后却是剑拔弩张、刀光剑影的斗智斗勇。垓下之围，是

①可永雪：《史记文学研究》，参见张大可、安平秋、俞樟华主编的《史记研究集成》第九卷，华文出版社 2005 年版，第 205 页。

②安平秋：《史记通论》，参见张大可、安平秋、俞樟华主编的《史记研究集成》第二卷，华文出版社 2005 年版，第 119 页。

英雄末路的悲壮，霸王别姬，相互和唱，最后决战，拒绝了乌江亭长请之登舟的最后机会，头献故友，自刎而亡，令人不胜惋惜。但是项羽是有缺点的，他的性格缺陷在其他篇章中分头写出，既不损项羽形象的塑造，又使历史的叙述真实而全面。在《高祖本纪》中刘邦点项羽十大罪状，怀王诸将批评项羽暴政："项羽为人剽悍猾贼。项羽尝攻襄城，襄城无遗类，皆坑之，诸所过无为残灭。"①"高起、王陵对曰：'……项羽妒贤嫉能，有功者害之，贤者疑之，战胜而不予人功，得地而不予人利，此所以失天下也。'"②在《淮阴侯列传》中借韩信之口评价项羽："项王喑噁叱咤，千人皆废，然不能属贤将，此特匹夫之勇耳。项王见人恭敬慈爱，言语呕呕，人有疾病，涕泣分食饮，至使人有功当封爵者，印刓敝，忍不能予，此所谓妇人之仁也。……项王所过，无不残灭者，天下多怨，百姓不亲附，特劫于威强耳。名虽为霸，实失天下心。故曰：其强易弱。"③在《陈丞相世家》中陈平曰："项王不能信人，其所任爱，非诸项即妻之昆弟，虽有奇士不能用。"④"项羽为人恭敬爱人，士之廉洁好礼者多归之。至于行功爵邑，重之，士以此不附。"⑤这些互见法的使用，让项羽的不善于用人、妒贤嫉能、封赏吝啬等缺点不出现在本传中，有助于塑造项羽的英雄形象，也不会与本传的思想出现矛盾与悖乱。再比如对高祖刘邦的缺点就不是出现在《高祖本纪》，而是出现在其他篇章中，《项羽本纪》写刘邦的残忍自私，《郦生陆贾列传》写刘邦的流氓品行，《周昌列传》写刘邦的贪财好色，《萧相国世家》写刘邦的猜忌寡恩，《淮阴侯列传》写刘邦的冷酷无情，等等。

互见法是司马迁的创造，最初只是避免相互关联人物的事件叙述的重复、冗赘，在次要人物的传记中记述该事件时略写或提示详见主要人物的本传，但司马迁在不断地创作实践中，将互见法运用得得心应手，为保证本传的主题，就有意识把那些与主题无关或者关系不大的，甚至与主题相悖逆的材料分散放到

① 司马迁：《史记》，中华书局 1982 年版，第 356 页。
② 司马迁：《史记》，中华书局 1982 年版，第 381 页。
③ 司马迁：《史记》，中华书局 1982 年版，第 2612 页。
④ 司马迁：《史记》，中华书局 1982 年版，第 2054 页。
⑤ 司马迁：《史记》，中华书局 1982 年版，第 2055 页。

其他篇章中，既保持历史的相对完整、全面，又使人物形象生动丰满，也能充分表现司马迁对传主的心理与情感倾向。

（四）人物形象的艺术刻画

记述历史不可能做到完全据实而录，而司马迁跳出了复制历史的桎梏，在把握历史发展主线、脉络的基础上，成功地运用艺术手段，“以文运事”[①]，实现了史学与文学的统一。其根本原因正如鲁迅指出的：“惟不拘于史法，不囿于字句，发于情，肆于心而为文。”

《史记》人物描写的高超之处就在于对历史人物，司马迁有着鲜明的情感倾向，从而使人物有了主体性。他根据自己对历史脉络的分析，揣摩历史人物的心理，想象故事发展的走向，模拟人物的对话，从而赋予了人物传奇的色彩。《管晏列传》《李斯列传》都有大段的心理独白，让人物大诉衷曲。还有一些无声独白，如《淮阴侯列传》中：“信度何等以数言上，上不我用，即亡。”[②]如《廉颇蔺相如列传》中：“赵王与大将军廉颇诸大臣谋：‘欲与秦，秦城恐不可得，徒见。’”[③]《史记》善于写人物心理独白，剖析人物内心世界。司马迁还设身处地，代作喉舌，人物一开口，就显示出了人物的身份与性格。《史记》还用情态性的动词直接揭示人物的心理状态，如写《李斯列传》的李斯，用五次自叹展示李斯贪图享受、追名逐利的复杂性格；《司马相如列传》写卓文君偷听司马相如弹琴时，用“悦”“好”“恐”等词来表现卓文君喜爱、忧愁的复杂情感；《黥布列传》写黥布被刘邦召见，黥布“大怒”“悔”“大喜”等词准确地写出了黥布的情感变化。《史记》的细节描写有些是作者的合理想象，陈涉佣耕叹息、张仪问妻舌在否、石建误书马字、石庆以策数马、樊哙头发上指目眦尽裂、韩信受胯下之辱前的“孰视之”等细节，通过一句话、一个动作、一个小事就让人物形象形神毕现。

---

① 金圣叹《读第五才子书法》认为，《水浒传》是“因文生事”，只是顺着笔性走，削高补低都由作者自己。而《史记》是“以文运事”，是先有事生成，然后围绕着历史事件撰写出一篇文章。

② 司马迁：《史记》，中华书局 1982 年版，第 2611 页。

③ 司马迁：《史记》，中华书局 1982 年版，第 2439 页。

《史记》还有许多情节夸张、不符合历史事实的细节，但却能使人物形象栩栩如生。比如《李将军列传》写李广出猎以为草中虎射之，“中石没镞”，这一夸张手法写出了飞将军李广的精湛射技，也与后文写他怀才不遇、“李广难封”的悲剧形成鲜明对比。又比如《项羽列传》写项羽“籍长八尺余，力能扛鼎，才气过人，虽吴中弟子皆以惮籍矣”①，“籍所击杀数十百人”②。楚汉相争成皋之战，汉之善射者楼烦射杀楚之挑战壮士，“项王大怒，乃自被甲持戟挑战。欲射之，项王瞋目叱之，楼烦目不敢视，手不敢发，遂走还入壁，不敢复出”③，这些表现他的力大无穷，武勇过人。在垓下之战最后的决战中，“于是项王大呼驰下，汉军皆披靡，遂斩汉一将。是时，赤泉侯为骑将，追项王，项王瞋目而叱之，赤泉侯人马俱惊，辟易数里”④，“乃令骑皆下马步行，持短兵接战。独籍所杀汉军数百人”⑤，这些带有夸张的描写凸现项羽战神本色。而往往这些带有夸张的描写，就是作者对历史人物倾注情感的地方，不待论赞而情感自明。

（五）寓论断情感于叙事

明代顾炎武《日知录》指出：“古人作史，有不待论断而于序事之中即见其指者，惟太史公能之。”⑥后人依此概括为“寓论断于序事法”。司马迁对波澜壮阔的两千多年历史、纷繁复杂的矛盾冲突、性格多样的历史人物的撰述条分缕析，运笔得心应手，叙事游刃有余，而且一篇一法，或者一篇数法，绝不千篇一律。

比如《项羽本纪》记述刘邦与项羽成皋之战对峙于广武，彭越绝楚粮食，项王患之，于是建高台，上设案板，绑刘邦父亲于其上，威胁刘邦如果不投降，就烹煮他父亲，没有想到刘邦正颜厉色，说出了一番让项羽哑口无言的话：“吾与项羽俱北面受命于怀王，约为兄弟，吾翁即若翁，必欲烹而翁，则幸分我一杯

---

① 司马迁：《史记》，中华书局 1982 年版，第 296 页。

② 司马迁：《史记》，中华书局 1982 年版，第 297 页。

③ 司马迁：《史记》，中华书局 1982 年版，第 328 页。

④ 司马迁：《史记》，中华书局 1982 年版，第 334 页。

⑤ 司马迁：《史记》，中华书局 1982 年版，第 336 页。

⑥ 可永雪：《史记文学研究》，参见张大可、安平秋、俞樟华：《史记研究集成》第九卷，华文出版社 2005 年版，第 201 页。

羹。”①司马迁没有多余的描写，只通过刘邦的一句话，就把刘邦的流氓无赖刻画得入木三分。还有刘邦率联军56万攻入楚之彭城，项羽率3万兵士回击，大败刘邦，刘邦狼狈逃窜，路遇子女，后楚军追赶紧急，“汉王急，推堕孝惠、鲁元车下，滕公常下收载之。如是者三”②，滕公也不满地说：“虽急不可以驱，奈何弃之？”在《樊郦滕灌列传》中也有这样的叙述：“汉王急，马罢，虏在后，常蹶两儿，欲弃之，婴常收，竟载之，徐行面雍树乃驰。”③司马迁也没有多余的语言，就是写刘邦的动作，和其三次推下子女的行为，就把刘邦的自私虚伪、心狠手辣表现得淋漓尽致。再比如荆轲刺秦易水送别，击筑和歌，司马迁把场面铺叙渲染得悲壮慷慨，“壮士心出，气盖一世”。

司马迁是叙事的高手，只通过人物自己的语言、动作、神态等白描式的描写，只言片语便凸现了人物形象，也使他的论断与感情融入了历史事件中。

（六）谚谣诗赋的巧妙插入

《史记》插入了大量的民谣俗语，一方面渲染了气氛，一方面暗示了作者的情感。如《李将军列传》末尾引用谚语“桃李不言，下自成蹊”，索隐案：“桃李本不能言，但以华实感物，故人不期而往，其下自成蹊径也。以喻广虽不能出辞，能有所感，而忠心信物故也。”④从而对李广英勇善战，宽缓不苛，却怀才不遇，被逼自刎的经历表现出了强烈的悲悯情怀。如《淮阴侯列传》中韩信被诬反，自引他人言：“狡兔死，走狗烹；高鸟尽，良弓藏；敌国破，谋臣亡。”⑤《越王勾践世家》中范蠡功成身退，留书文种，曰：“飞鸟尽，良弓藏；狡兔死，走狗烹。”⑥用谚语总结历史上功高震主者的失败与功成身退的成功，韩信受封后被诬陷、削封、杀害，范蠡退隐后变姓名又富甲天下。如《货殖列传》中引

---

① 司马迁：《史记》，中华书局1982年版，第328页。
② 司马迁：《史记》，中华书局1982年版，第322页。
③ 司马迁：《史记》，中华书局1982年版，第2665页。
④ 司马迁：《史记》，中华书局1982年版，第2878页。
⑤ 司马迁：《史记》，中华书局1982年版，第2627页。
⑥ 司马迁：《史记》，中华书局1982年版，第1746页。

用谚语“千金之子，不死于市”[①]，从而得出“天下熙熙，皆为利来；天下攘攘，皆为利往”的结论[②]，点破古往今来人们尚利逐利的本性。再如《项羽本纪》“楚虽三户，亡秦必楚”[③]，揭示其反抗精神的决绝。再如其他《鲁仲连邹阳列传》中的“规小节者，不能成荣名；恶小耻者，不能立大功”，《魏世家》中的“家贫则思良妻，国乱则思良相”[④]，《留侯世家》中的“忠言逆耳利于行，毒药苦口利于病”[⑤]等，都是生活经验和处世哲学的总结。

《史记》中借历史人物之口即景的诗赋作品，尤其增添了作品的抒情性。项羽的《垓下歌》曰：“力拔山兮气盖世，时不利兮骓不逝，骓不逝兮可奈何，虞兮虞兮奈若何。”清代吴见思指出：“一腔愤怒，万种低回，地厚天高，托身无所，写英雄失路之悲，至此极矣！”[⑥]清人周亮工也说：“垓下是何等时？虞姬死而子弟散，匹马逃亡，身迷大泽，亦何暇更作歌诗？即有作，亦谁闻之，而谁记之欤？吾谓此数语者，无论事之有无，应是太史公笔补造化，代为传神。”[⑦]这种在描绘历史的特定时刻时插入主人公的诗赋作品，就像影视作品的插曲，能够烘托气氛，增强作品的抒情性，使读者身临其境，感同身受，和主人公同生死共命运。刘邦的《大风歌》“慷慨伤怀”，表现出了强烈的隐忧和反思，郭嵩焘的《史记札记》指出：“高祖留沛饮，极人世悲欢之感，史公穷行极态，摄而取之，满纸欢笑悲感之声，水涌云腾，絪蕴四溢，岂亦高祖临终哀气之先征欤？”[⑧]再如《鸿鹄歌》的无奈凄惶，《易水歌》的慷慨悲壮等，都通过这些抒情诗赋强烈地表现出主人公的神采与作者的褒贬倾向。

---

① 司马迁：《史记》，中华书局 1982 年版，第 3256 页。
② 司马迁：《史记》，中华书局 1982 年版，第 3256 页。
③ 司马迁：《史记》，中华书局 1982 年版，第 300 页。
④ 司马迁：《史记》，中华书局 1982 年版，第 1840 页。
⑤ 司马迁：《史记》，中华书局 1982 年版，第 2037 页。
⑥ 安平秋、张大可、俞樟华：《史记教程》，华文出版社 2002 年版，第 367 页。
⑦ 安平秋、张大可、俞樟华：《史记教程》，华文出版社 2002 年版，第 367—368 页。
⑧ 安平秋、张大可、俞樟华：《史记教程》，华文出版社 2002 年版，第 365 页。

（七）神话灵异等的历史隐喻

孔子称“子不语怪、力、乱、神”，司马迁与之有着相似的观念，他多次表明：“至《禹本纪》《山海经》所有怪物，余不敢言之也。”（《大宛列传》）但神话传说是蒙昧时期历史事件的虚幻反映，往往包含着人类社会早期的重要信息和线索，司马迁并没有完全否定，而是有意识地选择了一些灵异神怪事件，他怀有既相信天道又怀疑天命的复杂矛盾思想，对人类社会的种种冤屈和不平怀有同情、苦闷以及悲愤，对天道赏恶罚善存有怀疑，有着一定的神秘主义思想。

司马迁神化帝王，说黄帝“生而神灵”“有土德之瑞”，说颛顼“依鬼神以制义，治气以教化”，说帝喾“生而神灵，自言其名”。再比如对契、稷以及秦民族始祖的孕育出生的神异性描写，“殷契，母曰简狄，有娀氏之女，为帝喾次妃。三人行浴，见玄鸟堕其卵，简狄取吞之，因孕生契。”[①]“周后稷，名弃。其母有邰氏女，曰姜原。姜原为帝喾元妃。姜原出野，见巨人迹，心忻然说，欲践之，践之而身动如孕者。居期而生子，以为不祥，弃之隘巷，马牛过者皆辟不践；徙置之林中，适会山林多人，迁之；而弃渠中冰上，飞鸟以其翼覆荐之。姜原以为神，遂收养长之。初欲弃之，因名曰弃。”[②]“秦之先，帝颛顼之苗裔孙曰女脩。女脩织，玄鸟陨卵，女脩吞之，生子大业。”[③]对他们诞生的神异性描写，表明了天命神意的独特性。正是从神异的道德性角度出发，比如在司马迁笔下，殷契成为帝喾的儿子，后稷母的“弃婴”被无视，重点表现后稷的牛马无伤的神异性。

尤其是关于刘邦的神话，其母遇神而生，醉卧之地常有龙，醉斩巨蛇，他所在的东南方有天子气。这些零星的神话灵异描写，有着明显的功利色彩，故司马迁在《秦楚之际月表》中慨叹：“此乃传之所谓大圣乎？岂非天哉！岂非天哉！非大圣孰能当此受命而帝者乎？”[④]司马迁并没有完全照录以前文献用天命

① 司马迁：《史记》，中华书局1982年版，第91页。
② 司马迁：《史记》，中华书局1982年版，第111页。
③ 司马迁：《史记》，中华书局1982年版，第173页。
④ 司马迁：《史记》，中华书局1982年版，第760页。

观解释重大事件的旧例，他把前代文献中渲染得过于神奇的一些不符合道德原则的天命事例删削增补，使其符合儒家经典以及人类社会的纲常伦理。比如宋卫陈郑四国大火、晋楚城濮之战、晋袭秦师、晋景公梦大厉、晋楚鄢陵之战等。

《史记》虽然是一部被认为是“纪实”的史学著作，但司马迁在大的历史脉络、事件、人物等真实的前提下，更多地采用了主体性、个性化、抒情性的表现方法，使历史事件曲折回环，人物形象栩栩如生，具有了更多的文学色彩，使人百读不厌，成为二十五史的开创者和集大成者。也正因此，唐代刘知几虽然认为《史记》和《汉书》是纪传体之祖，于是他认为《史记》并没有按照五体标准作传，多有破例，为例不纯，真正称许的便成了班固的《汉书》和荀悦的《汉纪》。

三、历史浪漫主义的作用

《史记》成功地运用了历史浪漫主义的表现手法，使整个作品既史实真实、完整连贯，人物又生动形象、光彩照人，而且《史记》渗透着司马迁主体感情，通过历史人物传记宣泄自己的抑郁不平或者情感倾向，最终形成“究天人之际，通古今之变，成一家之言”的审美体验。

（一）故事情节更曲折生动、极富传奇性

《史记》虽然记述的是历史事件，但他不是历史生活的生搬复制，而是以文学的手法撰写历史，展现得极富故事性、传奇性、戏剧性。面对零散、复杂的史实，司马迁不满足普通的书写状态，他撰写人物传记，必精心挑选主要事件，再提炼加工删减增补，使事件的发展曲折变化，波澜起伏，从而使作品带有鲜明的司马迁的情感倾向。

比如《项羽本纪》写的主要情节鸿门宴，有宴前、宴中、宴后三个阶段。宴前是故事的开端和发展，有曹无伤告密、项王发怒、范增献计等情节。曹无伤告密是导火线，战云密布，项王发怒，一触即发，范增献计，火上浇油。发展有项伯夜访、刘张商对，刘项约婚、项王许诺等情节。项伯夜访是转折点，气氛缓和，刘张商对是确定策略，这是整个刘邦集团在宴会获胜的关键环节，完

全否认称王，言小人诬陷，拉拢项伯，使之成为内应，一可力劝项王停止战争，二可在宴会上策应刘邦，所以刘项约婚，就是刘邦的情感攻势，作为项羽叔父的项伯最终劝说成功。宴中是正面交锋，是故事的高潮，有刘邦谢罪、范增举玦、项庄舞剑、樊哙闯帐等情节。这部分是最为精彩的段落，没有重点去写攻城略地、刀光剑影的战争场面，而是通过一场暗藏杀机、波诡云谲的宴会就表现得波澜起伏，引人入胜。情节三起三落，一波三折。刘邦按照之前拟定的策略先卑辞谢罪，项羽慨然和解，怒气全消，竟然直接说出告密人的姓名，并留刘宴饮，眼看范增与项羽之前确定的计谋就要落空，范增举玦示意，让项羽按照既定策略决断杀掉刘邦，这谓之一起，气氛陡然紧张，项王默然不应，这谓之一落。范增一计不成又生一计，授意项庄舞剑，借机斩杀刘邦于座，这谓之二起，形势极为紧张，项伯翼蔽沛公，使项庄无机可乘，这谓之二落。张良召樊哙闯帐，樊哙拿剑持盾牌，撞倒守帐卫士，头发直指，怒视项王，这谓之三起，樊哙的莽撞是拼命之举，极有可能引起项王动武，连项王也挺身按剑，气氛紧张到极点，当得知是刘邦之“参乘”时，竟英雄惜英雄，被樊哙的勇猛剽悍所吸引，项王不可思议地称之为“壮士”，赏酒赐肉，就连樊哙的指责也无以应，这谓之三落，气氛进一步缓和。宴后是故事的结局，有刘邦逃席、张良留谢、项王受璧、刘邦诛曹无伤等情节，三起三落只能说气氛缓和，刘邦的危机并没有完全解除，他借上厕所逃席，就是获得斗争的主动权，由被动转为主动，让张良留谢，就是进一步迷惑项羽，担心项羽的追杀，刘邦舍车辆随从，单骑与近侍从小路脱身，回营即诛杀曹无伤，首尾呼应。虽然鸿门宴只是《项羽本纪》中的一个片段，但司马迁表现了高超的文学技巧，整个故事情节曲折变化，跌宕起伏，错综交织、张弛有度。

再比如《魏其武安侯列传》写窦婴、田蚡两位权重一时的外戚和勇猛名称当世的灌夫的倾轧斗争，编织成波澜起伏的完整故事。故事前奏，先后介绍魏其侯窦婴、武安侯田蚡，两人都是外戚，起先田蚡巴结窦婴；故事开端，二人为争权夺利发生矛盾冲突，窦婴失势，田蚡权倾；魏其设宴使矛盾发展，窦婴忍气吞声，灌夫怒气冲冲，田蚡傲慢无礼；矛盾的爆发是灌夫骂座，在田蚡的娶妻婚宴上，灌夫因不满窦婴受冷落，使酒骂座，招致田蚡报复；故事的高潮是东朝廷辩，窦婴为救灌夫，在东朝廷辩时与田蚡展开了正面冲突，由此自己也被下狱。故事的结局和尾声，灌夫被灭族，窦婴随后也在渭城被弃市，而田蚡也被窦婴、灌夫鬼魂夹守呼叫谢罪而死。整个故事矛盾斗争写得惊心动魄、淋漓尽致。

司马迁就是通过一系列故事轶事、细节场面来概括历史，根据自己的审美理想对历史进行艺术加工、提炼集中，他有着高超的艺术构思技巧，善于把普通的事件点化为生动的文学情节，造成精彩的戏剧场面和曲折的矛盾冲突，取得了强烈的艺术的效果。

（二）抒情主人公形象更丰满生动

《史记》是纪传体通史，它的重大贡献就是把历史著作以历史事件为中心转移到以历史人物为中心上，以别于以前的编年体、国别体史书，更强调了人在历史进程中的作用。韩兆琦就指出："（《史记》的文学成就）主要是表现在写人物，这与先秦那种以叙事、记言为主的作品如《左传》《国语》《国策》等不同，它开拓了一个新的以写人为主体的新天地。"①

司马迁好奇多爱，笔底带有强烈的感情色彩，他选取的历史人物往往带有鲜明的典型性、理想性、抒情性、悲剧性。他塑造了从中华民族始祖黄帝到司马迁当世，上至帝王将相、皇亲国戚、文武大臣，下至学者、平民、商人、妇女、游侠、刺客、医生、卜者、倡优、博徒、猎户、滑稽人物以及少数民族首领、农民起义者，三教九流、各色人等。《史记》每篇传记都有鲜明的主题，尤其是类传、合传更明显有典型化的倾向。杜周、张汤是酷吏的典型，郭解、朱家是游侠的典型，聂政、荆轲是刺客的典型，邓通、李延年是佞幸的典型，淳于髡、优孟是滑稽家的典型等。《世说新语·品藻》中说："廉颇、蔺相如虽千载上死人，懔懔然恒有生气。"②尤其是"期期知其不可"的"期期"就形象地写出了周昌的口吃直谏的个性风貌。《史记》虽然遵循"实录"原则、"考信"精神，但他记述的历史人物有着理想化的光芒。这些失败的历史人物都有着性格等方面的致命缺陷，但司马迁对他们有着深深的同情、怜悯，他不光写出了这些历史事

---

① 韩兆琦：《史记评议赏析》，内蒙古人民出版社 1985 年版，第 108 页。

② 王明信，可永雪：《史记人物与事件》，参见张大可、安平秋、俞樟华主编：《史记研究集成》第七卷，华文出版社 2005 年版，第 408 页。

件，更写出了这些人物的精神和灵魂，写出的传记往往都有理想化的倾向。狂飙突进、叱咤风云的盖世英雄项羽，能屈能伸、辅汉建功的大将韩信，体恤士卒、高超射技的飞将军李广，为父报仇、鞭尸楚王的伍子胥，舍生取义、秦廷行刺的英雄荆轲，直谏流放、自投汨罗的诗人屈原，力主改革、抑郁而亡的才子贾谊等，无不如此。《史记》描写历史人物时带有强烈的抒情性，字里行间，滚动激荡着感情的波澜，给读者以心灵震撼。明代茅坤因而论述："读《游侠传》即欲轻生，读《屈原、贾谊传》即欲流涕，读《庄周》《鲁仲连传》即欲遗世，读《李广传》即欲立斗，读《石建传》即欲俯躬，读《信陵》《平原君传》即欲养士。"①正是从这个角度上，有人把《史记》称为"爱的颂歌，恨的诅曲，是饱含全部血泪的悲愤诗"。司马迁经历了惨无人道的"腐刑"，因而对历史上的那些悲剧英雄，往往有着同情、怜悯的复杂感情，借他人酒杯，浇胸中块垒。《史记》撰写成功的篇章往往都是悲剧人物，如项羽、韩信、李广、伍子胥、荆轲、屈原、贾谊、李斯、商鞅等。《史记》一百一十二篇传记，以被杀、自杀的人物为标题的有 37 篇，作品中主要人物被杀、自杀或者带有悲剧色彩的有近 70 篇。②

当读者读到四面楚歌、霸王别姬、东城快战、自刎乌江的项羽失败时，常会油然而生悲壮之情。当李广骁勇善战，匈奴望而却步，屡功难封，被迫自杀时，读者满含同情与对当政者的愤怒。李景星因之说："(《屈原贾生列传》) 通篇多用虚笔，以抑郁难遏之气，写怀才不遇之感，岂独屈、贾二人合传，直作屈、贾、司马三人合传独可也。"③

司马迁擅长写人，历史人物在《史记》中不是匆匆过客，他们的心理语言、细节动作、神态风采、个性性格都活灵活现，从而成就了中国最伟大的史诗。李长之说："每一篇传——写得成功的传，司马迁写来就是一个独立的生命，他尽量去创造这一生命，去维护这一个生命，去发扬这一个生命。"④

① 张新科，高益荣，高一农：《史记研究资料萃编》，三秦出版社 2011 年版，第 408 页。
② 韩兆琦：《司马迁的审美观》，《北京师范大学学报》1982 年第 2 期。
③ 张新科，高益荣，高一农：《史记研究资料萃编》，三秦出版社 2011 年版，第 613 页。
④ 李长之：《司马迁之人格与风格》，生活·读书·新知三联书店 1984 年版，第 23 页。

（三）究天人之际，通古今之变，成一家之言

司马迁推崇的三不朽之“立言”，是以“网罗天下放失旧闻，王迹所兴，原始察终，见盛观衰”为己任的，他在《报任安书》中说得更为鲜明：“网罗天下放失旧闻，考之行事，稽其成败兴坏之理，凡百三十篇，亦欲以究天人之际，通古今之变，成一家之言。”[①]司马迁是要创作一部“厥协六经，整齐百家杂语”，继《春秋》之后的“一家之言”，即删削增补订正考信六经及其他典籍的资料，研究天道与人道的普遍规律，把历史事件和历史人物放到特定的历史环境中考察，而不空言天命，总结古今一切社会历史，考治乱之源，弄清历史发展变化的奥秘，从而构建起富有创造精神的哲学思想体系，阐发自己的社会理想，达到“写史、立人、立己”的三位一体。梁启超曾在《要籍解题及其读法》中言：“迁著书最大目的，乃在发表司马氏一家之言，与荀况著《荀子》，董生著《春秋繁露》性质正同，不过其一家之言乃借史的形式以发表耳。故仅以近世史的观念读《史记》，非能知《史记》者也。故太史公为史界第一创作家也。”[②]

《史记》每篇都有一主题，司马迁取材、叙述都是围绕着这一主题，他删削改造，概括总结，发现最能揭示历史事件本质的方面，有点石成金之效。明代陈仁锡说：“子长作传，必有一主宰。如《李广传》以‘不遇时’三字为主，卫青以‘天幸’二字为主。”[③]《五帝本纪》在传说中的众多帝王中择五帝黄帝、颛顼、帝喾、唐尧、虞舜为理想的帝王，突出其帝王之德的楷模意义。尤其是他讴歌大一统，黄帝正名百物，垂衣而治，他从而成为团结统一的中华民族的始祖，成为历代帝王的楷模。在以前的典籍中鲁仲连是被作为为自己获取名利的策士的形象，司马迁在《鲁仲连列传》中概括他“两好”，“好奇伟倜傥之画策”“好持高节”，“使鲁仲连成为中国封建时代一种既慷慨立功立名又保持自由意

---

① 班固：《汉书》，中华书局1962年版，第2735页。

② 安平秋：《史记通论》，参见张大可、安平秋、俞樟华主编的《史记研究集成》第二卷，华文出版社2005年版，第69页。

③ 可永雪：《史记文学研究》，参见张大可、安平秋、俞樟华主编的《史记研究集成》第九卷，华文出版社2005年版，第205页。

志的理想士林人格，引起后人无限仰慕”①。《史记》以其进步的道德理念、开明的政治思想、福国利民的经济思想、民族一统的思想等，“见之于行事之深切著明”。

司马迁准确地把握了历史的通变精神，提纲挈领地贯通了历史。《史记》贯通了2300多年的历史变迁，揭示了夏、商、周、秦、汉的兴亡，并进行了理论剖析，整体地、辩证地、系统地观照历史，有直透历史本真的深刻性，从而构建起了属于司马迁的历史话语和历史体系。

四、结语

浪漫主义最本质的因素是人的主观性，何锡章指出：“从人性的角度而言，它（浪漫主义）是人的主体意识超越现实，向未来突进的创造精神的反映，它的英雄主义、理想主义和自觉的主体意识，是人类走向自我完善、自我解放的精神动力。仅此而言，如果缺少了浪漫主义的主体意识和超越升华现实的创造力量，失去了对理想和英雄人格的现实肯定与追求，历史和人类就会黯然无光，陷入一种畸形的庸俗的片面性，使得人的内在心灵世界残缺不全，成为外在物质世界的附庸。”②《史记》优秀的篇章都有鲜明的司马迁风格，高扬着作者的主体意识，甚至不时在作品中暗示、借历史人物之口、叙述及议论中抒发自己的同情、怜悯、抑郁、牢骚、不满、愤怒之情。袁文典曾在《永昌府文征·读史记》中深有体会，他说：“余读《太史公自序》而知《史记》一书，实为发愤之所为作。其传李广而缀以李蔡之得封，则悲其数奇不遇，即太史公之自序也。匪惟其传，伍子胥、郦生、陆贾亦其自序，即进而屈原、贾生信而见疑，忠而被谤，痛哭流涕而长太息，亦其自序也。更进而伯夷积仁洁行而饿死，进而颜子好学而早夭，皆其自序也。更推之而传乐毅、田单、廉颇、李牧，而淮阴、彭

① 安平秋：《史记通论》，参见张大可、安平秋、俞樟华主编的《史记研究集成》第二卷，华文出版社2005年版，第126页。

② 何锡章：《论新时期前期文学的浪漫主义特质》，《当代文坛》2015年第2期，第11—18页。

越、季布、栾布、黥布，而樊、灌诸人，再推之而如项王之力拔山兮气盖世，乃时不利兮骓不逝，与夫豫让、荆轲诸刺客之切肤齿心为知己者死，皆太史公自序也。所谓借他人之酒杯，浇胸中之块垒，诚不禁其击碎唾壶拔剑斫地慷慨而悲歌也。”①刘德煊认为：“司马迁把客观历史与主观感情巧妙地结合起来，寓情于事，以事写情，因情赋事，以情感人。”②他的思想感情是作品内容、结构、语言的枢纽。

司马迁以前无古人的撰史胆略，尤其是他的这种强烈的历史浪漫主义的写法，改变了中国史学著作的风格和精神，他强烈的主体意识的灌注，使抒情主人公千载熠熠生辉，撰著了个性化、创造性、传奇性、文学性于一体的纪传体通史。

（朱正平，渭南师范学院报刊社副编审，中国史记研究会会员，陕西省司马迁研究会理事。）

---

① 张新科，高益荣，高一农：《史记研究资料萃编》，三秦出版社 2011 年版，第 394 页。

② 刘德煊：《史记的抒情特征》，《西南师范学院学报》1985 年第 3 期。

茅坤《史记抄》文学价值探微①

王晓红

时至明代，对《史记》“文”的性质研究达到了一个高峰。有学者指出，“《史记》作为文章写作的典范，其文学价值是在明代古文辞派的倡导中被发现的”，②其间唐宋派功不可没。万历三年（1576）冬，唐宋派代表人物茅坤的《史记抄》刻成。这是其终生痴迷、研磨《史记》的总结，也是茅坤晚年以“神”为主调的“本色批评”的证果。《史记抄》是典型的文学评点，通过对文本细读，作者在字里行间寻找司马迁设置的“密码”，发现并阐释《史记》的文学魅力和价值。《史记抄》在当时流布甚广，入清以后转为陌生，遭逢沈埋命运400余年。近年作为探索古文批评重要资源的《史记抄》逐渐受到关注，《史记抄》选本得以整理出版。然而其间内容广博、形式灵活的文学评点尚缺乏全面、深入的分析，《史记抄》的文学价值未得到应有的彰显。基于对《史记抄》文学评点的提取分析，概而言之，《史记抄》文学价值主要体现于下列三端。

一、发覆《史记》叙事艺术

刘知几《史通·叙事》中说：“夫史之称美者，以叙事为先”，《史记》可谓是“原始察终”“善叙事理”的典范之作，是中国叙事文学的里程碑。到了明代，

---

① 本文为国家社科基金重大项目“中外《史记》文学研究资料整理与研究”（项目编号13&ZD111）阶段性成果；陕西省教育厅2016年高校哲学社会科学重点基地研究项目（项目编号16JZ024）阶段性成果；渭南师范学院2016年科研项目（项目编号16SKZD06）阶段性成果。

② 高津孝：《明代评点考》，章培恒，王靖宇：《中国文学评点研究》，上海古籍出版社2002年版，第89页。

《史记》叙事研究迎来了兴盛期。对于明代文人而言，“《史记》如何建构对人物与事件的叙述，成为他们评论的一个焦点”。[①]茅坤也是如此。茅坤在注重遣辞用句“文章之法”的批评同时，已十分关注《史记》的“叙事之法”，自觉探求《史记》叙事规则，挖掘《史记》叙事艺术特征。

茅坤称赞《史记》叙事章法严谨，脉络明晰。“读前段便可识后段结案处，读后段便可追前段起案处；于中欲损益一句一字处，便如于匹练中抽一缕，自难下手。此皆太史公所独得其至，非后人所及”。[②]认为史公作文常以“神理”贯穿始终，经纬通篇。如《平准书》“廉耻相冒，武力进用”为“一篇之纲领”，全文叙述理路由十九“变”的财税政策组成。如《封禅书》：“文凡三千言，而前后血脉贯穿如一句，总属一幻字”，认为“幻”为全篇“主骨”。又如《曹参世家》指出“‘清静’、‘宁一’四字，一篇之命题也”；《陈丞相世家》“太史公通篇以‘奇计’两字作案”。如叙写“酷吏之魁”张汤一生的事迹行状，人多事繁，而史迁行文“前云‘汤，为御史大夫七岁，败’，中云‘穷竟其事，未奏’，末云‘三长史皆害汤，欲陷之’，此三节者皆叙事起伏血脉”，在茅坤看来，司马迁按照这样的叙事次序，“历序其致败之由”，叙事脉络清楚，跌宕起伏。

茅坤对司马迁叙述详明、摹画精妙的叙事笔力极为推重。在《史记抄》的评语中，屡屡使用“如画”“极工”“明僁”等批语。据统计，评语“如画”出现凡 34 次，“极工”凡 6 次。如《齐太公世家》“次五公子争立本末，如画”，《赵世家》“次赵衰所由始及所由中绝与简子所由兴如画”。如《项羽本纪》中“鸿门宴”一节，“以下序次情事如描画，今梨园子弟亦本此为传记，如目睹之”。《廉颇蔺相如列传》中“渑池会”一节，认为司马迁描写相如情事，与“王摩诘诗画相似”等。在叙事精工的基础上，茅坤复又强调叙事的生动传神，如《齐太公世家》“序管仲始末及桓公之子五公子争立处有生色”。《陈涉世家》“写陈胜首乱处，总有生色”。《李将军列传》“叙广善射及其行略，有生色”。《卫将军骠骑列传》“大将军此战，极为奇绝，以不得并骠骑益封，故太史公尽力描写，令人读之凛凛有生色”。

---

① 周建渝：《从〈史记评林〉看明代文人叙事观》，《复旦学报》2010 年第 3 期。

② 茅坤编撰，王晓红整理：《史记抄》，商务印书馆 2013 年版，第 XII 页。

《史记》叙事手法变化多端，以“参差错落、穿插变化为奇”，茅坤对之高度认可。以《酷吏列传》为例，“酷吏传凡十余人……而叙各不同，笔力极其变化”。郅都之后宁成，“治效郅都”，司马迁先顺叙宁成的发迹史，并插叙了郅都与宁成的交欢之事。他的死与义纵有关，故在叙述周阳由、赵禹、张汤、王温舒之后，直到义纵才补叙了宁成之死。中间插叙了“上欲以为郡守”时，公孙弘极谏；宁成为关都尉专施暴政一节；茅坤注意到这种变化，评曰“插此一段，最奇。先说宁成之威，然后说纵能制成，犹先说郅都之威，然后说成能陵都也”，[①]“宁成事不入本传，而以附入纵传”达到了“以客形主”效果。又如赵禹，顺叙他因“文深”不受亚夫重用，但“上以为能”，被起用的发迹过程。叙述至于张汤“论定律令”一节，因“赵禹卒于张汤”，延宕一笔，叙说张汤传，其间“或分或合”，茅坤的评语中多次提到“应禹传”“此下汤禹合叙”“了两人案”，张汤死后，“又及赵禹”，言及其“始为酷急，晚节治加缓，而名为平，以寿卒于作结”。茅坤认为正是这种迥异于“若禹自禹，汤自汤，谁不能者”的“极其变化的笔力”（叙事方式），“分合错综，贯串穿插，总成一篇文字”。

司马迁“在叙述某些人物传记时，有时会引入大段议论，有时又会将一些评语穿插于前后两段叙述文字之间。明代评点者将《史记》中的这一现象称作‘变体’”。茅坤对《史记》叙述的“变体”很重视。在《屈原贾生传》中茅坤评道：“以议论行叙事体，变格”；“以下并太史公变调”；“以议论入叙事中”。叙及楚怀王信谗“怒而疏屈平”一节中间插入约 273 字大段议论，继而转入叙述“屈平既绌”后，张仪困楚之事；叙述屈原被怀王流放，仍“冀幸君之一悟”，司马迁即发议论，计约 251 字，议论后，又转入叙事。《伯夷传》更为典型，茅坤明确指出“以议论叙事，传之变体也”。与一般列传叙述章法分明的是，《伯夷传》以议论开端，中间以“其传曰”三字始，叙述伯夷、叔齐生平行状，不足 220 字极短的传记，后又以议论结束。叙事于整篇传记篇幅中，不足 30%，绝大部分是议论。茅坤清楚地认识到“伯夷、屈原则太史公所得之悲歌感慨者尤多，故又别为变调也”。认为造成“变体”“变调”深层原因是司马迁“意有所郁结”，将强烈的爱憎感情深深地渗透在历史场景的摹写中，“悲歌感慨”所致。

---

① 茅坤编撰，王晓红整理：《史记抄》，商务印书馆 2013 年版，第 525 页。

茅坤还注意到《史记》中多人并为一传、互见法应用等叙事笔法。合传是《史记》列传一种重要类型。合传是“为两个及其以上有相当影响的知名历史人物所设立的传记。大致分为以类相从与关联相从两类”。[①]据统计，《史记》七十列传中合传篇目为28篇。茅坤在评点中对于合传原因、原则、结构特征多有发明。在《廉颇蔺相如传》中评点道：“两人为一传，中复附赵奢，已而复缀以李牧为四人传。须详太史公以四人线索才知赵之兴亡矣”。认为廉颇、蔺相如、赵奢、李牧为赵所重，因“赵之兴亡”共同事业相关联而合传。《汲黯郑当时传》中“两人行旨不同，而独气谊相合，其废也宾客并落。故太史公合为一传，以摹写之”，点明太史公合传的用意，可以解释为汲黯、郑当时虽人异而事趋同，或者是事异而相得益彰，故进行合传。茅坤认为《魏其武安侯列传》是窦婴、田蚡、灌夫三人合传。“合三传为一传”，“三篇俱以结宾客相倾为精神”。《卫将军骠骑列传》中评点道：“两将军为一传，太史公用意摹写处。其传大将军也，所当战功益封，由姊子夫为皇后。及姊子去病之从大将军而为骠骑也，骠骑将略殊无可指点处，特以子夫姊子遂从大将军勒战而有成功。并附公孙贺篇末，尤可印证”，指出卫青、霍去病“以外戚贵幸”，而得以青云直上、裂土封侯，寄寓司马迁的褒贬爱憎。

二、抉发司马迁的写人艺术

司马迁对文学的贡献，根本在于他最早为人“立传”，开辟了一个新的以写人物为主体的新天地。《史记》被称为“写人文学的始祖”。茅坤对《史记》写人艺术给予高度评价。在《史记抄》卷首《读史记法》中，茅坤从个性化的角度，总体上分析了《史记》中历史人物形象，认为司马迁刻画人物“摹画绝佳”“言人人殊”“各得其解”，譬如“善写生者春华秋卉，并中神理矣”。

司马迁善于抓住人物特征立意，突出人物个性，塑造典型化人物性格。茅坤对这些人物突出的个性特征都做了圈点，并且评语大多精当，切中要意。如《刘敬叔孙通传》评价叔孙通“小论中‘希世’两字，一篇精神所注处”。连用九处

---

① 胡安武：《〈史记〉列传合传研究》，华中师范大学2009年硕士论文。

“希世”点评，认为叔孙通因利乘便，与时俱进，行事委婉，“卒为汉家儒宗”。如《汲黯郑当时传》“通篇以伉直摹写汲黯为精神，而不学无术亦稍稍见”，认为伉直严正，忠直敢谏是汲黯性格核心所在。又如《平津侯主父列传》首评曰“摹写平津侯，暗以‘曲学阿世’四字为精神”，在后面传文中用四处“阿世”点评其言行，认为“曲”（曲学阿世）、“巧”（巧言从谀）构成了公孙弘的主要性格特征。同时也指出公孙弘也有“直”（正言直谏、坚守儒道）的一面。如元光五年（前 130），公孙弘奉命出使西南夷，“还奏事，盛毁西南夷无所用”，未谀武帝之意；元朔三年（前 126）公孙弘为御史大大，数谏之不要盲目开边沧海、朔方，“以为罢敝中国以奉无用之地”，茅坤评为“阿世中之持正处”，①评价不失公允，且应该说准确地领悟了司马迁本意：“公孙弘以春秋白衣为天子三公，封以平津侯。天下之学士靡然乡风矣。”

司马迁在《史记》表现出“崇智尚计”的历史意识，对历史人物的智慧、见识、胆识和勇气的欣赏，对此，茅坤给予高度关注。如《淮阴侯传》中祭坛拜将后，韩信为刘邦分析天下形势，茅坤对之高度评价：“论汉王、项王两人得失处甚确。孔明之初见昭烈论三国，亦不能过予。故曰：‘淮阴侯非特将略也’”，认为韩信分析汉王、项王两人得失处，见解精当，透彻，与诸葛亮对刘备在“隆中对”陈说三分天下之计有过之而无不及，不仅有“将帅之才”，更具“智者之识”。对于韩信高超的军事才能，茅坤不吝笔墨写下百余字的赞语——“余览观古今兵家者流，当以韩信为最。破魏以木罂，破赵以立汉赤帜，破齐以囊沙，彼皆从天而下，而未尝与敌人血战者。予故曰：古今来，太史公，文仙也；李白，诗仙也；屈原，词赋仙也；刘阮，酒仙也；而韩信，兵仙也。然哉！”②又如《孙吴列传》中指出“孙膑灭庞与韩信背水阵同”，都是“藏于九天之上，动于九地之下”，非“矢石之斗”而以“智谋”取胜的成功的军事战例。

司马迁写人时，不是单纯地记录人物的行迹，而是在人物塑造上贯注了作者强烈的主观思想感情，尤为看重那些悲剧人物。茅坤很好地体悟到这一点。在《读〈史记〉法》指出“伯夷、屈原，则太史公所得之悲歌慨者尤多”；“诸将中

① 茅坤编撰，王晓红整理：《史记抄》，商务印书馆 2013 年版，第 478 页。

② 茅坤编撰，王晓红整理：《史记抄》，商务印书馆 2013 年版，第 388 页。

最怜者，李广之死，与卫、霍以内宠益封，故文多感欷”；“此皆太史公所溉于心者”。点出太史公写人物时充满着强烈的感情。如《李将军列传》总评谓：“李将军乃最名将，而最无功，故太史公极力摹写，淋漓，悲咽可涕。”李广被“赎为庶人”后，夹批曰“可悲可涕”。

茅坤在抉发《史记》写人艺术时，不仅能“一人一评”，而且能够很好地将《史记》写人技法进行贯通对比。如《刺客传》写荆轲有一段评语：“荆轲怯处与蔺相如、韩信略相似，此皆古人文章烟波处”。此评值得注意之处在于，它将《史记》关于荆轲与盖聂、鲁句践之间交往的细节，同战国时期蔺相如与廉颇、汉初淮阴侯韩信与淮阴屠中“辱己之少年”交往细节进行对应式比较，显然洞察到荆轲、蔺相如、淮阴侯韩信在人物刻画方式上和人物性格特征的相似性：隐忍，通过这种比较，更好地凸显了荆轲个性特征。

三、揭橥《史记》文章风格

《史记》既是历史巨著，也是一部优秀的散文集。关于《史记》的散文风格，前代学者多有评价、总结。班固称“辨而不华，质而不俚”，韩愈评为“雄深雅健”，柳宗元以“峻洁”称许，苏辙论司马迁“其文疏荡”、“颇有奇气”等。茅坤重视形神，引进“风神”文学批评观念，用“遒逸疏宕”来概括《史记》文章风格，颇有新意。

“遒逸”，“遒”，指的是“《史记》透过语言表现出来的郁勃凌厉的力量、速度与气势”①，即如韩愈所说的“雄深雅健”。“逸”，“就是在风格上所表现的浪漫性”②，即如鲁迅在《汉文学史纲要》中所说的突破史法的规范，“发于情，肆于心而为文”。“遒逸”指《史记》文章内容、语言的雄健飘逸。史迁之文关注故事的生动，追求文章气势奔放、感情的酣畅淋漓，带有一种苍劲浑茫的原始气象，正如韩兆琦所言的“朴拙的生机及气势感”。“疏宕”指《史记》文气流畅奔放，疏荡多变，忽起忽落，错落有致。可以说，茅坤认为《史记》文章风

---

① 高志明等：《〈史记〉文章风格》，《河北工程大学学报》（社会科学版）2011 年第 3 期。

② 李长之：《司马迁之人格与风格》，上海三联书店 1984 年版，第 295 页。

格“遒逸疏宕”，其文风飘逸，气势雄放，富有刚健之气。从美学角度看，是崇高美的典型表现。

在《史记抄》卷首《刻〈史记抄〉引》中茅坤以治兵做比喻，对这种风格有精辟的说明：“譬之韩、白提兵而战河山之间，当其壁垒部曲，旌旗钲鼓，左提右挈，中权后劲，起伏翱翔，倏忽变化，若一夫剑舞于曲旃之上而无不如意者”。认为太史公文雄肆奇崛，骀荡雄放，“令人读之，杳然神游于云幢羽衣之间，所可望而不可揭者”，“西京以来，千古绝调也”。

茅坤指出，《史记》这种独特的文章风格缘于《史记》之文以“风神”取胜。“风神”是茅坤散文观提出的一个审美范畴。有学者指出，茅坤所讨论“风神”，“是对《史记》、欧阳修《新五代史》等叙事文的叙事之‘神’的概括”。①在《刻〈汉书评林〉序》中茅坤论及班马异同时指出，就艺术风格而言，“《史记》以风神胜，而《汉书》以矩矱胜”。认为《史记》“惟其以风神胜，故其遒逸疏宕如餐霞，如啮雪，往往自眉睫之所及，而指次心思之所不及，令人读之，解颐不已”；同样在《宋大家欧阳文忠公文钞引》中，茅坤用“风神”概称司马迁的文章风格：“西京以来，独称太史公迁，以其驰骤跌宕，悲慨呜咽，而风神所注，往往于点级指次，独得妙解，譬之览仙姬于潇湘、洞庭之上，可望而不可近者”。

茅坤认为，《史记》文章之美，在于“风调之遒逸、摹写之玲珑、神髓之融液、情事之悲愤，则又千年以来所绝无者”。叙事的摹写玲珑与抒情的感慨淋漓共同构成茅坤“风神”观的重要内容。叙事的摹写玲珑主要指的是叙事精工而能生动传神有生色，关涉《史记》叙述艺术，在前文已有分析，不再赘述。这里着重谈谈抒情的感慨淋漓。在《史记抄》的点评中，有些直接施以“风神”评语，如燕太子丹易水送别荆轲一节，批“何等模写，何等风神”，这段描写很好体现了感慨淋漓的抒情特点。在茅坤看来，《史记》蕴含着强烈浓郁的感情性，许多篇章“使人读之痛快淋漓，而继之以潸然泪下”，产生了震撼人心的感染力量，“今人读《游侠传》即欲轻生，读《屈原贾谊传》即欲流涕，读《庄周》《鲁仲连传》即欲遗世，读《李广传》，即欲力斗，读《石建传》，即欲俯躬，读《信陵君》、《平原君传》即欲好士。若此者何哉？盖各得其物之情而肆于心故也，而

① 刘宁：《叙事与“六一风神”——由茅坤“风神”观切入》，《文学遗产》2011年第3期。

固非区区字句之激射者也。”[①]揭示了《史记》文字表述之美的深层原因是得其情而肆于心，也就是通常所说的闳于其中而肆于其外。

茅坤重视文章的“情”，强调作文“必求万物之情而务得其至”，唯有作者主情重情，才能写出感人肺腑之文，才能使读者产生强烈的共鸣，达到“怒而裂眦，喜而解颐，悲而疾首，思而服膺”。《唐宋八大家文钞》评点中“情”是出现最频繁字眼，达 90 余次；在《史记抄》评点中“情”出现了 45 次。多处评语屡屡指出史迁之文的至情。如评《乐毅传》“读《乐毅传》令人顿生肘翼，为之愤咽而流涕云”；评《伯夷列传》“令人凄婉断肠”；评《魏其武安侯列传》“摹写两人相结而相死处，悲愤呜咽”；评《卫将军骠骑列传》李广自杀一节，“太史公无限悲愤处”；评《赵世家》“次赵衰所由始及所由中绝，与简子所由兴如画，而武灵王胡服以招骑，其所北却林胡、楼烦，并中山以西，通云中、九原，于以窥秦。可谓英武矣。惜也，不幸中觉而殂，至于两位公子，分王其地，遂亡沙丘宫，悲夫！”对赵武灵王早年英武，而晚年昏聩，终至身亡国乱寄托深切的哀婉之情。茅坤注意到，抒情的感慨淋漓，除了感情强烈之外，还包括抒情时波澜起伏，一唱三叹。《史记》在文章深处，有抒情诗内在情感韵律，许多篇章读来情绪跌宕。如评《项羽本纪》中项羽杀卿子冠军、巨鹿之战一节曰“此等处有一唱三叹之味”。如《刺客传》中严仲子重金为聂政母寿，请聂政相助复仇一节曰“两‘固’字有声色”“两‘然’字转语”。

茅坤的《史记抄》对《史记》谨严的叙事章法，多变的叙事手法、高超的写人艺术、独特的文章风格等方面都进行了深入的探析，观点精到，多有创见，非一般琐屑考证或寻章摘句者所能企及。茅坤借以多样化的文学评点，极力发现和阐释《史记》作为文章的范本、作为文学的意义，努力挖掘《史记》的文学特征、文学价值。这些文学评点不仅为“后代《史记》文学评点的进一步发展提供了典范”，同时“对《史记》文本的文学经典化具有重要的推动作用”。[②]

（王晓红，渭南师范学院人文学院教授、硕士生导师。）

① 茅坤撰，张梦新，张大芝点校：《茅坤集》（第二册），浙江古籍出版社 2012 年版，第 196 页。

② 张新科：《〈史记〉文学经典化的重要途径》，《文史哲》2014 年第 3 期。

清代《史记》阐释中“实录”文学意义的转换①

王晓玲

“实录”是历代以来对《史记》最为中肯的史学判定。扬雄《法言·重黎》中“《太史迁》，曰：‘实录’”②一语为其滥觞。班固《司马迁传》进而对其良史之才分析到：“其善序事理，辨而不华，质而不俚，其文直，其事核，不虚美，不隐恶，故谓之实录。”此后，王肃、葛洪、刘勰、刘知几等人对之也进行了探讨，但不出“不虚美，不隐恶”③的核心内涵。“实录”也就成为对《史记》史学意义上最重要的概括，“秉笔直书”“书法不隐”的“实录”精神也成为中国传统史学价值判断的依据。

从唐代开始的《史记》文学方向的阐释，在清代达到了高潮。清人对《史记》文学方向的关注超过了历代，出现了金圣叹、吴见思、牛运震、汤谐、李晚芳、熊士鹏等研究名家。清人《史记》文学阐释最重要的一点就是对“实录”意义的再阐释，从文学方向对“实录”内涵进行了引申，为之注入了新的内涵。

一

清代史学家以严谨的态度、实事求是的学风广参博证，在许多史学问题上都有重要的突破，对许多问题都进行了历史性的总结。钱大昕、崔述、王治皞等

① 本文为国家社科基金重大项目“中外《史记》文学研究资料整理与研究”（项目编号 13&ZD111）阶段性成果。原文刊于《宝鸡文理学院学报》（社会科学版）2017 年第 6 期。

② 扬雄，汪荣宝：《法言义疏》，中国书店 1987 年版，第 413 页。

③ 班固：《汉书》，中华书局 1962 年版，第 2738 页。

学者对司马迁“学者载籍既博，必取信于《六艺》”的“实录”精神深信不疑，总结了历代以来对《史记》“实录”的认识，厘清了各种认识的偏失。

清人对于“实录”概念探索，史学家小心求证、审慎归纳是一极，而文人或者文章学家的演绎和再阐释，则成为另一端。这些研究者如吴见思、牛运震、汤谐、李晚芳、熊士鹏等，在宋明以来《史记》写人、叙事艺术的研究基础上，进一步阐释了《史记》的文学性，对“实录”的内涵做了开拓性解读。其中，熊士鹏的阐释最具概括性。

熊士鹏，竟陵人，嘉庆乙丑进士，曾任武昌教谕，著有《鹄山小隐诗集》《鹄山小隐文集》等。熊士鹏对《史记》的阐释和论述不多，但他在《鹄山小隐文集》卷二十四《释言》中对《史记》的一段论述却极为重要，云：

> 司马迁作《史记》，变《春秋》编年之法，创为传纪，凡百三十篇。余每读其列传，观其传一人，写一事，自公卿大夫，以及儒侠医卜佞幸之类，其美恶、谲正、喜怒、笑哭、爱恶之情，跃跃楮墨间如化工，因物付物，而无不曲肖。读《屈贾传》，则见其哀郢怀沙过湘投书之状，读《庄周》《鲁仲连传》，则见其洸洋倜傥之状，读《韩信》《李广传》则见其拔帜射雕之状，读《游侠》《刺客传》，则见其喜剑好博倚柱箕踞之状，读《酷吏》《滑稽传》，则见其鹰击毛挚摇头大笑之状，读《原》《陵》《春》《孟》四君传，则见其弹铗负韊执辔蹑珠之状，余不暇枚举，然若此者何哉？盖各因其人之行事而添颊上三毫也。故刘向、扬雄称之为实录。①

熊士鹏认为，《史记》在写人叙事上的特点表现为“美恶、谲正、喜怒、笑哭、爱恶之情，跃跃楮墨间如化工，因物付物，而无不曲肖”，同时，他又概括为“各因其人之行事而添颊上三毫”。在此基础上，熊士鹏得出了“实录”的结论。不难看出，熊氏以“无不曲肖”“颊上三毫”对“实录”做出了新的阐释，这和刘向、扬雄“不虚美，不隐恶”的史学方向内涵概括已经完全不同。他所谓的“跃跃楮墨间如化工，因物付物，而无不曲肖”就是说《史记》所记述的每个人

① 熊士鹏：《鹄山小隐文集：释言》卷二四，稽古阁刻本。

物都跃然纸上、栩栩如生，呼之欲出。这也就是吴见思、牛运震、汤谐、李晚芳等《史记》评论中常说的“摹写”生动、“摹画”传神。“颊上三毫”即是对“传其事，传其神”的概括。由此来看，清人认为生动而传神的“摹写”“摹画”即为“实录”，“实录”文学方向的再阐释和意义转换，代表了清人对《史记》文学性进一步的探索。

这种理解的转换和差异大约来自关注视角的变换。汉魏以来，对《史记》“其文直，其事核，不虚美，不隐恶”的“实录”判定实质包含两个层面的问题，一是“其文直，其事核”，再就是“不虚美，不隐恶”。“不虚美，不隐恶”指史家以高越的人格，追求历史真实的品德，它是史家“史德”“史识”的集中表现，而“文直事核”不仅是“史识”的表现，更是“史才”的表现。章学诚云：“记诵以为学也，辞采以为才也，击断以为识也。”①辞采主要指史学著述的辞采问题。若史学家主要关注的是史德、史学、史识，文士、文章学家就更为关注辞采了。

总结以上，清人把《史记》人物“摹写”“摹画”得有声有色、生动传神称之为“实录”，“摹写”与“实录”的搭界实质是用文学的“生动形象”诠释了史学的“实录”，代表了清代《史记》文学研究的新进展，暗示了文学话语对史学话语的突围，显然，这丰富和发展了“实录”的内涵，强化了《史记》的文学意义。

二

中国传统史学与近代以来西方史学观念并不相同，并非只是强调不带任何主观判断的纯客观对史实的记述，而其核心包含着道德价值的判断。历史记述的目的就在于“贬天子，退诸侯，讨大夫，以达王事而已矣”，可见，奖善惩恶，这一核心从孔子《春秋》就已确立。《史记》以人传事的叙述模式，要达到“实录”的目的，必然要对人物做到生动“摹写”，进行艺术化的处理。张大可在《司马迁评传》中也说：“司马迁之所以用人物为中心来写历史，其目的就是要

① 章学诚撰，叶瑛校注：《史德篇》，《文史通义校注》，中华书局 1985 年版，第 226 页。

用活生生的历史人物来警醒世人，寓褒贬，别嫌疑，明是非，如果缺乏典型化和艺术性是达不到目的的。”[1]的确如此，历史与文学的共同点之一都有叙事，历史以叙事为主要目的，但司马迁以人写事，又将人物放在事件中，让人物在事件发展的进程中、在人物的激烈冲突中，体现个性特点，突出人物形象。故而，清人以生动的“摹写”“摹画”来阐释“实录”自有其内在的脉络。

也是基于这样的理路，清代众多学者注重探索《史记》写人的“摹写”艺术。他们论述了司马迁将人物放在具体的事件中，通过人物的言行或者细节将人物的性格“摹写”出来，展现了《史记》生动传神的写人艺术。对于人物必“摹写尽情”，王治皞说：“太史公叙事，必摹写尽情。如万石君孝谨，将其处家处乡处朝，笔笔形容，如化工之画须眉，毫发皆备。愚谓太史公之文，无一句不着实者此也。”（《史汉榷参》卷之下《万石张叔》）[2]汤谐对此有深刻的认识，他在《史记半解·廉蔺列传》说：“赵事为经，四人为纬。盖四人用舍，关赵国存亡，而其君暗而听谗，终至不振。史公深慨叹之。故作法如此变化，其结撰之微密，摹画之精彩，更令人游赏不尽也。”[3]他以《廉蔺列传》为例总结了《史记》在事件进程中将人物形象塑造完成的手法，称赞其写人的精彩。

李晚芳在对《魏其武安侯列传》评点中进一步分析了在事件中人物矛盾冲突对人物塑造的重要，云：

> 篇中叙魏其之贵，以功，序武安之贵，以戚，贤否判矣。序引酒却梁王，与受淮南金反对；陈金于廊，听军吏裁取，与益地请田反对；平吴楚受封，与日益贵幸反对。……，叙武安，始则服役魏其，继则比肩魏其，后则高驾魏其，地位随时变换，面孔声口，亦随时变换，一经太史之笔，便变幻异常，令人失笑。不独武安也，贤如灌夫，于入吴军，写其孝勇；颍水歌，写其豪横；结魏其，写其同病相怜之密；援武安，写其降心俯就之卑。面孔心肠，亦若随时变换，序其使酒骂

① 张大可：《司马迁评传·史记研究》，商务印书馆2011年版，第34页。

② 杨燕起等：《历代名家评〈史记〉》，北京师范大学出版社1986年版，第658页。

③ 汤谐：《史记半解》，康熙慎余堂刻本。

座，又借夫口骂尽满朝趋炎附势之徒，面孔心肠，随时变换。叙两人，而有数十伯人，笑貌声音，哄聚笔端，非笔大如椽，何能刻画至此。①

窦婴、田蚡二人同为贵族，但各自贵幸的途径不同，魏其以功，武安以戚，司马迁在刻画这两个人物时，将之放在各自地位的取得，势力消长的发展变化中初步刻画了其各自的性格。对于灌夫则先通过事迹说其“豪横”，然后在三人的冲突矛盾中完成了各自的性格。李晚芳“非笔大如椽，何能刻画至此”的感叹显然是中肯的。吴见思对此论述道：

其写醉语、怒语、对薄语、忙语、闲语，句句不同，至武帝亦不直武安，无奈太后何。亦欲廷臣公论，乃诸臣竟不作声，遂发作郑当时，是一肚皮不快活语，一一入妙。②

对于本传，汤谐分析了在事件发展与矛盾的冲突中众多人物性格都很突出：

魏其荣势以亲交，武安挟诈以肆横，灌夫负气以任性，传内三人都写得须眉欲动，妙矣！尤妙在传外诸人如籍福之委曲调停，三边掩捺，安国之心袒丞相，故持两端；当时之是非不爽，畏势游移，天子之实恶武安，碍难自决；太后之一味私情，护持昆弟；无不面面如生。看来他传多作波宕，而此传全着精彩，为是花簇已极，更添入间情不得耳，故即以精彩处为波宕处也。③

汤谐的评论点出了《史记》在写人过程中，随着事件的进程，主要人物性格的完成，“传外诸人”也被摹写得“无不面面如生”。

---

① 李晚芳撰，［日］陶所池内校订：《读史管见》卷三，浪华书林群玉堂制本，安政三年丙辰四月翻刻。

② 吴见思撰，吴兴祚参订：《史记论文：第七册》，中华书局排印本 1936 年版，第 43 页。

③ 汤谐：《史记半解》，康熙慎余堂刻本。

三

对于《史记》人物"摹写""摹画"之成功，清人认为，不仅在于人物刻画得生动形象，更在于司马迁能够传其事并传其神。这也就是熊士鹏对《史记》实录所解释的内涵之一——"各因其人之行事而添颊上三毫"。清人认识到如果将人物置入事件之中只是大笔对人物形象的粗笔勾勒，使人物性格得到初步展现，只有抓住了人物的"神"，通过细节和心理描写等才能使人物形象、性格得到再次皴染，才能使人物性格凸显，才能使人物形神兼备。基于此，清人对《史记》"传神写照"写人艺术，运用细节和心理描写对人物刻画的技法做了大量的探讨，"太史公以秀逸之笔，曲曲传之，不特传其事，而并传其神"的特点，成为清人共同的认识。

中国传统文论讲求"表现"与"写意"，这为写人艺术的"形"与"神"提供了原则与方法。顾恺之"传神写照"与"颊上三毛"的论述强化了人物内在精神对于写人的重要性，在此基础上，谢赫的《画品》完成了中国绘画的"形神"论的构建。"形神"论对中国古代画论和文论都有着深刻的影响，清代以《史记》写人艺术的探讨也是在此理论上展开的。清人认识到司马迁能够抓住人物的"神"来刻画人物，如在《吕不韦列传》中司马迁抓住了吕不韦商人的本性进行刻画，汤谐认为，太史公抓住了吕不韦的"神"，评论道："通身为'大贾'二字写照。然其播扬秦丑，不遗余力矣！事核辞微，妙处往往不可思议。"①吴汝纶《桐城先生点勘史记》卷八五进一步分析说：

> 此篇以"贾"字为主。立楚子进美姬，所以贾利；作《吕氏春秋》，所以贾名；进嫪毐，所以贾祸。而贾祸之由，则自进美姬始。
>
> 作《吕览》事颇难入此篇中。文以家僮万人，引起食客三千人，因入宾客著所闻为书，又以悬金市门终之，仍寓贾人伎俩，与前居奇钓奇为一类，此可识文字联络之法。②

---

① 汤谐：《史记半解》，康熙慎余堂刻本。

② 杨燕起等：《历代名家评〈史记〉》，北京师范大学出版社 1986 年版，第 658 页。

吕不韦虽为秦相，但始终未脱商人习气，司马迁在刻画人物时，抓住了人物的本性，吴汝纶赞叹道："不韦相业甚伟，兼能文章，而史公以贾人待之，是其识力闳远处。"①

抓住人物的"神"，还要"以形写神"，细节和心理描写往往最见精神，对此清人多有探索，如《李斯列传》，吴见思认为李斯的五次叹息对于人物性格的体现尤为重要，他说："李斯凡五叹，而盛衰贵贱，俱于叹中关合照应，以为文情，令人为之低回。"②牛运震《史记评注》则详尽具体地分析道：

《李斯传》凡有五叹。"于是李斯乃叹曰：'人之贤不肖譬如鼠矣……'"云云，此其未得志而叹，不得富贵也。"李斯喟然而叹曰：'嗟乎……'"云云，此其志得意满而叹，其物极将衰也。"斯乃仰天而叹，垂泪太息曰"云云，此为听高而叹，亦以遭乱世，不能舍富贵也。"李斯拘执束缚，居囹圄中，仰天而叹曰：'嗟夫，悲夫！……'"此为失势被囚而叹，而富贵不能长保矣，"顾谓其中子曰'吾欲与若……'"云云，此其临刑之叹也，而斯遂夷族矣。五叹遥作呼应，层次关目，了了分明，而筋节警策，逐使长篇累幅，不觉其懈，此太史公之妙于用法也。③

李斯的五次叹息都是在他命运的关键时期，司马迁抓住了五次叹息，从细节上刻画了李斯的心理，突出了人物的性格与形象。对此李晚芳《读史管见》论述得更为全面详尽深入：

太史公之传李斯也，不惟传其事迹，并其结念之隐亦传之，盖斯乃热衷富贵人也。始形于仓鼠一叹，太史肖其神，轻轻描出，令热中者全身俱动，用笔何等超妙！辞师一段议论，千回百转，语语皆从富

① 杨燕起等：《历代名家评〈史记〉》，北京师范大学出版社1986年版，第622页。
② 吴见思撰，吴兴祚参订：《史记论文：第七册》，中华书局排印本1936年版，第40页。
③ 牛运震：《史记评注》卷九，空山堂藏板，乾隆五十六年校刊。

贵结念中流出，自知其才足以致之，至今犹可想其对师抵掌神情，须眉毕见。其画策为秦并天下，即其专心为己取富贵，及富贵极矣，身为相，子为守，又虑把持富贵不牢，阴若有人呃其吭而攫夺之者，正写其无时无处而不兢兢于此也。惟小人能知小人，早被赵高冷眼看透，即以富贵动之，又以失富贵劫之，曰“不得怀通侯之印”，曰“长有封侯”，曰“祸及子孙”，重富贵者，乌能不听。太史一笔结出曰：“于是斯乃听高”，仰天一叹，而秦亡矣。究其所以为己保富贵者，即其所以亡人之天下者也。至于上《督责书》，亦为富贵耳。太史公以覆案诮让，点明于前，而曰“恐惧，重爵禄，阿意，欲求容”，竟从斯处心积虑中，曲曲抉出，似毒笔，实真笔也。是后翻翻覆覆，在高掌上愚弄，直至腰斩夷族，无非为重富贵而然。结局一哭，应前三叹，为篇中眼目，其要害不过在“重爵禄”三字，幻出天翻地覆世界。太史以劲笔达之，有余慨焉。尝读《论语·鄙夫》章，圣人前数百年，早为斯辈绘出一副肺肠矣，曰“无所不至”。斯果何所至哉？至亡人天下耳，至具五刑耳，至夷三族而父子腰斩耳，所谓爵禄者安在？故表而出之，为世之患得患失者警，俾知末路不过如此耳，吁！①

李晚芳认为司马迁不仅抓住了李斯的“神”——“热衷富贵”来刻画人物，而且“不惟传其事迹，并其结念之隐亦传之”，司马迁用细微而具体的细节描写和心理描写刻画了李斯一生的五次叹息，将人物描绘得形神俱备，惟妙惟肖，似乎可以闻其言、听其声。李晚芳将《史记》这种形神兼备、惟妙惟肖地写人方法称之为“真笔”，认为司马迁从人物的“处心积虑中，曲曲抉出”是对人物的形象的“实录”。

① 李晚芳撰，［日］陶所池内校订：《读史管见》卷三，浪华书林群玉堂制本，安政三年丙辰四月翻刻卷三。

结 语

汉魏以来，“实录”成为《史记》史学意义上最重要的概括。清代吴见思、汤谐、李晚芳、牛运震、熊士鹏等研究者，发挥了历代对《史记》“其文直，其事核，不虚美，不隐恶”的“实录”史学认知，认为《史记》以人传事的叙述模式，要达到“实录”的目的，必然要对人物做到生动、传神的“摹写”，进行艺术化的处理。这使得清人扩展了对“实录”的认识，把《史记》人物摹写生动传神、栩栩如生，每个人物都跃然纸上、呼之欲出，称为“实录”，丰富发展了“实录”的内涵，准确深入地把握了《史记》写人的艺术特色。

（王晓玲，陕西省司马迁研究会常务理事，宝鸡文理学院文学与新闻传播学院副教授、硕士生导师，文学博士。）

《史记·项羽本纪》附传人物论二题[①]

姚　军

一、项伯：帮项羽还是帮刘邦？

项伯其人在《史记·项羽本纪》“鸿门宴”一节中戏份挺足。长期以来，人们认为他扮演了一个不光彩的角色，有人说他胳膊肘往外拐，专帮外人；有人认为他是内奸[②]，品质如同刘邦军中的曹无伤，鸿门宴前就叛离了项羽；也有人认为他是一个可悲的和事佬[③]。

项伯是不是只帮外人不帮项羽呢？是不是一个十足的内奸呢？是不是一个地地道道的“和事佬”呢？让我们从《史记》的相关记载出发，以时间和空间的转换为序，以项伯立身行事为据，重新审视项伯形象，还项伯一个真实的面容。

（一）

巨鹿之战后，项羽成了各路反秦诸侯的上将军，他们都听项羽的号令。向西攻秦的过程中，所向披靡，没想到先入咸阳的刘邦竟派兵把守函谷关，露出了

---

① 附传指的是什么？有何特点？肖振宇在其《〈史记〉人物附传论》（《渭南师范学院学报》2011 年第 11 期）中认为，《史记》人物附传是其正传之外附带所写的人物传记，它具有三个特征：题目中一般不涉及而传中实写；生平事迹基本有始有终；记写相对集中。《项羽本纪》附传项梁、范增和项伯三人。本文专论项伯与范增。

② 毕泗建：《项伯——一个不容忽视的关键人物》，《语文教学通讯》（高中刊）2008 年第 12 期。

③ 可咏雪：《〈史记〉人物论——一个可悲的和事佬：项伯》，《语文学刊》1983 年第 5 期。

想做关中王的想法。项羽命黥布等击溃函谷关守军，抵达戏下。

刘邦军中的左司马曹无伤派人向项羽告密说刘邦想做关中王，以子婴为相。谋士范增也认为刘邦“志不在小”且有“天子气”，建议项羽“急击勿失”[①]。刘邦此时又迟迟不来拜见。青年项羽作为诸侯上将军的自尊心受到极大伤害，大为震怒，准备在第二天犒劳士兵，集合 40 万之众击溃仅拥有 10 万军队的刘邦集团。

（二）

刘邦和项羽的军事实力悬殊太大，情势十分危急，一场大战迫在眉睫。此时，项伯登场了，围绕鸿门宴，他做了三件事。

第一件，重恩情，私见张良。张良曾用大铁锤击杀秦始皇，失败后逃至下邽躲藏，常急人之所难，打抱不平。项伯杀了人，张良帮他隐藏，躲过了追捕。对张良的救命之恩，项伯一直心存感激，准备报答。此时，张良却在刘邦军中。形势危急，项伯感念张良旧日对自己的大恩，他星夜骑马去拜见张良，告诉张良项羽要攻打刘邦，想让他和自己一起离开，不要白白地为了一个急于称王的刘邦送了自家性命。

第二件，遭蒙骗，替刘说情。张良回答项伯说“亡去不义”。《礼记·中庸》说：“义者，宜也。”韩愈在《原道》中进一步解释说：“行而宜之谓之义。”这是说人的言行符合一定的道德规范就可称为“义”，反之则为“不义”。碍于救命恩人的情面，项伯见了刘邦，刘邦又敬酒又尊项伯为兄，还约定项、刘两家今后为儿女亲家，并请项伯捎话给项羽，说自己不会忘恩，更不会背叛。项伯回到项羽军营，将刘邦所托之话说给项羽，又劝告说：“沛公不先破关中，公岂敢入乎？今人有大功而击之，不义也，不如因善遇之。”[②]项羽答应了这个建议。

仅凭项伯离开军营去会张良，便说项伯在鸿门宴前就叛离了项伯，是项羽集团的内奸，这是站不住脚的。我们知道，内奸一词指的是隐藏在内部，暗中进行破坏活动的敌对分子。项伯私会张良，报恩心理占了上风，当然也有泄露军

① 司马迁：《史记·项羽本纪》，中华书局 2013 年版，第 397 页。

② 司马迁：《史记·项羽本纪》，中华书局 2013 年版，第 398 页。

事机密之嫌；但项伯回营后报告了自己的行踪，心胸还是坦荡的。他一没有隐瞒自己的想法，二没有蓄意破坏的图谋，怎能称得上内奸？他当然也不会叛离项羽。首先，项伯是项羽的堂叔，哪能轻易背叛；其次，才智庸劣的项伯难敌大智大谋的张良和狡诈虚伪的刘邦，只会遭人蒙骗；第三，40 万对 10 万的军事优势，项伯也肯定会站在项羽一边。他用“今人有大功而击之，不义也”来劝告项羽，可以说有据当时形势为项羽着想的念头。

第三件，帮亲家，剑护刘邦。让刘邦前来谢罪是项伯的主意，可鸿门宴上范增几次三番想杀掉刘邦，他不知道项羽已改变了主意，不愿杀刘邦。项伯看在眼里急在心上，“亦拔剑起舞，常以身翼蔽沛公”①，项庄无法得手。

这件事，从表面看来确如有论者所言，是胳膊肘往外拐，一门心思帮外人。可对项伯而言，这么做才合乎义。一是已结为儿女亲家，两家人便如同一家人，儿女的长辈不能被人杀掉，否则自己的孩子将来会孤苦无依；二是自己被人当作朋友，尊为兄长，朋友有难，理应帮忙，帮忙帮到底；三是“今人有大功而击之，不义也”。既然不准备攻打对方，就更没有理由杀一个赤手空拳．主动前来认错的弱者，更何况他原来也是一个并肩作战、同甘共苦的友军首领。《史记·项羽本纪》载，“沛公、项羽乃攻定陶。定陶未下，去，西略地至雍丘，大破秦军，斩李由。还攻外黄，外黄未下”②。“沛公、项羽去外黄攻陈留，陈留坚守，不能下。沛公、项羽相与谋曰：‘今项梁军破，士卒恐。’乃与吕臣军俱引兵而东”③。

这样看来，保护刘邦不仅仅是保护亲家性命，更重要的是在帮助自己侄儿实现“义”，为他在其他诸侯们面前树立一个孝义者的形象。大家知道，项羽屠襄城，屠城阳，坑秦降卒二十余万，杀会稽守，杀宋义，皆以杀立威，人心其实不服。孟子说：“不嗜杀人者能一之。”又说：“不仁而得天下，未之有也。”一味杀戮而不施仁义，确实难以收服人心。

俗话说：“爹亲叔大”，为了“孝”，项羽听从了叔父项伯之言；为了“义”，

---

① 司马迁：《史记·项羽本纪》，中华书局 2013 年版，第 399 页。

② 司马迁：《史记·项羽本纪》，中华书局 2013 年版，第 387 页。

③ 司马迁：《史记·项羽本纪》，中华书局 2013 年版，第 389 页。

他原谅刘邦并留之宴饮。早在先秦时期，中国传统伦理思想已经萌芽。夏人跨入了文明的门槛，“商俗重鬼”，并且“德”字已经出现，周代倡导“孝”“友”“恭”“信”“惠”等宗法道德规范。孔子说：“仁者，爱人。”“敬长，义也。”“与朋友交，言而有信。”孟子说：“仁，人之安宅也；义，人之正路也。”荀子说：“故无分者，人之大害也；有分者，天下之本也。”秦汉之际，以儒家伦理思想为核心的封建伦理道德尚未确立，但仁义、报恩、伦常等伦理道德思想经由项梁、项伯等长辈传给了项羽，深深地影响了青年项羽。项羽本身是故楚贵族，向来注重礼义，这是性格使然；如何对待有功之人，项羽曾有过切身感受。楚怀王为项羽叔父项梁所立，项梁败死定陶之后，怀王迁都彭城，“并项羽、吕臣军自将之”。①项羽与怀王的怨隙自此开启。王夫之论曰：“宋义死，诸将慑然曰：‘首立楚者将军家也。’羽之情见矣，义之情亦见矣，怀王之不能终安于项氏，情亦见矣。救赵则命宋义，入关则命沛公，梁死羽孤，为偏裨将于宋义旌牙之下，为怀王谋项者之计得矣，而抑无以服楚人之心。”②项羽杀宋义而能为众所服，楚怀王无还手之力，与怀王未能理智处理有功之臣项氏家族的利益大有关系。由此看来，项伯鸿门宴上能保护刘邦，不光是因为他的特殊身份（左尹、叔父），还与项羽的性格和切身感受有一定关系。

行文至此，有人也许会说：“既然杀刘邦是大事。索性先杀项伯再杀刘邦得了。”可史实是项庄没有这样干。这又是为什么呢？首先，项伯是项羽堂叔，与项庄同为项氏家族，他下不了手；其次，项伯位居左尹③，位尊爵显。左尹与右尹都是楚国官名，位在令尹之下。令尹相当于楚的相国，左尹则相当于楚的副相国。项羽尽管是抗秦联军统帅，在楚却不是最高军事长官，楚的最高军事长官叫上柱国，最高行政长官叫令尹，他们之上便是楚怀王熊心。项伯以楚国左尹的身份随项羽征战，其地位与项羽相当，稍尊于范增，范只是抗秦联军的次将。正是因为地位的差别，项庄不敢杀项伯，范增也无计可施；第三，项羽没

① 司马迁：《史记·项羽本纪》，中华书局 2013 年版，第 389 页。

② 王夫之：《读通鉴论》（卷一），中华书局 1975 年版，第 13 页。

③ 左尹：春秋战国楚国官名，左尹、右尹都在令尹之下。《左传》宣公十一年有左尹子尹，昭公十八年有左尹王子胜，二十七年有左尹郤宛。（《辞源（合订本）》，商务印书馆 1995 年版。）

有明令。头一天晚上已许诺叔父，第二天咋会临时变卦？项羽一向重视亲情，诚实守信，他绝不会做杀叔父这种大逆不道的事情，这与杀会稽守、杀宋义完全是两种性质。即使有范增撑腰，项庄也该想到无令而擅杀大将的后果，他是不会眼睁睁地去做替罪羊的。

（三）

鸿门宴之后，项伯还做了两件事。

一件是受厚赠，求封汉中益刘邦。鸿门宴后几天，项羽引军西屠咸阳，派人向怀王报告入关破秦的情况，怀王回复说："按照先前的盟约行事。"项羽怨恨怀王不让他与刘邦一起向西进兵入关，却去北上救赵，失期落于人后。于是他假装尊怀王为义帝，实际不听其号令。公元前 206 年正月，项羽自封西楚霸王，封刘邦为汉王，统治巴（秦郡名，郡治江州，辖今重庆市一带地区）、蜀（秦郡名，郡治成都，辖今四川省西部地区）。张良把汉王赐给他的百镒黄金、二斗珍珠都送给项伯，汉王也趁机命张良厚赠项伯，让项伯替他求请汉中为封地。项王答应叔父项伯的请求，汉王得到了汉中（秦郡名，郡治南郑，辖今陕西省南部、湖北省西北部地区），并且定都南郑。

项王和范增为了限制汉王的发展，没有封他为关中王，而是将关中一分为三，封给降楚的三位秦将，目的是阻拒汉王；项伯囿于私利，接受张良和汉王的厚赂，打出亲情牌替刘邦请求增封汉中，使刘邦心愿得偿。汉中，这块风水宝地以后成就了刘邦，他从那儿翻越秦岭占了关中，并且源源不断地得到钱、粮和兵丁。

朋友之义充塞了项伯的心胸，贪婪的本性使他看不到长远；项王被亲情和孝道蒙蔽了眼睛，他晓得秦岭的险要，他也晓得秦将的骁勇，却未重视汉中的富庶，他压根就没有想到要统一天下。他憎恨秦朝，附带也憎恨天下的统一。也许，在刚愎自用的西楚霸王眼里，楚人多占一块秦地，未尝不是他本人复仇心理的补偿？

另一件是急谏言，搭救太公留后路。公元前 203 年，楚汉在广武相持数月。彭越几次往返梁地，截断楚的粮道，项王非常担心。无奈之下，他制作了一个高大的案板，把太公（刘邦之父）置于其上，要挟汉王投降。汉王则说："吾翁即若翁，必欲烹而翁，则幸分我一杯羹。”[1]项王大怒，想要烹杀太公。项伯说：“天下事未可知，且为天下者不顾家，虽杀之无益，只益祸耳。”[2]项王听从了项伯的建议。

拿“为天下者不顾家”来衡量刘邦，确实很吻合。他为逞口舌之快意，置亲生父亲的性命于不顾；彭城大败后，只顾自己逃命，一双亲生儿女几次被他推至车下。刘邦就是这样一个不孝、不慈的反复无常的人物。但是，项伯却以“天下事未可知”为借口，冒着巨大的风险，堂而皇之地救下了太公。

天下事不是不可知，明眼人都知道楚汉相争是一场你死我活的殊死斗争。项王此时已明显处于劣势，怎么会预测不到天下大势呢？项伯仗着从项梁那儿获得的左尹头衔，又兼项羽堂叔的宗亲关系，打赢了一张亲情牌。这次谏言，使汉王尽情地过了一把有惊无险的言辞瘾，使汉王免去了“不孝”的罪名，日后还得以与亲人团聚。此时的项伯已然是明显地帮着外人刘邦，不考虑项王的处境，已经不满足于“和事佬”式的骑墙派角色。他人在项营心为汉，大奸似忠，把卑劣的想法包藏在伪善的谏言之中，他在为自己的后路谋划，已经变为一个可耻的内奸。

（四）

鸿门宴时的项伯，表面上是在帮外人刘邦，实际上是在帮侄子项羽，他对朋友有义，也对侄子忠诚，想为项羽捞取既孝且义的政治资本，谈不上是内奸；分封之际，项伯为刘邦求封汉中，楚汉还未曾纷争，贪小利的项伯当了一回“和事佬”，他知道刘邦本应功封关中王，给他汉中算是对未得关中的心理抚慰；广武相持之时，楚汉大势已经明朗，项伯搭救刘邦父亲刘太公，为自己预留后路，沦为了地地道道的叛徒。

项羽败亡之后，项伯被封为射阳侯，地在今江苏省淮安东南，因他在帮助刘邦攻破项羽方面立有功劳。还被赐姓刘，这对项伯而言，表面上是尊崇；对刘邦而言，却是汉高祖顺势取消了刘、项两家以前的婚约。古人有同姓不婚的禁

① 司马迁：《史记·项羽本纪》，中华书局 2013 年版，第 416 页。

② 司马迁：《史记·项羽本纪》，中华书局 2013 年版，第 416 页。

忌，如《左传·僖公二十三年》言："男女同姓，其生不蕃。"当年霸上结为儿女亲家本来就是刘邦的权宜之计，现在谁还敢再对作为胜利者的刘氏说三道四？

在一般人看来，项伯已然是荣耀至极，可这种荣耀未尝不是踩着他侄子项羽的尸骨前行的结果。他在秦汉之际苟全了性命，却在统一之时失去了一个数代荣耀的姓——项氏。三年后项伯死去，嗣子项睢因罪去爵，封地被废，继承权也就被剥夺。当然，欲加之罪，何患无辞？

我们没有见到已是皇帝的刘邦再呼项伯为大哥的记载，也没有见到刘邦的儿子们娶项伯的女儿们为妻或鲁元嫁项伯的儿子为妇的记载，我们读到的只是刘氏战胜项氏的记载，包括姓氏的征服。

也有为项王守节者，比如鲁县人，比如郑君，项伯则不属于此类。"有些人活着，他已经死了。"这句话便是项伯人生末年的恰切写照。

二、范增：精于计谋疏于政治

秦二世末年，陈胜、吴广首先起事，农民起义风起云涌。范增一介布衣，年已七十，满腔热忱投入到反秦洪流中。古稀之年，本可避世颐养天年，但他却不顾年老体衰，自愿加入义军队伍。这个范增，实在是奇人一个。

（一）

作为项氏集团的谋士，范增精于计谋，他的人生辉煌主要是围绕"奇计"展开的。

奇计之一是劝说项梁立熊心为楚怀王。年已古稀的范增，经历了楚顷襄王、考烈王、负刍及昌平君等四个历史时期，目睹了秦灭六国的全部过程，对楚国的败亡怀有深深的隐痛。他对项梁说的"秦灭六国，楚最无罪"的话打动了故楚贵族项梁，因此立熊心为楚怀王以从民所望的计策被采纳。这一奇计不仅使范增与项梁之间有了一种心理上的英雄相惜之情，而且也为他本人赢得了楚怀王熊心的感激与回报。后来楚发兵救赵时，怀王任范增为末将，地位仅次于项羽，稳坐精锐楚军的第三把交椅。

可是，由于范增政治思想的落后，这位拥立的楚王之后对项氏集团的事业相当不利。立为怀王的熊心已不是昔日的牧羊小子，他有着一定的才气和实力。项梁败于定陶，他并项羽、吕臣军自将之；宋义预言项梁将败，他即拜宋义为上将军；项羽残暴，他即令刘邦扶义而西；刘邦入关，项羽后至，他仍要守前约封刘邦为关中王。清王鸣盛（1722—1798）指出："六国之亡久矣，起兵诛暴秦，不患无名，何必立楚后？制人者变为制于人，范增谬计，既误项氏，亦误怀王。"王鸣盛认为是条谬计，因为它使项氏失去了领导权。管同（1780—1831）指出："楚国列国，非天下之共主。项氏欲亡秦而取其天下，则立楚之后仅足以收其故族之心，鼓其遗民之痛，而所谓燕、韩、赵、宋、卫、中山之邦者于楚何怜？夫岂可得悉动耶？增之为谋于是乎悖矣。"管同认为范增的这一计谋悖逆实情，立熊心为王只能起到利用楚国人民不满暴秦情绪的作用，不能号召其他诸侯国的力量。确实如此，后来六国旧贵族纷纷效法，起而自立。这就说明范增此计是个违背天下一统趋势的建议，也暴露了范增历史观的落后。

奇计之二是建议项羽鸿门宴上杀掉刘邦。巨鹿之战后，项羽成为各路反秦诸侯的上将军。在这种大好形势下，亚父范增依然有着清醒的头脑，他凭着自己敏锐的洞察力和过人的判断力，在诸多诸侯中，将刘邦锁定为项羽的潜在对手。"其志不在小"并且有"天子气"，应该"急击勿失"[①]。鸿门宴前，他的这一计谋与项羽达成了共识。鸿门宴上，他忠心耿耿，先是"数目项王，举所佩玉玦以示之者三"[②]，项王不应。他便让项庄借舞剑之名杀掉刘邦，由于项伯翼蔽，项庄无从下手，最终使刘邦逃回，失去了一个以微小代价消灭弱小对手的机会。

有人说范增此计反映了他虑事不周、缺乏远见、心地偏狭的缺点，但历史证明，不杀刘邦确实是项羽的"妇人之仁"。若范增此计成功，起码可以暂时避免诸侯间出现如刘邦一样的强人，至于其他诸侯是否会自恐而背叛，我想战神的威名和四十万大军的实力应当是他们掂量再三的理由。杀一个反复无常的政治赌徒对一心为主的范增而言，应该是他尽职尽责的表现，这也是范增最漂亮的一计。可惜，历史不能重演，事实不容假设。

奇计之三是谏言项羽封刘邦为汉王。灭秦之后，项羽向怀王报告事情经过并

---

① 司马迁：《史记·项羽本纪》，中华书局 2013 年版，第 397 页。

② 司马迁：《史记·项羽本纪》，中华书局 2013 年版，第 399 页。

请示如何善后，怀王复言“如约”，也就是要项羽同意让刘邦做关中王。范增担心刘邦趁机取得天下，又怕承担违反前约的罪名，招致诸侯的背叛，谏言项羽以“巴、蜀亦关中地也”为借口，封刘邦为汉王。所辖地域道路险阻，多迁谪流放的罪人，并且“三分关中，王秦降将以距塞汉王”①。

这一计谋既照顾了怀王的面子，又限制并防备刘邦的发展，还可以维护项王诸侯霸主的地位。无奈项羽只是想保守乡里，做个西楚霸王，体验一把春秋时代诸侯们争霸的冲天豪情，政治上没有远大的抱负，没有经营天下的志向。范增的奇计只是暂时稳定了局势，并不能阻止诸侯之间的互相厮杀，并不能阻止对手刘邦一统天下的图谋。

奇计之四是劝告项羽在荥阳相持战中打败刘邦。公元前 204 年，“汉王食乏，恐，请和，割荥阳以西为汉。项王欲听之”。范增劝告说：“汉易与耳，今释弗取，后必悔之。”项王接受了范增的计策，“与范增急围荥阳”。可惜，项王中了陈平的离间计，“乃疑范增与汉有私，稍夺之权”。范增大怒离去，“行未至彭城，疽发背而死”②。

范增好奇计，但却败在了项王故都尉陈平的反间计之下，使者无能、项王憨愚自不必说。以己之奇计见用，为他人奇计所败，范增以自己的计谋影响了项王，却以自己的出走加速了项王的败亡。

从古稀之年加入项氏集团到离开项王半道病死，范增以谋士身份辅佐项王，以奇计谋略名显诸侯，在时代浪潮中扮演了一个不失时机、老当益壮的谋臣形象，在历史的天空闪现了一抹耀眼的光芒。

（二）

范增的大部分计谋都将刘邦作为主要对手，足见他战略眼光的独到。然而，这位古稀老人有他致命的一面，那就是疏于政治。对内，他没有在军事上制定切实可行的战略决策，没有帮助项羽树立一个争夺天下的远志，汉王手下的张良、陈平、韩信却做得很到位；他也没有为项王建立一个稳固的后方基地，以

---

① 司马迁：《史记·项羽本纪》，中华书局 2013 年版，第 402 页。

② 司马迁：《史记·项羽本纪》，中华书局 2013 年版，第 413 页。

保证金钱、粮食和兵源的充足，汉王手下的萧何却“常从关中遣军补其处”“转漕关中，给食不乏”[①]，把刘邦的后方经营得有条有理，尽管刘邦屡战屡败，却始终有立足之地。对外，他没有帮助项王很好地联合其他诸侯来壮大己方实力，替项王最大可能地延揽才俊，以至于诸侯异心，纷纷背叛，英布背叛便是项王的一个重大损失，彭越未被封王，日后也反于梁地。

范增对政治的疏阔，尤其表现在缺乏诤谏上，这对一个谋臣来说是非常大的缺陷。除了运筹帷幄，谋臣应尽可能地去诤谏，对项王的过失补弊纠偏，努力使其言行归于正道，以利于事业的顺利进展。用这一标准去衡量范增，我们见不到他诤谏的片言只语。这是为什么呢？是因为项羽嗜杀成性吗？《项羽本纪》载，羽杀会稽守，一府慑伏，“莫敢起”；羽杀宋义，诸将皆慑伏，“莫敢枝梧”；已破秦军，诸侯膝行而前，“莫敢仰视”。是因为项羽用人唯亲，自己虽为亚父却名不副实吗？《项羽本纪》载，章邯投降楚军后，被封为雍王置楚军中，却将司马欣由长史立为上将军，因欣任秦栎阳狱掾时曾搭救过犯了罪的项羽叔父项梁。《陈丞相世家》载，“项王不能信人，其所任爱，非诸项即妻之昆弟，虽有奇士不能用”。[②]还是因为范增这位老人怀旧，与项羽一样有着极强的复仇心理？他曾经说过“夫秦灭六国，楚最无罪”。亡国之痛溢于言表，此时快意恩仇也不是没有可能，他为什么要去阻止呢？为什么要去诤谏呢？对于这些，我们只能去揣摩推测古人的心态。

我们重新审视项羽入主关中前后的行事，发现他政治上犯下了一系列重大失误，坑秦降卒、屠咸阳、杀降王子婴、烧秦宫室、收秦货宝妇女而东、大封十八诸侯、放弃关中地利、烹杀提建议者等，充分暴露了项羽落后的政治思想[③]和狭隘的民族复仇心态[④]。在项羽一生事业盛衰成败的关键时期，范增亲眼目睹着这一切，也亲身参与其中，就是不见他有一句诤谏之言，致使项羽在失去民心的道路上越滑越远。《淮阴侯列传》载韩信言：“项王所过无不残灭者，天下多

---

① 司马迁：《史记·萧相国世家》，中华书局 2013 年版，第 2448 页。

② 司马迁：《史记·陈丞相世家》，中华书局 2013 年版，第 2497 页。

③ 落后的政治思想，是指项羽梦想回到春秋诸侯争霸的时代。

④ 狭隘的民族复仇心态，是指项羽楚人，既失其祖，又失其季父，怨秦入骨。其入咸阳，犹伍子胥入郢杀王屠民烧宫殿以快其心者。

怨，百姓不亲附，特劫于威强耳。名虽为霸，实失天下心。”[1]违背了人民要求统一、渴望和平的意愿，违背了历史发展的趋势，最终被人民所抛弃，“项王至阴陵，迷失道，问一田父，田父绐曰：‘左。’左，乃陷大泽中，以故汉追及之”[2]。这位东方战神因战而生，亦因战而亡，死得是那样惨烈，连个全尸都无法保留，“乃自刎而死。王翳取其头，余骑相蹂践争项王，相杀者数十人。最其后，郎中骑杨喜，骑司马吕马童，郎中吕胜、杨武各得其一体。五人共会其体，皆是”[3]。

在未能诤谏这一点上，范增确实是难辞其咎。如前所述，灭秦以后的项羽，政治上几乎无所建树，“不能任属贤将”“致使人有功当封爵者，印刓敝，忍不能予”，“有背义帝之约，而以亲爱王，诸侯不平”[4]。“项羽皆王诸将善地，而徙逐故主，令臣下争叛逆”，“项羽出逐义帝彭城，自都之，夺韩王地，并王梁、楚，多自与”，“项羽使人阴弑义帝江南”，“为政不平，主约不信”[5]。正是范增在诤谏方面的无所作为，使得青年项羽的偏执心态泛滥，他猜疑、妒忌功臣，逐韩信以资敌手，逼英布以反叛自己，气彭越以苦楚兵，竟而至于听信谗言，不再信任钟离眛等人。范增本人也遭受猜疑，被剥夺了一些权力，事态已发展到了影响内部团结的份上，范增还是没有诤谏，只是大怒离去。范增放弃了“亚父”（大将军的代称）[6]的责任，放弃了为人谋主应尽的职责，更放弃了他所为之奋斗的煌煌功业。

我们叹惋范增的忽于诤谏，不是没有道理。就是这同一个项羽，谏言都关中的韩生说他沐猴而冠惨遭烹杀，外黄小儿劝说勿坑百姓却被采纳，这就说明项羽还是纳谏的，还是注意人心向背的。有着亚父之尊的范增，既是项羽心灵创伤的弥补者，又是项氏事业的好帮手，阅世既深，见识颇广，看准时机，谨守谋臣本分，好言诤谏，还是极有可能帮助项羽戒杀以尽早收拢人心的。但是，范

---

① 司马迁：《史记·淮阴侯列传》，中华书局2013年版，第3168页。

② 司马迁：《史记·项羽本纪》，中华书局2013年版，第423页。

③ 司马迁：《史记·项羽本纪》，中华书局2013年版，第425页。

④ 司马迁：《史记·淮阴侯列传》，中华书局2013年版，第3168页。

⑤ 司马迁：《史记·高祖本纪》，中华书局2013年版，第457页。

⑥ 薛从军：《亚父及亚父文化考》，《渭南师范学院学报》2016年第21期。

增却容易动怒，竟至于甩袖不顾，善始而不能善终，单丢下年轻的英雄去独自面对老到的对手，最终被人逼入绝境。王安石诗曰：“巢人七十漫多奇，为汉驱民了不知。谁合军中称亚父，直须推让外黄儿。”直接批评范增作为谋臣的不合格之处。范增之误项王不可谓不深啊！

（三）

北宋苏轼认为“增，高帝之所畏也；增不去，项羽不亡”，赞扬范增是人杰。南宋洪迈则批评范增，说他不是人杰，“夷考平生，盖出战国纵横之余，见利而不知义者也”。二十世纪八十年代以来，有人又极力赞扬范增，说他是一个“富有远见的谋士”“智勇能兼备”“谋略过人”等。这些持论或多或少有些偏颇。正如上面分析的那样，范增是史公笔下的一个奇人，他奇在古稀从军，更奇在精于计谋，这是他谋士的本色；他也有缺陷，这就是疏于政治：对内，他没有制定军事上切实可行的战略决策，没有为项王建立一个稳固的后方基地；对外，他没有为项王尽可能地联合诸侯，以致诸侯叛降，四面树敌；对上，他没有能够诤谏项王，导致了项王最终的惨败，这是他作为谋臣的失职。

这才是范增，一个集优点与缺点于一身的奇人，一个有着凡人性格的老人，他属于那个已经逝去的英雄蜂起的时代。

（姚军，陕西省司马迁研究会理事，宝鸡文理学院文学与新闻传播学院副教授，硕士生导师，文学博士。）

《史记》中的政治谣谚

张耀元

谣谚发之于民众声口，传之于巷陌里闾，是特定社会背景下，广大民众集体创作，以反映社会事象、总结生活经验和表达共同认知等为内容的口头传唱作品。刘勰说："心生而言立。"[①]心有所感，"发乎语言"[②]。谣谚在一定层面上反映着社会生活的面貌和生活在其中的民众的心气心声。"孔子曾说：'吾闻之，"天子失官，官学在四夷。"'刘歆《让太常博士书》云：'夫礼失求之于野'；《后汉书》朱扶传云：'语曰：中国失理，求之于野。'可见民间确实存在着可信赖的历史资料。"[③]作为生活的同行者与唱诵者、历史的观察者与记录者，谣谚不可回避地被纳入史传的视野中来。

古代社会，统治者要维护并巩固统治，需要关注民众的疾苦、了解民众的心声、解决民众的诉求，即所谓"为政者，酌民言而同其好恶"[④]。而民众更是对自身的生存状况有着美好的期盼。政令合理与否、吏治清明与否，与民众日常生活的状态和品质密切相关。因此百姓寄望于清廉为民的官员能有所作为，使得政治清明、人民安乐。《汉书·五行志》有传曰："言上号令不顺民心，……则怨谣之气，发于歌谣。"[⑤]于是关注国事、针砭时弊、反馈民意、褒善贬恶、激浊扬清、影响舆论的政治谣谚应运而生。除此之外，能够预见政治变化的谶纬型谣谚等，也是很长历史时期以来政治谣谚的重要组成部分。篇制宏大、文学

① 刘勰撰，周振甫注：《文心雕龙注释》，人民文学出版社 2002 年版，第 1 页。

② 杜文澜：《古谣谚》，中华书局 1958 年版，第 6 页。

③ 张新科：《史记学概论》，商务印书馆 2003 年版，第 265 页。

④ 杜文澜：《古谣谚》，中华书局 1958 年版，第 1 页。

⑤ 班固：《汉书》，中华书局 1962 年版，第 1377 页。

色彩浓郁的《史记》收录谣谚量大面广，是先秦两汉史传著作的翘楚。本文即以《史记》为研究对象，对其收录的先秦至秦汉的政治谣谚做分类考察。

清人杜文澜《古谣谚》有39条谣谚出自《史记》，今人张大可先生《史记通论》中收录了56条出自《史记》的歌谣、俚语俗谚①。经笔者粗略统计，《史记》收录的谣谚为72条，比之于先秦史传《左传》的46条、《国语》的22条、《战国策》的18条，《史记》在谣谚的数量、内容、时间跨度和影响力上，远远大于前代的史传著作。它承继了前代史传援引民间韵文入史的传统，同时拓展、深化并增强了民间史料、文学语言入史的规模、内涵及力度，对后世史传文学，特别是两汉的史传作品产生了直接影响。

在《史记》72 条之多的谣谚中，政治谣谚表现亮眼，它与其前的《左传》《国语》《战国策》和其后的《汉书》《后汉书》共同构成了一个完整的记载先秦两汉政治谣谚的史传文学方阵。限于篇幅及论述主题，本文主要以《史记》为核心，梳理其所记载的政治谣谚的类型及其价值意义。

一、褒扬政治清明的颂歌型谣谚

褒扬政治清明的颂歌型谣谚在反映先秦至汉代历史的史传中均有收录，这些“口碑型”的谣谚，既有对执政者法令政策的评赞，也有对为官者理政态度的歌颂，更多的是对才干出众、为政清廉、政绩突出的个体官吏形象及作为的称扬。

在《史记》中不乏“口碑型”谣谚的记载。汉初，萧何、曹参这两位递相秉政的丞相实行了无为而治、与民休息的执政方略，《史记·曹相国世家》就援引了百姓赞美两位能臣贤相的民谣《画一歌》。歌曰：“萧何为法，讲若画一；曹参代之，守而勿失。载其清静，民以宁一。”②谣歌不仅歌颂了萧何，更是对后继者曹参能一以贯之地执行萧何休养生息的政策给予了充分的认同与肯定。

政治的清明、官吏的善政，让民众切身受益的同时，也为百姓品评颂扬提供了对象，更为王朝审视吏治、擢拔贤良提供了不可或缺的依据。这些传唱于民

① 张大可：《史记研究》，甘肃人民出版社1985年版，第252—257页。

② 司马迁：《史记》，中华书局1982年版，第2030页。

间、载录于史册的颂谣赞歌，反映了百姓对政治清明、官吏贤能的期盼、认同与欢喜之情。

二、针砭政晦民怨的怨刺型谣谚

现实政治有如一枚硬币的两面，有政清人和的一面，亦有政晦民怨的一面。古来颂谣与怨谣总是互为表里，交替出现在各类典籍史传中。谣谚的怨刺历史可谓源远流长。《汉书·礼乐志》曰："周道始缺，怨刺之诗起，王泽既竭，而诗不能作。"[①]先秦两汉史传中载录的怨刺型谣谚严厉抨击的主要是执政不力、政局动荡、国家疲敝、兵民贫弱、昏吏当道、社会不公的黑暗现实。

两汉时期，民间社会关注朝政大事，关注时政生活，关注朝野内外长吏作为，因而政治谣谚的主题尤以官场风气、秘闻轶事为最，借谣谚抒民情成为两汉黎民百姓参政议政的重要途径。就"怨刺型"谣谚而言，如果说先秦时期谣谚所怨多指向国运民生，到了两汉时期针对政坛混乱、权臣佞幸、贪官酷吏的怨刺讽喻则成为主流。

西汉武帝时期，为弥补朝廷用度的不足，武帝开启了以金赎罪、入谷补吏的风气，以致官乱民贫、盗贼并起，出现了无义有财者、悖逆勇猛者显贵于世的不公现象。《史记·佞幸列传》开篇即以"力田不如逢年，善仕不如遇合"[②]的谣谚统领全文，讥刺佞幸仕宦有如女子以色事人，感慨汉初君王启用佞幸的治政乱象，反映了"乱自上作"的历史定律。

两汉时期，外戚凭借裙带关系，宦官依靠近臣之便，恃势称霸，把持朝政，争权夺利的现象尤为突出。权力中心的波诡云谲、风云变幻，影响着家国命运、民生疾苦，这些现象同样被普通百姓关注。两汉史传专门收录了反映这一现象的谣谚，如《史记·外戚世家》收录的《天下为卫子夫歌》"生男无喜，生女无怒。独不见卫子夫霸天下"[③]就是民众对卫氏一门五侯、权倾天下略带艳羡的讽

① 班固：《汉书》，中华书局 1962 年版，第 1042 页。

② 司马迁：《史记》，中华书局 1982 年版，第 3191 页。

③ 司马迁：《史记》，中华书局 1982 年版，第 1983 页。

刺。为了遏制外戚擅权，于是出现了制衡外戚的宦官专权现象。

在两汉政治生活中，最为民众深恶痛绝的大概是与他们日常生活休戚相关的地方官吏的作为了。而两汉历史中，佞幸酷吏当道是一个不容忽视的现象。酷吏政治加剧了秦汉残苛刑法给人民带来的苦难。《史记·酷吏列传》记载了关东尉宁成暴虐残戾，上任年余就有民谣曰："宁见乳虎，无值宁成之怒。"[①]这首《关东吏为酷吏宁成号》把一个对人民"如狼牧羊"般凶恶残暴的刽子手形象刻画得入木三分。《史记·宁成列传》一文有时人为宁成语："谨上操下，如束湿薪。"[②]这是对宁成为人为官品格言行的一个有效的补充。

针砭时政、怨刺贪虐的谣谚，无疑是一面观察治道民生的镜子，治国理政、记述历史不能不关注这一内容。梳理史传谣谚会发现刑法严苛、酷吏残民、怨惧丛生是秦汉政治在某些特定时期的一大特点。正如孔子所言"苛政猛于虎也"[③]，只有人道通、政教明、吏治清、与民休息的政治才能使人民振奋、国家兴盛。

三、展示预言暗示的谶纬型谣谚

政治谣谚常带有鲜明的政治目的性，是参与和反映政治的重要手段。在为数可观的先秦两汉政治谣谚中，能预示政治走向、预见事态发展、带有谶纬意味的谣谚不在少数，古人将之称为"谣谶""谣妖""妖谣"等。它其实就是"把谶的神秘性、预言性与谣的通俗流行性结合起来的一种具有预言性的神秘谣歌，是以通俗形式表达神秘内容并预言未来人事祸福、政治成败的一种符号，或假借预言铺陈的政治手段"。[④]

带有谶纬意味的谣谚因其神谕的神秘色彩和预言的屡屡应验而为人们深信，并受到历代政府的高度关注。今存最早的谶谣是出现在西周中兴之主周宣王姬静（前827—前782）时期的《女童谣》，关于它的记述分别见于《国语·郑语》

① 司马迁：《史记》，中华书局1982年版，第3145页。

② 杜文澜：《古谣谚》，中华书局1958年版，第54页。

③ 王文锦：《礼记译解》，中华书局2001年版，第145页。

④ 谢贵安：《中国谶谣文化》，海南出版社1998年版，第5页。

《史记·周本纪》《汉书·五行志下之上》，其谣曰："檿弧箕服，实亡周国。"[①]这则预示周朝灭亡的谶谣最终在周幽王姬宫涅（前 781—前 771）时期隔代应验了。

汉代阴阳五行学说的盛行和西汉后期谶纬之学的兴盛，更促进了谣谚的产生与传播。故而《史记》以降的史传中，政治性谶纬谣谚的收录更为多见。《史记·赵世家》记述了赵国末代国君幽缪王五年代地地震，一年后又爆发饥荒的史实，民间因此谣唱说："赵为号，秦为笑；以为不信，视地之生毛。"[②]指出赵将为秦所灭的命运，而历史惊人地配合了这一预言。赵幽缪王八年，邯郸被秦国占领，赵国灭国。《史记·项羽本纪》中引谚曰："楚虽三户，亡秦必楚。"预言了楚人灭秦的必然。而秦末农民起义中，项羽恰恰是以西楚霸王身份结束了暴秦的统治。这几则牵涉先秦历史的谶纬型谣谚都带有鲜明的地域色彩和国别特点。这说明不分南北，无论大小，不管强弱，充满神秘主义色彩的预言在先秦时期的各诸侯国中有着广泛的市场和影响。

有汉史传中借阴阳五行学说或天象比附现实，反映时政走向的谶谣、谶语为数不少。这其中不乏借谶谣、谶语，制造舆论为政治斗争服务的情况。这其中有秦末农民起义时，陈胜为起义而作的"大楚兴、陈胜王"[③]，也有东汉末年张角领导的黄巾起义传诵的"苍天已死，黄天当立，岁在甲子，天下大吉"[④]。事实上，这些政治目的、政治动机明显的谣歌，并不是民众观察事态、合理分析、自然而然的认识总结和情感抒发，它们更像是鲜明的革命口号。当然，这些缺乏合理性与普遍性，又带有预谋性和鼓动性的谣言短章，也是先秦两汉史传不能忽视的政治史实，因而具有特定的研究价值与意义。

四、《史记》政治谣谚的特点

"《史记》采择歌谣诗赋入史，不仅开拓了史料来源，而且使史文具有文学

---

① 司马迁：《史记》，中华书局 1982 年版，第 1465、1832 页。

② 司马迁：《史记》，中华书局 1982 年版，第 300 页。

③ 司马迁：《史记》，中华书局 1982 年版，第 1950 页。

④ 范晔：《后汉书》， 中华书局 2007 年版，第 671 页。

的形象性，增强了文章的感染力，是应该肯定的。司马迁还大量地将歌谣俚语引入赞中，用以褒贬人物，就像引用经典一样慎重。歌谣俚语，寓有平凡的真理，是人民生活实践的结晶。司马迁引用歌谣俚语，正是他过人实力的一种形式。”①

梳理《史记》中的政治谣谚，不难发现这样三个特点：

一是政治谣谚的时间跨度大，从先秦到西汉，各个时期均有不同的政治谣谚被录入《史记》。这反映了民间谣谚始终与政治生活密切关联，而伟大的史学家、文学家司马迁如实地择取了其中的精华。

二是政治谣谚的内容类型全，所涉及政治谣谚的范围广、数量大、内容全。这也凸显了《史记》在史传文学发展历程中承上启下的中坚作用。首先，从渊源上说，《史记》中政治谣谚的记述是对先秦谣谚的继承与发展。据笔者不完全统计，史传引述谣谚由《左传》的 86 条激增至《史记》的 206 条。而《史记》中有多条谣谚与前代史传著作中所载的谣谚有重合。先秦两汉如此大量的谣谚入史，说明了谣谚创作与传播在这个历史阶段得到了迅猛发展。这也体现出史传将口头历史转化为文献历史的一种努力，是进步史观的证明。其次，“言由心生”“怨谤之气发于歌谣”等关系民生的发生学因素起到了一定作用。再次，汉代“大一统”的政治气氛感染并激发着民众参与政治的热情。第四，有汉以来谶纬之学、五行学说的勃兴，促进了谶纬型政治谣谚的流传。上述这些历史积淀、文化背景及社会生活的现象与线索，是影响并推动政治谣谚在汉代繁盛发展的重要条件。

三是《史记》政治谣谚存在反复引用，且多标有“谚”等标志性词语。比如统治阶级内部争权夺利、勾心斗角的现象，深深触动了司马迁，致使他不厌其烦地多次将能反映这一人性及社会现象的政治哲理性谣谚多处标引。“谚曰：‘美女入室，恶女之仇。’”（《史记·外戚世家》）②“故女无美恶，入宫见妒；士无贤不肖，入朝见嫉。”（《史记·鲁仲连邹阳列传》）③“太史公曰：‘女无美恶，居

---

① 张大可：《史记研究》，甘肃人民出版社 1985 年版，第 25 页。

② 司马迁：《史记》，中华书局 1982 年版，第 1984 页。

③ 司马迁：《史记》，中华书局 1982 年版，第 2473 页。

宫见妒；士无贤不肖，入朝见疑。'"（《史记·扁鹊仓公列传》）[①]这些反复引用的现象，反映的是司马迁对民间文学的深刻理解、认同、尊重与激扬。

五、结语

谣谚虽小，可以见大。史传中记载的政治性谣谚，凝聚着广大民众的智慧与思考，反映了人民群众的政治观、时势观与历史观，具有人民性、丰富性、斗争性与哲理性，是民意民声的"回音壁"，是政治生活的"晴雨表"，是历史实录的"反光镜"，也是文化记忆的"存储器"。

综之，先秦两汉时期大量出现的各种类型的政治谣谚，反映了当时民众朴素的历史观、敏锐的政治感、细微的观察力、丰富的创造性和强烈的参与意识。先秦两汉史传对政治谣谚的悉心收录既是对政治生活的客观描述与记录，也是对民气民意主动的关照与尊重，更是对所载史实有力的佐证和补充，还是对民间文学有益的保存与丰富。毋庸置疑，以《史记》为突出代表的先秦两汉史传作品对政治谣谚的载录，对谣言产生的时代、背景和相关信息的表述都将为我们还原历史图景、探究历史规律、了解民众心声、发现舆论力量和丰富文学创作提供珍贵的资料。

（张耀元，空军工程大学军政基础系副教授。）

---

① 司马迁：《史记》，中华书局1982年版，第2817页。

《史记》接受研究

司马迁精神的基本内涵主要有五个方面：坚定的理想信念，强烈的使命感和敢于担当的责任感，克服困难、超越挫折的毅力，求真、务实的作为意识和敢为天下先的开拓创新精神。

裴骃《史记集解》所引马融注探究①

李小成

裴骃注《史记》，博采经传百家及先儒之说，凡对释解文本有益者，便广而录之。《集解》中凡所注引，务必求其精旨要义，但有各家说注不同之处，则兼收并蓄。若遇到不详之处，宁缺不议，不妄猜臆想，曲为解说。他注《史记》以严谨求实的态度，本之以徐广的《史记音义》，兼采经、传、诸史及孔国安、马融、郑玄、服虔、贾逵等人之说，终成《史记集解》八十卷而为旷世之作，为现存最早的《史记》注本。以下仅取裴骃注中所引马融之说，窥豹于一斑。

马融为东汉古文经学大师、训诂名家，也是今古文学合流的标志性人物。马融对经学史的贡献学界关注较多，相关的研究论文有：潘斌的《马融易学探微》，主要是以马国翰《玉函山房辑佚书》所辑马融注《易》为据，力求在认识马融易学观的同时，揭示马融易学在汉晋易学传统中的地位和影响。同时，阐明了马融治学的基本方法：一是治《易》用古本，“其治《易》用古本者仍可管见。如《解·彖》：‘天地解而雷雨作，雷雨作而百果草木皆甲坼。’‘坼’，《经典释文》引马融之说作‘宅’，马融所用正是《易》古本……马融治《易》用古本，上承费直，使费氏之学得以传承；又下启郑玄易学，使费氏之学得以发扬光大”。二是马融解《易经》是以“十翼”互证易理。“马融不但以‘十翼’解《易经》，同时还以‘十翼’互证易理。马融重视以‘十翼’解《易》，这对于汉晋时期以传解经传统的形成起了推波助澜的作用。”②三是马融在礼制方面的一些研究。四

① 本文为国家社科基金项目“马融经学佚著整理研究与阐释”（15XZW019）阶段性成果。原文刊于《渭南师范学院学报》2018 年第 5 期。

② 潘斌：《马融易学探微》，《周易研究》2010 年第 4 期。

是指出马融解《易》的特点，是在解经的基础上重视象数以及重视象数学中的卦气说。易闻晓的《马融文章考》，首先是将马融所著的赋颂与当时赋颂大家加以对比，马融所著《长笛赋》为乐赋名篇，影响广远；而《广成颂》亦为皇甫谧所赏，称“其中高者至如相如《上林》、扬雄《甘泉》、班固《两都》、张衡《二京》、马融《广成》、王生《灵光》，初极宏伟之辞，终以约简之制，焕乎有文，蔚尔鳞集，皆近代辞赋之伟也”①。可以看出，前人对马融的辞赋的肯定。其次，分析了马融赋颂的遗失情况，然未谈及马融的经学成就以及马融在经学训诂方面的贡献。

在拙作《马融注经考》中，对马融注《周易》、注《尚书》、注《诗经》、注《周礼》、注《论语》等经学注释以及注经佚失和现存情况进行了考察，并得出大致结论：第一，马融的《周官传》在唐代并未佚失。“孔颖达曰：‘马融为《周礼注》，欲省学者两读，故具载本文后。后汉以来始就经为注。’”可见马融的《周官传》在唐代并未佚失 。②第二，马融的 《丧服经氏注》在唐代依然存在，未佚失。在《礼经》十七篇中，马融只是对《丧服》经传做了注释。《隋书·经籍志》载：“《丧服纪》一卷，马融注。”到了清代朱彝尊的《经义考》卷一三六则记为：“《隋志》，一卷，佚。”可见，马融的《丧服经氏注》在唐代还是广为流传的，所以清人马国翰就是从孔颖达的《正义》、杜佑的《通典》和贾公彦的疏本辑得《丧服经传马氏注》一卷本的。第三，在唐初《马氏论语注》已经佚失不存。潘斌的《试论马融的经学贡献》主要论述了马融在经学上承上启下的作用，其主要观点有三：第一，认为马融在给经书做注解时，大多采用古文本，并举例说明。从现存文献所保留的资料来看，马融注经有多采用古文本的倾向。“马融经学的立足点是古文经学。《后汉书·马融传》云：‘（马融）尝欲训《左氏春秋》’，可见他对属于古文系统的《左传》是十分精通的。”第二，马融为经做注时十分重视文字训诂及名物训释。如《周易·师卦》，马注：“师，众也。二千五百人为师。”《周易·系辞上》：“在天成象。”马注：“象者，日、月、星。”（《周易马氏传》）《尚书·尧典》：“宅嵎夷，曰旸谷。”马注：“嵎，海隅也。夷，

① 萧统：《文选》卷四五，中华书局 1977 年版，第 641 页。

② 李小成：《马融注经考》，《社会科学战线》2014 年第 12 期。

莱夷也。旸谷，海嵎夷之地名。”（《尚书马氏传》）第三，马融对于礼制颇有研究，并注重以礼解经。正如马国翰在《礼记·马氏注序》所说：“马融之学，长于三《礼》。”儒家向来看重丧葬之礼，马融对丧服制度也有一定研究。《仪礼·丧服》：“父卒，继母嫁，从为之服报。传曰：何以期也？贵终也。”马注：“继母为己父三年丧，礼毕嫁后夫，重成母道，故随为之服。继母不终己父三年丧，则不服也。”（《丧服经传马氏注》）作者认为马融对经学所产生的影响主要有两个大的方面：“一是马融经学对东汉乃至东汉以后经学家注经风格有着深远影响；二是马融经学对汉晋之间学术风气的转变所起到的先导作用。”①此外，还有刘光亮的《试论马融》、任群英的《通经而无节的东汉大儒马融》、拙作《马融〈周易注〉辑佚整理研究》、藏云浦的《略论马融》等相关著作，大致都是介绍马融生平或是马融著述的存佚情况。

以上诸多论著涉及马融解经之作、马融经学贡献及其历史地位，但于其他注书引马融注的研究关注不多，故本文通过对南朝宋裴骃《史记集解》所引马融注的分析，探究这位东汉经学大儒在中国经学史的地位和他对古代训诂学的贡献意义。其实，东汉古文经学家对古代训诂学的贡献，许慎之《说文》自不待说，仅从裴骃注《史记》引马融注这一微观层面分析，足可见其一斑。

一、训诂的分类

从裴骃《史记集解》所引马融注来看，他在疏解《史记》时，注文中引了孔安国、马融、郑玄等人的注释，其中多是随文释义的注疏，就是章炳麟所谓的“駙经”。“附经”训诂之法，马融之前，给经书做注，一般都是经注分行。自马融而后，注则附于经后，随文而释，不再单行。孔颖达《毛诗正义·关雎》卷一：“汉初为传训者，皆与经别行，三传之文不与经连。故石经书《公羊传》，皆无经文。《艺文志》云：《毛诗经》二十九卷，《毛诗故训传》三十卷，是毛为诂训，亦与经别也。'及马融为《周礼》之注，乃云欲省学者两读，故具载本文。'

① 潘斌：《试论马融的经学贡献》，《唐都学刊》2008 年第 5 期。

然则后汉以来始就经为注。”[①]据此，把传注附在经下，从马融就已经开始，更在郑、王以前了。驸经之训诂起源，还有许多说法，有始于刘歆的，也有说是始于费直的，不一而足。东汉之后，注疏名目繁多，被称为“传”“说”“解”“诂”“训”，后又有了“笺”“注”“释”“诠”“述”“学”“订”“校”“考”“微”“隐”“疑”“义”“疏”“音义”“章句”等别称。有的名异实同，有的在意义上又有稍微差异，还有些在相互合并后组成了新的说法，如“校对”“训诂”“疏证”“校注”等等。周大璞的《训诂学初稿》（第四版）对这些名称做了详细解释，在释“诂”时道：“诂与故，古字通。汉人注书，多名为故，也叫做故训或者训。”所以“训”就是疏通文意的意思。黄以周《读〈汉书·艺文志〉》云：“故训之体，取法《尔雅》；传说之体，取法《春秋传》，孔子《十翼》，本不名传，《彖》《象》依经立训，与故训近。”许慎撰《说文解字》，对“注”字释解为“注，灌也”。《仪礼·有司彻》注：“注，犹泻也。”这是注的本义。刘知几的《史通·补注篇》对于“注”的解释是：“注者，流也，流通而靡绝。”《仪礼·士冠礼》贾公彦疏：“注者，注义于经下，若水之注物。”段玉裁《说文解字注》：“注之云者，引之有所适也，故释经以明其义曰注。”孔颖达《毛诗正义》中对“注”的解释是：“注者，著也，言为之解说，使其著明也。”刘知几、贾公彦以及段玉裁把注解的注当成是灌注的引申意，而孔颖达则当作是“著”的假借来释解。在《训诂学初稿》中，作者认为贾公彦的说法相比之下较为妥当。孔颖达在《春秋左传正义》中云：“毛君、孔安国、马融、王肃之徒，其所著书皆称为传，郑玄则谓之注。”按照《隋书·经籍志》所载马融、王肃注释诸书皆称注。《经典释文》只是把马融《周易传》称传，其余也都称注，这与孔颖达说法不一致。《史记索隐·衡山王传》引刘向《别录》云：“易家有救氏之注。”《隋书·经籍志》还有费直、宋衷、荀爽的《周易注》。据此可知，汉人注书称注者不只郑玄一人，也不始于郑氏。不过郑氏以后，注书称注者越来越多，“注”已成为训释之通称，而称传的却越来越少，因此马融、王肃所作，本称为传的，《隋书·经籍志》也改称为通行的注了。[②]关于注疏的内容有解释词义、分析句

① 阮元校刻：《十三经注疏》，中华书局 1980 年版，第 269 页。

② 周大璞：《训诂学初稿》（第四版），武汉大学出版社 2012 年版，第 47—52 页。

读、阐述语法、说明修辞手段、诠释成语典故、考证古音古义等等。

东汉著名史学家兼经学大家班固，从小受儒学影响，博览群书，精通儒家经典，一生著述颇丰，在经学上也有所建树，马融在注经方面亦受益于班固，从班固的著述及教育中获得了许多经学知识，马融注《孝经》《论语》《周易》《毛诗》《三礼》《尚书》等著作，更是让古文经学达到了另一种成熟的境界。

二、对《史记集解》马融注解的分类

在裴骃的《史记集解》中，多处引用马融的相关注解，其中在《五帝本纪》《夏本纪》《周本纪》《鲁周公世家》《宋微子世家第八》《仲尼弟子列传第七》《伯夷列传第一》等篇的注中引马融注较多，所引注释包括释词语、解文意、注解段意、解释人名、地名等。

（一）释词语

《五帝本纪》："舜谓四岳曰：有能奋庸。"马融曰："奋，明；庸，功也。"……舜曰："谁能驯予上下，草木鸟兽？"马融曰："上谓原，下谓隰。"①

《殷本纪》："匪台小子。"马融曰："台，我也。"……"巫咸治王家有成，作《咸艾》。"马融曰："艾，治也。"……"假人元龟。"马融曰："元龟，大龟也，长尺二寸。"

《周本纪》："武王渡河，中流，白鱼跃入王舟中。"马融曰："鱼者，介鳞之物，兵象也。白者，殷家之正色，言殷之兵众与周之象也。"……"至于王屋，流为乌，其色赤，其声魄云。"马融："王屋，王所居屋。流，行也。魄然，安定意也。"……武王曰："嗟！我有国冢君。"马融曰："冢，大也。"

《鲁周公世家第三》："兹道能念予一人"，马融曰："一人，天子也。"……"不敢荒宁，密靖殷国。"马融曰："密，安也。"……"无敢不及，有大刑。"马融曰："大刑，死刑。"

---

① 本段引于裴骃《史记集解》，中华书局1959年版，以下出现的《史记》引文，均出于此本，兹不赘述。

《宋微子世家第八》："我祖遂陈于上。"马融曰："我祖，汤也。"……"乱败汤德于下。"马融曰："下，下世也。"……"殷遂丧，越至于今。"马融曰："越，于也。于是至矣，于今到矣。"……"箕子者。"马融曰："箕，国民也。子，爵也。"……"视曰明，听曰聪，思曰睿。"马融曰："睿，通也。"……"毋反毋侧，王道正直。"马融曰："反，反道也。侧，倾侧也。"……"毋有作好，遵王之道。"马融曰："好，私好也。"……"沈渐刚克。"马融曰："沈，阴也。"《孔子世家第十七》："行中清，废中权。"马融曰："清，纯洁也。遭世乱，自废弃以免患，合于权也。"

《伯夷列传第一》："圣人作而万物睹。"马融曰："作，起也。"

《仲尼弟子列传第七》："颜渊问仁。孔子曰：克己复礼，天下归仁焉。"马融曰："克己，约身也。"……"子华使于齐，冉有为其母请粟。孔子曰：与之釜。"马融曰："六斗四升曰釜。"……"冉子与之粟五秉。"马融曰："十六斛曰秉，五秉合八十斛。"

从《本纪》《世家》《列传》裴骃所引马融的释解，可以看出他训释词语时着重对单个"字"的解释，例如："奋，明""庸，功也""作，起也""艾，治也"等，是对"奋""庸""作""艾"等单个字所作的释义。此外，在解释词语中，还可看出马融更喜用古文传统经学来作注。如：注释"我祖，汤也。""箕，国民也。子，爵也。""王屋，王所居屋。"马融将"箕"释为"国民"，将"子"释为"爵"，是局限于古文中宗族等级相关公侯伯子男的范畴，再如将"王屋"释为"王所居屋"，是对上古时期的王与住宅的解释。可见马融注释时，多在古文经学的范围内盘桓。

（二）释文意（包括段意）

东汉释文意者，亦谓之章句之学，《后汉书·桓谭传》注："章句谓离章辨句，委曲枝派也。"以前的传注解释比较简明，而后起之章句则较为繁琐，故学人多不喜为之。《文心雕龙·论说》："若秦延君之注《尧典》，十余万字，朱普之解《尚书》，三十万言；所以通人恶烦，羞学章句。"《史记集解》所引马融注对于文意、段意的释解，名与此似相类，然并不繁琐。

《五帝本纪》："舜曰：契，百姓不亲，五品不驯，汝为司徒，而敬敷五教，在宽。”马融曰：“五品之教。”……“直而温”。马融曰：“正直而色温和。”……“宽而栗”。马融曰：“宽大而谨敬战栗也。”……“诗言意，歌长言。”马融曰：“歌，所以长言诗之意也。”

《殷本纪》：“帝太戊赞伊陟于庙，言弗臣，伊陟让，作原命。”马融曰：“原，臣名也。命原以禹、汤之道我所修也。”

《周本纪》：“九年，武王上祭于毕。”马融曰：“毕，文王墓地名也。”……“惟钧其过。”马融曰：“以此五过出入人罪，与犯法者等。”

《鲁周公世家第三》：“乃命于帝庭，敷佑四方。”马融曰：“武王受命于天地之庭，布其道以佑助四方。”……“治民，震惧不敢荒宁。”马融曰：“知民之劳苦，不敢荒废自安也。”

《宋微子世家第八》：“卿士师师非度。”马融曰：“非但小人学为奸宄，卿士已下转相师效，为非法度。”……“太师，少师。”马融曰：“重呼告之。”……“恭作肃，从作治。”马融曰：“出令而从，所以为治也。”……“敛时五福，用傅锡其庶民。”马融曰：“当敛是五福之道，用布兴众民。”……“维时其庶民于女极。”马融曰：“以其能敛是五福，故众民于汝取中正以归心也。”……“毋侮矜鳏寡而畏高明。”马融曰：“高明显宠者，不枉法畏之。”……“高明柔克。”马融曰：“高明君子，亦已德怀也。”……“王省维岁。”马融曰：“言王者所省职，如岁兼四时也。”……“星有好风，星有好雨。”马融曰：“箕星好风，毕星好雨。”

《晋世家》：“昭登于上，布闻在下。”马融曰：“昭，明也。上谓天，下谓人。”

《孔子世家第十七》：“天之未丧斯文也，匡人其如予何！”马融曰：“如予何犹言，奈我何也。天未丧此文，则我当傅之，匡人欲奈我何！严不能违天以害己。”……“孔子曰：必也正名乎！”马融曰：“正百事之名也。”……“子曰：不怨天，不尤人”马融曰：“孔子不用于世，而不怨天不知己，亦不尤人。”……“我则异于是，无可无不可。”马融曰：“亦不必进，亦不必退，唯义所在。”

《仲尼弟子列传第七》：“文学：子游，子夏，师也辟”马融曰：“子张才过人，失于邪辟文过。”……“由也升堂矣，未入于室也。”马融曰：“升我堂矣，未入于室耳。”……“既受业，问：“三年之丧不已久乎？君子三年不为礼，礼必坏；三年不为乐，乐必崩。旧谷既没，新谷既升，钻燧改火，期可已矣。””马融曰：“《周书月令》有更火之文。春取榆柳之火，夏取枣杏之火，季夏取桑柘之火，秋取柞楢之火，冬取槐檀之火。一年之中，钻火各异木，故曰‘改火’。”……“孔子曰：是闻也，非达也。夫达者，质直而好義，察言而观色，虑以下人。”马融曰：“常有谦退之志，察言语，观颜色，知其所欲，其念虑常欲下于人。”……“在国及家必达。”马融曰：“谦尊而光，卑而不可逾。”……“夫闻也者，色取仁而行达，居之不疑。”马融曰：“此言佞人也。佞人假仁者之色，行之则违，安居其伪而不自疑。”……“在国及家必闻。”马融曰：“佞人党多。”……“樊迟请学稼，孔子曰：吾不如老农。请学圃，曰：吾不如老圃。”马融曰：“树五谷曰稼，树菜蔬曰圃。”……“知和而和，不以礼节之，亦不可行也。”马融曰：“人知礼贵和，而每事从和，不以礼为节，亦不可以行也。”

从上所引，马融之注对文意、段意的训释，比对词语、人名、地名以及礼制等的注释多。虽然释解的文字较多，但多言理，注释简洁，亦更侧重于引申义及缘由方面的释解。如在《鲁周公世家》有“治民，震惧不敢荒宁”，马融释为：“知民之劳苦，不敢荒废，自安也。”是对“不敢荒宁”的原因做出了回答。再如“孔子曰：必也正名乎！”马融对此做了更详细的解释是正“百事之名”。可见，马融在做注时对于文意的解释为细致。

（三）释人名、专有名词、地名等

除了对词语和文意、段意的解释之外，马融还对人名、专有名词、地名等做了部分解释。这些释解多沿用《尔雅》释义之法，以雅正为指归，经所不载，不妄言也。

《五帝本纪》：“皆曰鲧可。”马融曰：“鲧，臣名，禹父。”……“五典能从，乃遍入百官，百官时序。宾于四门，四门穆穆，诸侯远方宾客皆敬。”马融曰：“四门，四方之门，诸侯群臣朝者，舜宾迎之，皆有美德也。”……“汝作士。”马融曰：“狱官之长”。……“于是以益为朕虞，”马融曰：“虞，掌山泽之官名。”

《夏本纪》：“堣夷既略。”马融曰：“堣夷，地名。用功少曰略。”……“启伐之，大战于甘。”马融曰：“甘，有扈氏南郊地名。”

《周本纪》：“迁其君薄姑。”马融曰：“齐地。”

《宋微子世家第八》：“貌曰恭，言曰从。”马融曰：“发言当使可从。”……“金曰从革。”马融曰：“金之性从人而更，可销铄。”

《仲尼弟子列传第七》："公伯缭字子周。"马融曰："鲁人。"

马融对人名、专有名词、地名等的解释都是紧贴所释对象，简洁明了，释解范围有大有小，有的很具体，有的只是给出一个大致范围。关于释名，东汉人已有了更为细致的分类，刘熙《释名》一书，所释范围达二十七类，命为二十七篇，分类更细于《尔雅》。此书约成于东汉，当在马融之后，也是对当代经学家训诂成果的总结，马融的某些注释方式也在《释名》中得到了体现。

（四）释礼制官制、祭祀等

马融对《史记》本纪、世家中涉及儒家礼制的内容释解很多，马融对儒家义理的阐发，也成为后世解释儒家礼制的典范，裴骃作《集解》多沿用了马融的说法。宋儒则更多地发明了马融的义理注释法，以思辨的方法挖掘这些概念背后的内涵，解释它哲学上的价值和意义，这是理学家们对经学发展的贡献。

《五帝本纪》："五刑有服，五服三就。"马融曰："五刑，墨、劓、剕、宫、大辟。三就，谓大罪陈诸原野，次罪于市朝，同族适甸师氏。既服五刑，当就三处。"……"舜曰：谁能驯予工？"马融曰："谓主百工之官也。"……"皆曰：垂可。于是以垂为共工。"马融曰："为司空，共理百工之事。"……"舜曰：嗟，四岳，有能典朕三礼？"马融曰："三礼，天神、地祇、人鬼之礼也。"

《夏本纪》："定高山大川。"马融曰："定其差秩祀礼所视也。"……"禹伤先人父鲧功之不成受诛，乃劳身焦思，居外十三年，过家门不敢入。薄衣食，致孝于鬼神。"马融曰："祭祀丰洁"。……"九河既道。"马融曰："九河名徒骇、太史、马颊、覆釜、胡苏、简、洁、鉤盘、鬲津。"

《宋微子世家》："初一曰五行；二曰五事；三曰八政；四曰五纪；五曰皇极；六曰三德；七曰稽疑；八曰庶徵；九曰乡用五福，畏用六极。"马融曰："言天所以畏惧人用六极。"……"八政：一曰食，二曰货，三曰祀，四曰司空。"马融曰："司空，掌营城郭，主空土以居民。"……"五纪：一曰岁，二曰月，三曰日，四曰星辰。"马融曰："星，二十八宿，晨，日月之所会也。"

马融注经，于礼制最有心得，对《史记》中礼制的解释，在礼乐、祭祀等制度的阐释时，体现出自己不同的见解。如"五刑有服，五服三就"，马融释五刑为：墨、劓、刖、宫、大辟。再如《夏本纪》中"九河即道"，马融解释九河为：

骇、太史、马颊、覆釜、胡苏、简、洁、钩盘、鬲津，对九河的名称也做了一一说明。

由此观之，裴骃所作《史记集解》注解的整合分类，展现出马融训诂的主要倾向在于"解释词义"以及对于文意、段意的解释，更重要的是其中还有马融自己对经学的独到理解，提出不少新的启示。例如，《五帝本纪》曰："维明能信。"马融注曰："谓在八议，君不忍刑，宥之以远。五等之差亦有三等之居：大罪投四裔，次九州之外，次中国之外。当明其罪，能使信服之。"再如《仲尼弟子列传》云："俱不得其死然；禹稷躬稼而有天下？孔子弗答。"马融注曰："禹尽力于沟洫，稷播百谷，故曰躬稼也。禹及其身，稷及后世，皆王。括意欲以禹稷比孔子，孔子谦，故不答。"可见，马融在做注时对于经意的解释详细，更侧重于引申义及缘由。裴骃注《史记》，引用前人注释，并一一注明作者名字，一丝不苟，引马融说皆名其出处。

三、马融注解方式与许慎《说文解字》的对比分析

（一）许慎《说文解字》训诂的分析

许慎是东汉著名经学家、文字学家，《后汉书·儒林传》载："许慎字叔重，汝南召陵人也。性淳笃，少博学经籍，马融常推敬之，时人为之语曰：'五经无双许叔重。'为郡功曹，举孝廉，再迁除洨长。卒于家。"[①]许慎所撰《说文解字》，是第一部系统地分析汉字字形和考究学源的字书。它是我国第一部按部首编排的字书，对我国文字学发展影响极为深远。当然许慎首先是一个经学家，训诂是他的副产品，非着力用功于此，但无心插柳却成就了他的声名。先秦人做注的特点，一是多在正文之中，二是多补充史料、阐释微言大义。许慎和马融一样身为古文经学家，注重研究周秦文字籀书以及"孔壁古文"，尤其是在小篆和六书方面用力尤勤，对《仓颉》《博学》《凡将》《急救》《训纂》等字书无不涉猎。许慎认为，要研究五经，首先要搞清楚五经的文字，而今文经学随意解

① 范晔：《后汉书》，中华书局 2011 年版，第 2588 页。

说文字的方法不可取，要纠正这股歪风，就要以古文经的研究求实的学风，弄懂文字的结构、读音及其意义。他强调“本立而道生”，以其广博的经学知识为基础，历时十年在汉和帝永元十二年（100年）草成《说文解字》这部巨著。他的文章虽然仍以注经为主，但与前人或者同时代的人相比，性质发生了根本性变化，他的训诂已经进入了一个语言学的领域，使得纯粹经学的注释发生了很大转变，进入训诂的系统化、理论化的总结时段。

许慎训诂的特征是在解释词义之前，先看其形态，再在析形的基础上解释文字的意义。《说文解字》释义方法有训释重言、训释联绵词等。描述释义方法时，先从训释对象中有无明显的标志性词语进行分类，进而据其语义关系进行具体探讨，然后总结出释义的方法。如喜部为：“喜，乐也。”将“喜”解释为“乐”。在训释“欢”时，为“喜乐也”“喜”与“乐”便是同义连用了，不难看出，“欢”“乐”“喜”三个词之间具有同义关系。这种训释方法是许慎的开创，用两个同义词训释被训释词，使其相互印证，进而联系到更多的同义词。

（二）《史记集解》中所引马融注解方式与许慎《说文解字》的对比分析

从裴骃《史记集解》所引马融注释来看，马融更重视继承古文解说，通过辨认解释先秦文字，建立自己比较系统完整的训诂方法。《五帝本纪》云：“舜谓四岳曰：有能奋庸。”马融注曰：“奋，明；庸；功也。”《说文解字》卷四上云：“奋，翬也，从奞在田上。《诗》曰：不能奋飞。庸，用也。从用，从庚。庚，更事也。”①《五帝本纪》云：“于是以益为朕虞”马融注曰：“虞，掌山泽之官名。”《说文解字》卷五上：“虞，驺虞也。白虎黑文，尾長于身。仁兽，食自死之肉。从虍吴声。《诗》曰：于嗟乎，驺虞。”②《五帝本纪》云：“舜曰：嗟，四岳，有能典朕三礼？”马融注曰：“三礼，天神、地祇、人鬼之礼也。”许慎《说文解字》卷九上云：“鬼，人所归为鬼，从人，象鬼头，鬼，阴气贼害。从厶，凡鬼

① 许慎：《说文解字》，中华书局1963年版，第77页。

② 许慎：《说文解字》，中华书局1963年版，第103页。

之属皆从鬼。”[①]《五帝本纪》云：“诗言意，歌长言。”马融注曰：“歌，所以长言诗之意也。”许慎《说文解字》卷八下云：“歌，咏也。”[②]《夏本纪》云：“定高山大川。”马融曰：“定其差秩祀礼所视也。”许慎《说文解字》卷五下云：“高，崇也，象台观高之形，从冂口，与仓舍同意，凡高之属皆从高。”[③]“川”字《说文解字》卷十一下云：“川，贯穿通流水也。”[④]《夏本纪》云：“启伐之，大战于甘。”马融注曰：“甘，有扈氏南郊地名。”《说文解字》卷五上云：“甘，美也。从口，含一。一，道也。凡甘之属皆从甘。”[⑤]《殷本纪》云：“巫咸治王家有成，作咸艾。”马融注曰：“艾，治也。”《说文解字》卷一下：“艾，冰台也。从艸，乂声。”[⑥]许慎解释为冰台，字形采用“艸”作偏旁，“乂”是声旁。《史记·周本纪》云：“武王渡河，中流，白鱼跃入王舟中。”马融注曰：“鱼者，介鳞之物，兵象也。白者，殷家之正色，言殷之兵众与周之象也。”《说文解字》卷十一下云：“鱼，水虫也。象形。鱼尾与燕尾相似。凡鱼之属皆从鱼。”[⑦]《说文》卷七下云：“白，西方色也。阴用事，物色白。从入合二。二，阴数。凡白之属皆从白。”[⑧]

《宋微子世家》云：“乱败汤德于下。”马融注曰：“下，下世也。”《说文解字》卷一上曰：“下，底也。指事。”[⑨]《宋微子世家》云：“殷遂丧，越至于今。”马融注曰：“越，于也。于是至矣，于今到矣。”《说文解字》卷二上曰：“越，度也。从走，戉声。”[⑩]《宋微子世家》云：“视曰明，听曰聪，思曰睿。”马融注：“睿，通也。”《说文解字》卷四下曰：“睿，深明也，通也。”[⑪]二者解释相同。

---

① 许慎：《注音版说文解字》，中华书局 2015 年版，第 186 页。
② 许慎：《注音版说文解字》，中华书局 2015 年版，第 177 页。
③ 许慎：《注音版说文解字》，中华书局 2015 年版，第 105 页。
④ 许慎：《注音版说文解字》，中华书局 2015 年版，第 239 页。
⑤ 许慎：《注音版说文解字》，中华书局 2015 年版，第 95 页。
⑥ 许慎：《注音版说文解字》，中华书局 2015 年版，第 13 页。
⑦ 许慎：《注音版说文解字》，中华书局 2015 年版，第 242 页。
⑧ 许慎：《注音版说文解字》，中华书局 2015 年版，第 157 页。
⑨ 许慎：《注音版说文解字》，中华书局 2015 年版，第 1 页。
⑩ 许慎：《注音版说文解字》，中华书局 2015 年版，第 30 页。
⑪ 许慎：《注音版说文解字》，中华书局 2015 年版，第 79 页。

《宋微子世家》云："五纪：一曰岁，二曰月，三曰日，四曰星辰。"马融注曰："星，二十八宿，晨，日月之所会也。"《说文解字》卷七上云："星，万物之精，上为列星。"《说文》卷七上："晨，房星，为民田时者。"[①]《宋微子世家》云："毋反毋侧，王道正直。"马融注曰："反，反道也。侧，倾侧也。"《说文解字》卷三下云："反，覆也。从又厂反形。"[②]《宋微子世家》云："毋有作好，遵王之道。"马融注曰："好，私好也。"《说文解字》卷十二下云："好，美也。从女子。"[③]《宋微子世家》云："沈渐刚克。"马融注曰："沈，阴也。"《说文解字》卷十一上曰："沈，陵上滈水也。从水冘声。一曰浊黕也。"[④]《宋微子世家》云："维辟作福，维辟作威，维辟玉食。"马融注曰："辟，君也。玉食，美食。不言王者，关诸侯也。"《说文解字》卷九上曰："辟，法也。"[⑤]《晋世家》云："昭登于上，布闻在下。"马融注曰："昭，明也。上谓天，下谓人。"《说文解字》卷七上曰："昭，日明也。"[⑥]此二者释义相同。《孔子世家》云："行中清，废中权。"马融注曰："清，纯洁也。遭世乱，自废弃以免患，合于权也。"《说文解字》卷十一上曰："清，朗也。貌水之澄。从水青声。"[⑦]《伯夷列传》云："圣人作而万物睹。"马融注曰："作，起也。"《说文解字》卷八上曰："作，起也。从人，从乍。"[⑧]此二者的解释是相同的。

从许慎的训诂来看，他的《说文》是通过分析字形来探求字的本义，据以说解字义，训诂时运用了文字学方法，而"以形索义""参考异文"是其主要方法。而马融的训诂用我们现在的话来说，是运用了语境学的方法，含义就比较广泛了，在训诂词语时联系上下文环境，根据词语所处的上下文的语言情境判断词义，这是《史记集解》所引马融注的一种重要的方法。例如：《夏本纪》曰："堣

① 许慎：《注音版说文解字》，中华书局 2015 年版，第 137 页。
② 许慎：《注音版说文解字》，中华书局 2015 年版，第 59 页。
③ 许慎：《注音版说文解字》，中华书局 2015 年版，第 261 页。
④ 许慎：《注音版说文解字》，中华书局 2015 年版，第 233 页。
⑤ 许慎：《注音版说文解字》，中华书局 2015 年版，第 185 页。
⑥ 许慎：《注音版说文解字》，中华书局 2015 年版，第 134 页。
⑦ 许慎：《注音版说文解字》，中华书局 2015 年版，第 231 页。
⑧ 许慎：《注音版说文解字》，中华书局 2015 年版，第 162 页。

夷既略。”马融注曰：“嵎夷，地名。用功少曰略。”《五帝本纪》曰：“维明能信。”马融曰：“谓在八议，君不忍刑，宥之以远。五等之差亦有三等之居：大罪投四裔，次九州之外，次中国之外。当明其罪，能使信服之。”《五帝本纪》曰：“舜曰：谁能驯予工？”马融注曰：“谓主百工之官也。”其次，还有引申推义的方法，例如《五帝本纪》曰：“诗言意，歌长言。”马融曰：“歌，所以长言诗之意也。”

四、马融注对训诂学及古文经学发展的影响

马融经学的注释，对当时乃至东汉以后经学家注经的风格有着巨大的影响。郑玄为马融之徒，其学虽与师不同，但承其思想精神，融今古之学，世称“郑学”，为汉代经学集大成者。曹魏时期的王肃，崇奉马融之古文经学，据马融之说而对古文各经做了释解，极力与郑玄之说抗争。除此而外，马融之成就与影响有三：

其一，马融经学以古学为宗，在为经书做注时，多采用古文本，态度严谨，不妄加评议。《后汉书 · 马融列传》中谈及马融道：“为人美辞貌，有俊才……尝从名儒挚询问学，博通群籍，才高学洽，为世通儒……尝欲训《左氏春秋》及见贾逵、郑众注，乃曰‘贾君精而不博，郑君博而不精，既精既博，吾何加焉！’但注三传异同说。”①可以看出，马融对于古文《左氏春秋》是有自己的看法，不是泛泛而注，而是努力求异，注出新意。在《后汉书 · 郑玄传》中有：“中兴之后，范升、陈元、李育、贾逵之徒争论古今学，后马融答北地太守刘瓌及玄答何休，义据通深，由是古学遂明。”可以看出马融经学多承续古学，注经不取今文之学，这一点对清代的朴学是有一定影响的。马融注经，多承前学，有疑处则存之。在《尚书马氏传 · 周书》释文中，解释到“成王”名号时，马融云：“言成王者，未闻也。俗儒以为成王骨节始成，故曰成王。或曰以成王为少成二圣之功生，号曰成王，没因为谥。卫贾以为戒成康叔以慎酒，成就人之道也故曰成。此三者，吾无取焉。吾以为后录书者加之，未敢专从，故曰未闻也。”②

---

① 范晔：《后汉书》，中华书局 2011 年版，第 1953—1972 页。

② 董治安等：《两汉全书》（第 21 册），山东大学出版社 2009 年版，第 12368 页。

由此可见马融注经态度的严谨，不像宋人疑经、改经。

其二，马融精通各类题材的著作，著述丰厚且范围广泛。据《后汉书·马融传》所记：马融“所著赋、颂、碑、耒、书、记、表、奏、七言、琴歌、对策、遗令，凡二十一篇”，马融所著《长笛赋》，为乐赋名篇，是汉代音乐赋的代表作，影响广远；《广成颂》亦为皇甫谧所赏。正像《文心雕龙·才略》所言：“马融鸿儒，思洽识高，吐纳经范，华实相扶。”①所以，马融的赋与相如《上林》、扬雄《甘泉》、班固《两都》、张衡《二京》、王生《灵光》，相并比肩而媲美，皆并一代辞赋之伟也。《隋书·经籍志》亦载“后汉南郡太守马融集九卷”。于经子之学，马融撰著诸多，各类题材著作无不涉猎，曾为《孝经》《论语》《诗》《易》《三礼》《尚书》《老子》《淮南子》《离骚》等经典作注，不仅涉及儒家经典，还旁及道家经典如《淮南子》以及《离骚》《列女传》等，把儒家与黄老道家的经典著作及思想融合起来，这也为后世学者汲取众家所长做了典范。

其三，“两汉经学的结束的鲜明的表现，就是经今古文学的合流。而时代思想的主流，则已经开始向着玄学方面前行了。在这一点上，马融恰是这一时代思潮转捩的体现者”。②这既肯定了马融经学的贡献，同时也是对马融经学在汉晋学术演变之间的重要性给予肯定。的确，在中国学术史的发展过程中，尤其是转型阶段，马融是一个极为关键的学者，他引领了一个时代的思潮，又开启了一个新的时代。他广收弟子，像卢植、郑玄、王肃等优秀的学中泰斗都是马融培养的学生，他的思想由他们传承发展。还有他的任性而为，“不拘儒者之节”，讲课授徒，后列女乐，对以后魏晋清谈玄学家的破弃礼教、任性而为的文人性格都产生了一定影响。

（李小成，西安文理学院文学院教授，陕西师范大学兼职硕士生导师，中国史记研究会会员，陕西省司马迁研究会常务理事。）

---

① 黄叔琳注，李详补注，杨明照校注拾遗：《增订文心雕龙校注》（上），中华书局2000年版，第575页。

② 侯外庐等：《中国思想通史》（第二卷），人民出版社1957年版，第328页。

“相如文君戏”传唱中的继承与新变
——以《史记·司马相如列传》与清传奇《茂陵弦》为例

魏 巍

“相如文君”故事自司马迁笔下流传至今，其爱情故事的曲折动人影响了后代无数文人的创作，尤其是元明清戏剧中所呈现出的多元化表达。司马迁《史记·司马相如列传》与晚晴黄燮清的《茂陵弦》表达了不同时代对才子佳人的理解。其中，《茂陵弦》更是作者以“借前人啼笑”来写“今人悲喜”①，含有极为丰富的文化意蕴。借由这样的窗口，我们更能窥视到自汉到清伦理文化的演变。

一、《史记》奠定了核心故事情节与大致框架

“相如文君”故事的诞生，就来自司马迁绘声绘色的讲述。太史公不仅概述了司马相如的一生，更为后人创作提供了灵感源泉。《史记》卷一一七《司马相如列传》②记载：

> 会梁孝王卒，相如归，而家贫，无以自业。素与临邛令王吉相善，吉曰：“长卿久宦游不遂，而来过我。”于是相如往，舍都亭。临邛令缪为恭敬，日往朝相如。相如初尚见之，后称病，使从者谢吉，吉愈益谨肃。临邛中多富人，而卓王孙家僮八百人，程郑亦数百人，二人乃相谓曰：“令有贵客，为具召之。”并召令。令既至，卓氏客以百数。至日中，谒司马长卿，长卿谢病不能往，临邛令不敢尝食，自往迎相

① 黄燮清：《倚晴楼七种曲》卷一，光绪七年刻本，上海图书馆藏。

② 司马迁：《史记》卷一一七，中华书局 2014 年版，第 3638—3639 页。

如。相如不得已，彊往，一坐尽倾。酒酣，临邛令前奏琴曰："窃闻长卿好之，愿以自娱。"相如辞谢，为鼓一再行。是时卓王孙有女文君新寡，好音，故相如缪与令相重，而以琴心挑之。相如之临邛，从车骑，雍容闲雅甚都；及饮卓氏，弄琴，文君窃从户窥之，心悦而好之，恐不得当也。既罢，相如乃使人重赐文君侍者通殷勤。文君夜亡奔相如，相如乃与驰归成都。家居徒四壁立。卓王孙大怒曰："女至不材，我不忍杀，不分一钱也。"人或谓王孙，王孙终不听。文君久之不乐，曰："长卿第俱如临邛，从昆弟假贷犹足为生，何至自苦如此！"相如与俱之临邛，尽卖其车骑，买一酒舍酤酒，而令文君当垆。相如身自着犊鼻裈，与保庸杂作，涤器于市中。卓王孙闻而耻之，为杜门不出。昆弟诸公更谓王孙曰："有一男两女，所不足者非财也。今文君已失身于司马长卿，长卿故倦游，虽贫，其人材足依也，且又令客，独柰何相辱如此！"卓王孙不得已，分予文君僮百人，钱百万，及其嫁时衣被财物。文君乃与相如归成都，买田宅，为富人。

从《史记》的记述中可以看出，司马迁对"相如文君"的故事采用了浪漫主义的手法，从抚琴传心、相携私奔、当垆涤器到卓王孙援助文君，这是一段脉络清晰、详略得当且生动有趣的情节。司马迁与司马相如同处汉武帝时期，因此，这段故事具有一定的可靠性。唐代史学家刘知几就曾在《史通》中发表看法："按屈原《离骚经》，其首章上陈氏族，下列祖考，先述厥生，次显姓名。自叙发迹，实基于此。降及司马相如，始以自叙为传①。"虽然没有明确的证据论证他的观点，但后世却多有附和之人。即使这段故事不为司马相如所自叙，也绝不可能为太史公所杜撰，如若人物语言乃司马迁的想象，但大致故事情节却令后人信服。

自汉代以后，"相如文君"的故事被各个时代，用以各种文体进行二度创作，成为一个经久不衰、具有鲜活生命力的文学母题。后世不满于司马迁记述的篇幅过少，对其进行了更多的想象，对故事增加了更多的内容，除《史记》外，更有题桥明志、长门买赋、茂陵婚变、白头苦吟等描写。我们可以看到，这段故

① 刘知几撰，黄寿成校点：《史通》卷九《序传》，辽宁教育出版社 1997 年版，第 76 页。

事同《史记》中的其他历史故事一样，虽从史书衍生，却在每个文人的笔下焕发出了新的模样。

"相如文君"能够成为"唐人传奇小说之祖"①、元明才子佳人题材的滥觞，司马迁为此做出了巨大的贡献，一个史学家能够将如此风流的爱情故事记录于正史中，这样的内容在史书中并不多见。《史记》中以描绘男性人物为主，描写女性的少之又少，且以吕后、薄太后、窦太后等对历史起重大作用的女性为主，像卓文君这样为爱情不顾一切的平民女性形象就成了《史记》中的罕见部分。尽管《史记》将卓文君作为烘托司马相如性格特点的一个因素，对她着墨不多，但却开启了后世一个新的篇章，并在极大程度上影响了后人的文学感知力。

二、《茂陵弦》对原故事的再创造

通过司马迁的渲染，"相如文君"这个故事被基本定型。直至宋末话本，人们开始通过戏剧的方式来诠释"相如文君"故事。南宋周密《武林旧事》卷十所载《官本杂剧段数》中"相如文君"一目，是目前所发现最早与之相关的戏曲剧目。随着元明戏曲创作的兴盛，涌现出了大量的"相如文君戏"。下表为元明清三代"相如文君戏"的文献整理：

剧目	作者	朝代	现存情况	目录记载	备注
相如文君	阙名	南宋	佚	周密《官本杂剧段数》 姚燮《今乐考证》 王国维《曲录》	
司马相如题桥记	阙名	宋末	佚	徐渭《南词叙录·宋元旧编》 晁傈《宝文堂书目·乐府》 徐嫩《徐氏红雨楼书目》 姚燮《今乐考证》 王国维《曲录》	钱南扬《宋元戏文辑佚》辑存佚曲 11 支

① 吴见思撰，陆永品点校：《史记论文》，上海古籍出版社 2008 年版，第 69 页。

续表

剧目	作者	朝代	现存情况	目录记载	备注
鸳鸯会	阙名	元	佚	杨朝英《朝野新声太平乐府》	据南戏《宦门子弟错立身》曲辞辑录
升仙桥相如题柱	关汉卿	元	佚	钟嗣成《录鬼簿》曹本 姚燮《今乐考证》 王国维《曲录》 吴梅《曲海目疏证》	
升仙桥相如题柱	屈子敬	元	佚	钟嗣成《录鬼簿》曹本 姚燮《今乐考证》 王国维《曲录》	
卓文君白头吟	孙仲章	元	佚	钟嗣成《录鬼簿》曹本 朱权《太和正音谱》 减憋循《元曲选目》 姚燮《今乐考证》 王国维《曲录》 吴梅《曲海目疏证》	
卓文君驾车	阙名	元	佚	姚燮《今乐考证》 朱权《太和正音谱》 减憋循《元曲选目》 王国维《曲录》 吴梅《曲海目疏证》	卓文君驾车之事于文献无征，其由来不详
鹔鹴裘	范冰壶 施君美 黄德润 沈拱之	元	佚	朱权《太和正音谱》 减憋循《元曲选目》 姚燮《今乐考证》 王国维《曲录》	第一折范冰壶（范居中）作，第二折施均美（施惠）作，第三折黄德润（黄天泽）作，第四折沈拱之（沈拱）作
汉相如四喜俱全记	阙名	元	佚	晁瑮《宝文堂书目·乐府》	

续表

剧目	作者	朝代	现存情况	目录记载	备注
风月瑞仙亭	汤舜民	明	存	姚燮《今乐考证》 朱权《太和正音谱》 减懋循《元曲选目》 王国维《曲录》	宋元话本有《风月瑞仙亭》，见于《清平山堂话本》
卓文君私奔相如	朱权	明	存	姚燮《今乐考证》 朱权《太和正音谱》 减懋循《元曲选目》 晁傈《宝文堂书目·乐府》 王国维《曲录》	此剧版本有明万历年脉望馆钞校于小毅本；北京图书馆藏《孤本元明杂剧》本第十册，系校印脉望馆本
汉相如昼锦归西蜀	许潮	明	存	吕天成《曲品》 姚燮《今乐考证》 王国维《曲录》	该剧今存明刊本，收入《阳春奏》，国家图书馆藏
琴心雅调	叶宪祖	明	存	祁彪佳《远山堂曲品剧品》	此剧今存明万历年间刻本，日本内阁文库藏
琴心记	孙柚	明	存	姚燮《今乐考证》 王国维《曲录》 吴梅《曲海目疏证》	现存刊本有明万历间金陵富春堂刻本，四卷，题《新刻出像音注司马相如琴心记》明末汲古阁原刻初印本，《古本戏曲丛刊二集》据之影印，二卷汲古阁刻六十种曲所收本
绿绮记	杨柔胜	明	佚	姚燮《今乐考证》 吕天成《曲品》 吴梅《曲海目疏证》	《明清传奇钩沉》从《缀白裘合选》《乐府遏云》辑存佚曲4支

续表

剧目	作者	朝代	现存情况	目录记载	备注
题桥记	陈济之/陆济之	明	佚	姚燮《今乐考证》 祁彪佳《远山堂曲品剧品》 吕天成《曲品》 王国维《曲录》 吴梅《曲海目疏证》	
题桥记	徐复祚	明	佚	张大复《梅花草堂笔谈》 《传奇汇考标目别本》	
凌云记/相如记	韩上桂	明	存	黄宗羲《思旧录》 祁彪佳《远山堂曲品剧品》	现存民国二十一年重抄本，香港大学中文系教授罗伉烈藏，《古本戏曲丛刊五集》据之影印
当垆记	陈贞贻	明	佚	祁彪佳《远山堂曲品剧品》	
凤求凰	陈玉蟾	明	存	姚燮《今乐考证》 吴梅《曲海目疏证》	现存明崇祯年间刻本，《古本戏曲丛刊二集》据之影印
汉相如献赋题桥	朱有墩	明	存	臧懋循《元曲选目》	明刻本《杂剧十段锦》中收录
鹔鹴裘	袁于令	明末	存	董康《曲海总目提要》 吴梅《曲海目疏证》 王国维《曲录》 姚燮《今乐考证》	今存明末剑啸阁原刊本，浙江图书馆藏，《古本戏曲丛刊二集》据之影印
长门赋	叶奕苞	清	存	姚燮《今乐考证》 王国维《曲录》	乾隆七年叶氏家刻本
卓女当垆	舒位	清	存	王国维《曲录》 姚燮《今乐考证》	《卓女当垆》《樊姬拥髻》《酉阳修月》《博望访星》，合刊为《瓶笙馆修箫谱》

续表

剧目	作者	朝代	现存情况	目录记载	备注
封禅书	朱瑞图	清	存	《北平图书戏曲展览目录》	现存清康熙间秘奇楼刻本，国家图书馆藏。
风月亭	阙名	清	佚	王国维《曲录》 《传奇汇考标目别本》	
犊鼻挥	李栋	清	佚	王国维《曲录》 董康《曲海总目提要》 姚燮《今乐考证》	
凤凰琴	椿轩居士	清	存	董康《曲海总目提要》	今存清刻本，北京图书馆藏，前有道光十九年王承华序
才人福	朱凤森	清	存	未见著录	现存清嘉庆二十五年刻《温山六种曲》所收本，国家图书馆等藏
茂陵弦	黄燮清	清	存	姚燮《今乐考证》 王国维《曲录》	今存海监开通新书局光绪年刊本，国家图书馆藏
远山眉	钱文伟	清	佚	祁彪佳《远山堂曲品剧品》	

从上表可以看到，“相如文君戏”在元明，尤其是晚明发展到了一个高峰，其创作之丰令人叹为观止。到了清代，繁盛局面早已不再，只有少数文人投身于杂剧和传奇的创作，但仍能从此看到作品赋予的强烈时代特征。

黄燮清的《茂陵弦》①大致与《史记》的故事相差不多，但其内容重心已由才子佳人的故事，转移到渲染相如之功业，对司马相如怀才不遇发出悲叹，将

① 又名《卓文君当垆艳》，分上下两卷，二十四出，作于道光十年，光绪七年重刻，今有海监开通新书局光绪年刊本，现藏于国家图书馆。

全部笔墨与重点倾注在司马相如的丰功伟业上，从《长门赋》再到《上林赋》，刻画出司马相如才华横溢、功勋卓著的人物形象。

而在元明文人青睐的爱情创作方面，虽有《琴媒》《箫语》《奔艳》《当沪》《情猜》《诗感》《琴圆》等内容衬写两人的爱情，但对以宣扬私奔为主的反抗封建礼教思想，黄燮清却如晚清大部分案头化的文人一样，将其归为伤风败俗、私奔之耻，更是借由文君之口感叹“贱妾此来，虽系感情，然私奔之耻，终身莫赎，正是一失足成千古恨了”①。在《奔艳》一出，将私奔演化为以县令做媒，后有绿琴为聘，得到了卓王孙的事先应允，将私奔巧妙回避，变成顺理成章，可见黄燮清依然批判挣脱封建束缚、自由恋爱的婚恋观。

虽无像元明戏曲中直接描写相如与文君的婚变，但也有《妒梦》一出，“长卿呵，你若做狠秋胡，重兜搭别处金钗；何苦教病秋娘，强留下这无聊粉黛？”将文君担忧丈夫在外移情别恋展现出来。但黄燮清旨在打造完美人设，将其担忧化为一场梦，“只觉得可真可假难明白，细寻思总多挂碍。我和你归向空房去，从头将梦解”②。结局仍写为相如得到《白头吟》后不恋富贵与卓文君相守一生的喜剧。

《买赋》一出为《茂陵弦》流传最广的一段，化用司马相如为陈皇后写《长门赋》的传说，以相如之口代述陈皇后被弃哀怨、自怜的心情，此情之婉转，此怨之悲诉，皆淋漓尽致地表现出来。原刊本曾有瞿世英眉批云：“一缕愁肠，化为丈八霜毫，拉拉杂杂，满纸不知是血是泪，可与《长门赋》抗衡千古。”③也正是由于此出的出众文采，情感的到位，才能引起更多人的共鸣。

黄燮清能够如此赞誉司马相如,和他自己在求取功名的道路上屡屡受挫有关。他的政治才华得不到施展，如在《应诏》一出，借由相如之口“非俺萦情轩冕，天地大矣，人生其间，必要有一番作用，才不负圣明遭遇，英雄身世，锦绣才华”，这样的感慨在他书前的自序中早有抒发：“相如之遇何足艳？以天下正有才

① 黄燮清:《倚晴楼七种曲》卷一，光绪七年刻本，上海图书馆藏。

② 吕薇芬，金宁芬，黄克等:《古典剧曲鉴赏辞典》，湖北辞书出版社 2004 年版，第 1013—1016 页。

③ 吕薇芬，金宁芬，黄克等:《古典剧曲鉴赏辞典》，湖北辞书出版社 2004 年版，第 1011—1013 页。

如相如，而其遇并不能如相如者，则相如之遇，未始不可为才人吐气也。”[①]可见他写此剧重在表达自己在所处时代洪流中渴望建功立业的抱负，借古讽今，感叹世风日下，有才的人不能够大展拳脚，倾吐对在仕途上有所建树的渴望。

三、“相如文君戏”传唱中的继承与新变

（一）戏剧性与真实性的保留

戏剧性是吸引观众的重要因素，真实性是戏剧基于史实进行二度创作的重要条件。观众对戏剧的要求使得戏剧在缩小的片段场景里要集中矛盾和冲突，这就需要作者将原本的故事改编得更曲折，更耐人寻味。《史记》中对相如文君私奔的场景描写，就已具备了戏剧性的元素，这也为后来的创作者对其进行不同程度的文学性描写打下了基础。

《史记》这样宏伟的具有开创性的著作，让这段故事的真实性有据可验，后世创作的人们，观看戏剧的观众们，不会太过质疑故事所包含的真实性。艺术是来源于生活，并高于生活的。“相如文君戏”将《史记》中对故事的传奇性与真实性基本保留下来，在后来每一个新戏剧中都得到了很好的展现。

（二）才子佳人模式的永久延续

才子佳人的模式在《诗经》中就已经初具雏形，《关雎》中“窈窕淑女，君子好逑”，正是对才子佳人的体现。到了《史记》，在相如文君的故事中，更强化了这一模式的表达。司马相如是风流倜傥、学富五车的才子，卓文君是温婉娇柔的佳人。《史记》提到“是时卓王孙有女文君新寡，好音，故相如缪与令相重，而以琴心挑之。相如之临邛，从车骑，雍容闲雅甚都；及饮卓氏，弄琴，文君窃从户窥之，心悦而好之，恐不得当也”，可见他们之间能够传情达意的工具是琴，从伯牙子期的故事中，我们看到琴是知音之间交流的媒介，而文君能够被打动正是因为司马相如的“弄琴”。后人更是抓住这一点，将司马相如《凤求凰》写进这一故事中，为“相如文君戏”增添了一抹旖旎的色彩。

---

① 蔡毅：《中国古典戏曲序跋汇编》，齐鲁书社 1989 年版，第 2164 页。

到了明代，才子佳人模式发展到了一个前所未有的高峰。诸如《西厢记》《牡丹亭》这样的传世佳作，更是将才子佳人表现得淋漓尽致，这一时期的“相如文君戏”同样出现了很多丰富的作品。一直到民国，依然有以张恨水为代表的“鸳鸯蝴蝶派”在续写这样的才子佳人模式，而鲁迅更是在《中国小说史略》中将才子佳人小说另辟一类，归为人情小说[①]。直至当代，网络言情小说依然没有逃脱出才子佳人模式的窠臼。可见无论是戏剧演绎还是小说，诸如“相如文君戏”的才子佳人模式都有着永久的生命力。

（三）婚恋观的不同解读

当“聘则为妻，奔则为妾”[②]的伦理道德观念深入人心后，人们不约而同地秉持着“父母之命，媒妁之言”的婚姻观念。在漫长的封建社会历史洪流中，男女的自由恋爱均不被认可，像卓文君这般大胆，在当时能够与司马相如私奔的举动，更会受到世俗的唾弃。《史记》中便可看到司马迁借卓王孙之口再现了当时社会人们对于私奔的看法，父亲可以抛弃女儿，就因为他们的婚姻没有符合当时大家统一的婚恋观。

发展到明代的“相如文君戏”却出现了转折，文人们开始具有鲜明的反封建思想，开始讴歌相如文君私订终身，赞美他们能够大胆自由地追求爱情，他们的私奔出逃不再是文人笔下需要回避的部分，而是被放大、被赞扬的要素。卓文君的形象也由古代妇女遵守“三从四德”转变成为爱情勇于挣脱封建枷锁的、具有自由思想意识的女性形象，这在当时成为晚明戏剧、小说创作的主流。

到了清朝，文人们由于思想的禁锢，对婚恋观的表达又转回前代，对相如文君的私奔均采取斥责态度。前文可看到黄燮清在《茂陵弦》中对卓文君私奔的不赞成，以及设计其他桥段来为此开脱。尤其是他在自序中说：“若文君者，固失节女子也。发乎情不能止乎礼义，而子必曲折写之，无乃犯绮语之戒，非《国风》之正乎？”“欲写相如，不能不兼写文君。非因写文君而始写相如也，阅者

---

① 鲁迅：《中国小说史略》，中华书局 2014 年版，第 24 篇《清之人情小说》。

②《礼记·内则》：“十有五年而笄，二十而嫁；有故，二十三年而嫁。聘则为妻，奔则为妾。凡女拜，尚右手。”

不以辞害志可也。故曰《茂陵弦》为相如作也。”[①]可以看出黄燮清对他们的婚姻是持批判态度的。

（四）雅俗共赏的审美表现

《史记》中相如文君的文本已经凸显雅俗共赏的审美表现，如前面用琴求知音的雅和他们在成都垆酒、涤器的接地气。后世创作的“相如文君戏”中更是完美表现了雅俗结合，形式上就采用了更容易为下层人民接受的戏剧表达方式。文人的艺术生活本就与普通老百姓的生活有隔层，如何将文人的雅气转化成能够为大众接受的风格，“相如文君戏”为此做了更好的尝试。

司马相如的有关事迹都是带有文人气息的，能够将其生活化的一面表现出来的正是他和卓文君的这段故事，而在“相如文君戏”中能够将琴瑟和鸣的一曲《凤求凰》与司马相如身着犊鼻裈展现给观众，更是对人物的立体与故事情节的动人做了很好的诠释。这样雅俗共赏的方式更是成为“相如文君戏”流传下去的不可或缺的因素。

四、结语

“相如文君戏”能够脱胎于《史记》，并流传千百年，自是得益于其文本的魅力与创作者在传唱中所做的继承与新变。不可忽视的是司马迁给这一故事做了完备的记录，更为人欣喜的是后世的文人们将其改头换面使其具有崭新的生命力。虽然在为数众多的“相如文君戏”中，只有很少的一部分能够成为代表，不像与之同类的《西厢记》那样经典，但仍然有其独特的价值，值得我们从中去领略当时的时代文化。

（魏巍，烟台理工学院文法学院，文学硕士。）

---

① 蔡毅：《中国古典戏曲序跋汇编》，齐鲁书社 1989 年版，第 2164 页。

新时代青年大学生要学习司马迁精神

刘向斌

坚持文化自信，坚守文化本位，继承祖国优秀的传统文化遗产，大力弘扬传统文化精神，这是新时代社会发展和文化建设的需要。因此，研究司马迁精神，继承和发扬司马迁精神，这应是人文社科研究者必须关注与思考的问题。

一、近年来司马迁精神研究述略

据中国知网数据库统计，以“司马迁精神”“司马迁×××精神”为题的学术论文共计56篇，仅2016年就发表了16篇之多。这说明，司马迁精神是近年来学界讨论的热点话题，值得我们关注。

从相关研究成果来看，多数论者立足于某个层面，用悲剧精神、实录精神、求实精神、生存精神、自由精神、侠义精神、多爱精神、信史精神、子学精神、创造精神、尚义精神、文士精神等来概括司马迁精神。当然，也有学者对司马迁精神予以多层面探讨。比如，张新科认为司马迁遭受腐刑后“能够及时调整自己的心理情绪，坚定自己的理想信念，以不屈的精神超越自己，以顽强的毅力战胜挫折，终于在奋进中创造了新的自我，创造了一部划时代的巨著”。就是说，坚定的理想信念、不屈的精神、顽强的毅力、在逆境中奋进是司马迁精神的基本内涵①。向晋卫认为，司马迁精神主要体现在使命意识、承担精神、人文

① 张新科：《唐前史传文学研究》，西北大学出版社2000年9月版，第152—162页。

关怀、批判精神和勇于开拓创新等方面[①]。牛蕊则提出，应学习司马迁追求、务实、进取和拼搏精神[②]。丁德科指出，“司马迁精神，一言以蔽之：礼义一统！司马迁《史记》贯穿始终的是，探究礼义、树立礼义、建设礼义一统的国家。这是司马迁毕其一生探究、尽其一书追求的理想。基本内容概括为四个方面：铁肩担道义，妙手著文章，理性并辩证，尚古更崇实”[③]。而邓紫晨则从苦难是财富、信仰是真正的精神支柱等两个层面，也对司马迁精神予以简要分析和评价[④]。

可见，研究者由于关注的视角不同，并受时代、观念、史识等因素影响，而对司马迁精神的概括各有侧重。这说明，司马迁精神的内涵很丰富，可探讨之处甚多，值得深入研究。实际上，研究司马迁精神，应着眼于价值取向、观念取向和榜样示范等方面。综合上述观点，司马迁精神的基本内涵主要有五个方面：坚定的理想信念，强烈的使命感和敢于担当的责任感，克服困难、超越挫折的毅力，求真、务实的作为意识和敢为天下先的开拓创新精神。

二、新时代青年大学生要学习司马迁精神

我国已进入新时代，正在向富强、民主、文明、和谐、美丽的国家发展目标

---

① 向晋卫在《司马迁精神与当代知识分子》一文中指出，“司马迁的知识分子特色主要体现在其‘为往圣继绝学’的使命感、以道自任的宗教承担精神、人文关怀精神、对现实的批判精神和勇于开拓创新等几个方面”。该文发表在《渭南师范学院学报》2002年第4期。

② 牛蕊在《学习司马迁精神，提高档案工作者自身素质》一文中指出，司马迁具有志存高远、创造辉煌事业的追求精神；坚持真理、实事求是的务实精神（体现在两个方面：深入实际、调查研究和尊重历史、秉笔直书）；刻苦钻研、博采众长的进取精神；忍辱负重、坚韧不拔的拼搏精神。该文发表在《机电兵船档案》2005年第1期。

③ 参见丁德科《大力弘扬司马迁精神》，《渭南师范学院学报》2015年10期。丁德科、马雅琴、梁建邦还联合撰写了《论司马迁精神》一文，又将司马迁精神进一步具体化：铁肩担道义的致世信仰，“妙笔著文章”的处事作为，“理性并辩证”的哲人思维特质，“尚古更崇实”的人文风范。该文发表于《渭南师范学院学报》2016年第1期。

④ 参见邓紫晨《司马迁精神——从〈史记〉说开》，《艺术科技》2016年第6期。

迈进。实现这一宏伟目标，就需要一代代有理想、有担当、能吃苦、善作为、敢创新的青年们协同接力。因此，继承和发扬司马迁精神，具有时代意义。

（一）学习司马迁理想信念不动摇的坚守精神

司马迁具有成圣成贤、立言不朽的坚定理想信念。他告诉上大夫壶遂："先人有言：'自周公卒五百岁而有孔子。孔子卒后至于今五百岁，有能绍明世，正《易传》，继《春秋》，本《诗》《书》《礼》《乐》之际？'意在斯乎！意在斯乎！小子何敢让焉。"[①]李陵之祸并没有动摇他"为往圣继绝学"、追求诗礼精神的理想信念，因为他期望自己的生命价值重于泰山，而非轻于鸿毛。[②]他告诉好友任安："仆虽怯耎（懦），欲苟活，亦颇识去就之分矣，何至自湛（沉）溺缧绁之辱哉！……所以隐忍苟活，函粪土之中而不辞者，恨私心有所不尽，鄙没世而文采不表于后世也。"[③]可见，对司马迁而言，成就一家之言、追求圣贤精神，远比挫折、羞辱与困难更为重要！[④]

司马迁在撰写《史记》时，非常重视揭示理想信念与人生道路选择之间的关系。比如，在《高祖本纪》中，写刘邦在咸阳见到秦始皇时感叹说："嗟乎，大丈夫当如此也！"[⑤]在《项羽本纪》中，写项羽看到秦始皇巡游会稽、渡浙江时的盛大场面，竟情不自禁地说："彼可取而代也。"[⑥]在《李斯列传》中，写李斯

---

① 司马迁：《史记》卷一三〇《太史公自序第七十》，中华书局 1982 年 11 月第 2 版，第 3296 页。

② 司马迁在《报任少卿书》中说，"人固有一死，死有重于泰山，或轻于鸿毛，用之所趋异也"。参见班固《汉书》卷六二《司马迁传第三十二》，中华书局 1962 年 6 月第 1 版，第 2732 页。

③ 参见《汉书》卷六二《司马迁传第三十二》，中华书局 1962 年版，第 2733 页。

④ 司马迁在《报任少卿书》中告诉任安，"仆窃不逊，近自托于无能之辞，网罗天下放失旧闻，考之行事，稽其成败兴坏之理……亦欲以究天人之际，通古今之变，成一家之言。草创未就，适遭此祸。惜其不成，是以就极刑而无愠色。仆诚以著此书，藏之名山，传之其人通邑大都，则仆偿前辱之责，虽万被戮，岂有悔哉！"参见《汉书》卷六二《司马迁传第三十二》，中华书局 1962 年版，第 2735 页。

⑤ 参见《史记》卷八《高祖本纪第八》，中华书局 1982 年版，第 344 页。

⑥ 参见《史记》卷七《项羽本纪第七》，中华书局 1982 年版，第 296 页。

的仓鼠、厕鼠之叹："人之贤不肖譬如鼠矣，在所自处耳！"[①]在《淮阴侯列传》中，太史公写道："吾如淮阴，淮阴人为余言，韩信虽为布衣时，其志与众异。其母死，贫无以葬，然乃行营高敞地，令其旁可置万家。余视其母冢，良然。"[②]韩信甘遭胯下之辱而隐忍不发，是因为成就功名比眼前的羞辱更重要。在《陈涉世家》中，写陈胜少有大志："陈涉少时，尝与人佣耕，辍耕之垄上，怅恨久之，曰：'苟富贵，无相忘。'庸者笑而应曰：'若为庸耕，何富贵也？'陈涉太息曰：'嗟乎，燕雀安知鸿鹄之志哉！'"[③]正是因为这些历史人物都有远大抱负，故而刘邦最终成为开国皇帝，项羽亦成为叱咤风云的西楚霸王，李斯则位尊丞相，韩信曾统帅三军，而陈胜则首发起义、拉开了推翻秦王朝的历史序幕。可见，司马迁通过《史记》告诉我们，胸怀远大的理想抱负，并坚守理想信念不动摇，这是走向成功的动力源泉。

就司马迁个人而言，如果没有坚定的理想信念，他就不会选择遭受腐刑的耻辱；如果在苦难面前选择了退却，他不会有伟大的《史记》流传后世；如果理想信念不坚定、有动摇，他可能只是一个凡人，绝不会成为流芳千古的"史圣"。因此，坚定的理想信念可以成就伟业、可以成就人生、可以使人强大起来。新时代的青年大学生，应像司马迁一样，要有坚定的理想信念，并为此而奋斗终生。

（二）学习司马迁敢于担当的崇高品格

司马迁是一位负责任的史官，有着强烈的历史使命感和勇于担当的社会责任感。他位卑官小、俸禄低微，却有着为国效力的担当意识。他始终认为，建立"礼仪一统"的国家、探究社会发展规律、褒扬历史人物，就是他必须肩负的神

---

① 据《史记·李斯列传》，"李斯者，楚上蔡人也。年少时，为郡小吏，见吏舍厕中鼠食不洁，近人犬，数惊恐之。斯入仓，观舍中鼠，食积粟，居大庑之下，不见人犬之忧。于是李斯乃叹曰：'人之贤不肖譬如鼠矣，在所自处耳！'"参见《史记》卷八七《李斯列传第二十七》，中华书局 1982 年版，第 2539 页。

② 参见《史记》卷九二《淮阴侯列传第三十二》，中华书局 1982 年版，第 2629—2630 页。

③ 参见《史记》卷四八《陈涉世家第十八》，中华书局 1982 年版，第 1949 页。

圣使命。

在《太史公自序》中，司马迁追叙了“世典周史”的祖先遗业，回忆了父亲的临终嘱托与教诲，决意继承先祖遗业、完成父亲遗志、履行太史职责。他也知道，孔子作《春秋》之时，曾克服了各种困难、面对过多重挑战。[①]但是，这种敢于担当的圣贤精神，正是他所要追求的人生目标。而且，《春秋》“上明三王之道，下辨人事之纪，别嫌疑，明是非，定犹豫，善善恶恶，贤贤贱不肖，存亡国，继绝世，补敝起废”[②]，旨在建立“礼义”秩序，功在拨乱反正、针砭时弊、引领时代风气。无论是有国者、为人臣者，还是为人君父者、为人臣子者，都须明《春秋》之义、懂礼仪之道。否则，社会必将陷于“君不君，臣不臣，父不父，子不子”[③]的混乱中。这说明，构建社会秩序、遵从礼义大宗，建立“礼义一统”的国家秩序，就是他应该肩负的神圣责任。[④]这也是他坚持编纂《史记》的主要原因。

总之，司马迁明于使命、敢于担当的崇高品格令人钦佩。从《史记》中，我

---

① 据《史记》卷一三〇《太史公自序第七十》载，“周道衰废，孔子为鲁司寇，诸侯害之，大夫壅之。孔子知言之不用，道之不行也，是非二百四十二年之中，以为天下仪表，贬天子、退诸侯、讨大夫，以达王事而已矣”。参见中华书局 1982 年版，第 3297 页。

② 参见《史记》卷一三〇《太史公自序第七十》，中华书局 1982 年版，第 3297 页。

③ 据《史记》卷一三〇《太史公自序第七十》载，“故有国者不可以不知《春秋》，前有谗而弗见，后有贼而不知。为人臣者不可以不知《春秋》，守经事而不知其宜，遭变事而不知其权。为人君父而不通于《春秋》之义者，必蒙首恶之名。为人臣子而不通于《春秋》之义者，必陷篡弑之诛，死罪之名。其实皆以为善，为之不知其义，被之空言而不敢辞。夫不通礼义之旨，至於君不君，臣不臣，父不父，子不子。夫君不君则犯，臣不臣则诛，父不父则无道，子不子则不孝。此四行者，天下之大过也。以天下之大过予之，则受而弗敢辞。故《春秋》者，礼义之大宗也。夫礼禁未然之前，法施已然之后；法之所为用者易见，而礼之所为禁者难知”。参见中华书局 1982 年版，第 3298 页。

④ 据《史记》卷一三〇《太史公自序第七十》载，“汉兴以来，至明天子，获符瑞，封禅，改正朔，易服色，受命於穆清，泽流罔极，海外殊俗，重译款塞，请来献见者，不可胜道。臣下百官力诵圣德，犹不能宣尽其意。且士贤能而不用，有国者之耻；主上明圣而德不布闻，有司之过也。且余尝掌其官，废明圣盛德不载，灭功臣世家贤大夫之业不述，堕先人所言，罪莫大焉”。参见中华书局 1982 年版，第 3299 页。

们可以感受其继往开来的生命价值追求、探求社会发展规律的作史用意、忠实履行太史职责的奉献精神。这正是新时代大学生们应该学习的地方。

（三）学习司马迁超越挫折的抗压精神

人生不可能一帆风顺，难免会遭遇各种挫折。但在面对挫折时，软弱的人很可能会选择退缩，坚强的人可能会愈挫愈奋，具有坚定理想信念的人必然会坚持到底、永不言弃。而对挫折的不同态度，自会导向不同的人生道路：有人会一蹶不振，悲观失望，甚至消极避世；有人会趋媚权贵，与世沉浮，甚至同流合污；也有人则因此而奋起努力，超越挫折，走向人生的辉煌。司马迁自然属于后者。

在挫折面前，司马迁没有选择退却，更没有趋媚流俗、丧失立场，而是坚持真理，超越挫折，勇敢前行。遭受腐刑后，他没有中断创造活动，而是主动调整情绪，“解除苦恼、郁闷等情绪困扰所带来的不良影响，在挫折中奋进。司马迁不仅在理性上战胜了挫折，而且在实践中也要战胜挫折”[①]。正是因为司马迁有构建礼义一统的理想信念，有编纂史书的书写能力，有为国家未来着想的担当意识，他才会“就极刑而无愠色”。他告诉任安：“故祸莫憯（惨）于欲利，悲莫痛于伤心，行莫丑于辱先，诟莫大于宫刑。”[②]这种辱没祖先、令人羞耻终身的宫刑，确实曾让司马迁一度消沉、情绪低落。在人生的十大屈辱中，最让他难以忍受的就是腐刑！[③]腐刑让他心神煎熬、神情恍惚：“是以肠一日而九回，居则忽忽若有所亡，出则不知其所往。每念斯耻，汗未尝不发背沾衣也！”[④]而且，司马迁并不想做“闺阁之臣”，何尝不想一死了之！但他发现，姬昌、李斯、韩

① 参见张新科《唐前史传文学研究》，第 158 页。

② 参见《汉书》卷六二《司马迁传第三十二》，中华书局 1962 年版，第 2727 页。

③ 司马迁在《报任少卿书》中告诉好友任安：“太上不辱先，其次不辱身，其次不辱理色，其次不辱辞令，其次诎体受辱，其次易服受辱，其次关木索被箠楚受辱，其次鬄（剔）毛发婴金铁受辱，其次毁肌肤断支体受辱，最下腐刑极矣。”参见《汉书》卷六二《司马迁传第三十二》，中华书局 1962 年版，第 2732 页。

④ 参见《汉书》卷六二《司马迁传第三十二》，中华书局 1962 年版，第 2736 页。

信、彭越、张敖、周勃、窦婴、季布、灌夫等古今历史人物，虽然也曾遭受过人生磨难，忍受过各种屈辱，但他们并没有“引决自裁”①，而是选择了继续活下去。他们活着的理由可能各不相同，但努力活着或许就是最大的理由。只有活着，才有实现抱负的可能。司马迁勇敢地选择了在屈辱中活着，因为他的梦想与抱负没有实现，他必须努力活下去。只有这样，他才能施展才华、完成父亲遗愿、实现人生梦想。更何况，古圣先贤们遭遇困厄时并没有颓废，而是发愤著述，“思垂空文以自见”，立言以不朽！②这正是司马迁超越挫折、能够抗压的精神动力！

可见，只要有理想、有本领、有担当，就能战胜挫折、有所作为。希望新时代的青年大学生们不要被眼前的困难所吓倒，要将挫折转化为追求梦想的动力。只要心中有梦想，人生就有希望！面对挫折时，埋怨要不得，消沉要不得，抑郁要不得，逃避要不得，自杀更要不得，因为人的生命只有一次！如果想让你的人生更加绚烂多彩，首先须学好本领，学会在困难、挫折中历练自我。所以，要向司马迁学习，学习他超越挫折、愈挫愈奋、勇敢前行的抗压精神。

（四）学习司马迁求真、务实的处事风格

司马迁是一位求真、务实的史学家，具有令人钦佩的敬业精神。他遵循社会历史的发展规律，认为推动历史前进的主导力量不只是王侯将相，游侠、刺客、引车卖浆者也具有积极的推动作用。他将陈胜列入“世家”，与孔子等列，正说明了这一点。秉持这种进步史观，使得《史记》不仅再现了秦汉真实的历史，也还原了秦汉之前的历史真实。东汉班彪称赞《史记》“善序事理，辨而不华，质而不俚，其文直，其事核，不虚美，不隐恶”，并对司马迁的“实录”精神颇为

① 参见《汉书》卷六二《司马迁传第三十二》，中华书局1962年版，第2733页。

② 据《汉书》卷六二《司马迁传第三十二》载录司马迁《报任少卿书》中云：“古者富贵而名摩灭，不可胜记，唯倜傥非常之人称焉。盖西伯拘而演《周易》；仲尼厄而作《春秋》；屈原放逐，乃赋《离骚》；左丘失明，厥有《国语》；孙子膑脚，《兵法》修列；不韦迁蜀，世传《吕览》；韩非囚秦，《说难》《孤愤》；《诗》三百篇，大氐（底）圣贤发愤之所为作也。此人皆意有所郁结，不得通其道，故述往事，思来者。乃如左丘无目，孙子断足，终不可用，退论书策以舒其愤，思垂空文以自见。”参见中华书局1962年版，第2725页。

钦佩①。追求“实录”，就是一种求真、务实的处事风格。

首先，采用文献查阅与田野调查相结合的著史方法，具有求真、务实的作史意识。司马迁二十岁游历南北，探求历史遗迹，了解圣贤逸事，感受民风、民俗，通过田野调查获取历史知识、追寻历史真相。他“南游江、淮，上会稽，探禹穴，窥九疑，浮于沅、湘；北涉汶、泗，讲业齐、鲁之都，观孔子之遗风，乡射邹、峄；戹困鄱、薛、彭城，过梁、楚以归”，这样的人生阅历，为他著述《史记》奠定了良好的基础。他也曾“奉使西征巴、蜀以南，南略邛、笮、昆明”②，对西南地区也有了解。同时，他广泛阅读文献，“史记石室、金匮之书”③，在长达五年的时间里，积累了丰富的资料。《史记》人物传记中有大量的逸闻趣事，写得非常生动，应与他的亲身调研密切相关。比如，《高祖本纪》写刘母蛟龙附体的神异故事，《项羽本纪》写刘邦三次推儿女下车的故事，《陈涉世家》写鱼腹藏书的故事，《陈丞相世家》描写陈平分社肉的故事，《李斯列传》描写李斯的仓鼠、厕鼠之叹，《屈原贾生列传》对屈原“行吟泽畔”的描写，《淮阴侯列传》写韩信遭胯下之辱的故事等等，都生动真实、形象鲜活。因此，求真、务实的处事风格成就了司马迁，也成就了他的《史记》。

其次，“不虚美，不隐恶”，不“为尊者讳”，具有求真、求实的著史观念。孔子著《春秋》，一字含褒贬。这种“春秋笔法”，为司马迁所继承，并发扬光大。他为帝王将相等历史人物作传时，不是站在“尊者”的角度看问题，而是

---

① 据《汉书》卷六二《司马迁传第三十二》赞曰：“司马迁据《左氏》《国语》，采《世本》《战国策》，述《楚汉春秋》，接其后事，讫于天汉。其言秦汉，详矣。至于采经摭传，分散数家之事，甚多疏略，或有抵梧。亦其涉猎者广博，贯穿经传，驰骋古今，上下数千载间，斯以勤矣。又其是非颇缪于圣人，论大道则先黄老而后六经，序游侠则退处士而进奸雄，述货殖则崇势利而羞贱贫，此其所蔽也。然自刘向、扬雄博极群书，皆称迁有良史之材，服其善序事理，辨而不华，质而不俚，其文直，其事核，不虚美，不隐恶，故谓之实录。”参见中华书局1962年版，第2737—2738页。班彪站在儒学独尊的时代立场，批评司马迁“是非颇缪于圣人，论大道则先黄老而后六经”，可谓不无依据。而在司马迁时代，黄老思想曾统治西汉近七十年之久，并有力地推动了社会的发展。因此，《史记》“先黄老而后六经”符合历史史实，并无失当之处。

② 参见《史记》卷一三〇《太史公自序第七十》，中华书局1982年版，第3293页。

③ 参见《史记》卷一三〇《太史公自序第七十》，中华书局1982年版，第3296页。

站在“人”的角度上揭示真相。比如，司马迁明知刘邦是“龙种”的故事属于附会，但还是记录了下来。他说“蛟龙附体”之事非别人所言，而是刘太公“亲眼”所见①。即使造假，也是刘太公主谋。不言自明，讥讽之意蕴含其中。为了真实再现刘邦其人的特点，他在本传中多采取正面描写，而在别人的传记中则多进行侧面描写：《项羽本纪》中写刘邦的“自私”、机智，《淮阴侯列传》中写刘邦的多疑，《刘敬叔孙通列传》中写刘邦的粗鲁等。再如，《吕后本纪》中，他这样描写吕太后处置戚夫人：“太后遂断戚夫人手足，去眼，煇耳，饮瘖药，使居厕中，名曰‘人彘’。”②显然，他意在揭露吕后嫉妒残忍、没有人性的一面，批判、讥讽尽在其中。西汉史属“当代史”，司马迁却如此直率描写、述说，体现了他求真、求实的著史观念。

第三，尊重社会发展的客观规律，竭力还原历史真实，具有求真、务实的史家立场。古代史家往往立足于统治者立场，过度夸大帝王将相的功绩，而忽视了普通人的作用，因而将史书写成帝王的家史、文臣武将的功劳史。而《史记》虽以帝王、诸侯、将相、功臣、贤士为主体，但并未忽视下层人物的历史作用。比如，陈胜出身贫贱，司马迁却将他列入“世家”，与萧何、陈平、孔子等列。《史记》还将刺客、游侠、佞幸、滑稽、日者、龟策等各行各业的代表人物事迹记录了下来。在《刺客列传》中，他称赞曹沫、专诸、豫让、聂政、荆轲等刺客“立意较然，不欺其志，名垂后世”。在《游侠列传》中，他称赞朱家、郭解等游侠虽为“布衣”，但“其言必信，其行必果，已诺必诚，不爱其躯，赴士之厄困”，具有“以功见言信”的“侠客之义”。在《佞幸列传》中，他历数籍孺、闳孺、邓通、赵谈、北宫伯子、周文仁、韩嫣、韩说、李延年等汉皇所幸佞臣，认为他们皆以色幸而贵重一时，曾影响了统治者的决策和社会发展方向。在《滑稽列传》中，他称赞淳于髡、优孟、优旃、郭舍人、东方朔、东郭先生等虽身为俳优，却借诙谐、幽默的方式谏言献策，“谈言微中，亦可以解纷”，同样有

---

① 据《史记》卷八《高祖本纪第八》载，“父曰太公，母曰刘媪。其先刘媪尝息大泽之陂，梦与神遇。是时雷电晦冥，太公往视，则见蛟龙于其上。已而有身，遂产高祖”。参见中华书局1982年版，第341页。

② 参见《史记》卷九《吕太后本纪第九》，中华书局1982年版，第397页。

历史贡献。他们也是推动社会发展的力量。这种还原历史真相的求真、务实精神，确实值得我们学习。

（五）学习司马迁敢为天下先的开拓创新精神

据《史记·太史公自序》，司马迁告诉壶遂，倘若他“废明圣盛德不载，灭功臣世家贤大夫之业不述，堕先人所言”，则“罪莫大焉”。他自称只是“述故事，整齐其世传，非所谓作也”①。司马迁自谓“述而不作”，当然是自谦之辞。其实，《史记》具有明显的创“作”意识，体现了司马迁的开拓创新精神。

首先，司马迁开创性地设计了“本纪”“表”“书”“世家”“列传”五种体例。“本纪”的功用在于“原始察终，见盛观衰”；“表”则用于解决“并时异世，年差不明”的问题；“书”的作用是“天人之际，承敝通变”；“世家”则褒扬“忠信行道”；“列传”则为了“扶义俶傥，不令已失时，立功名于天下”②。如此完备而颇具创新性的史传体例，为后世史家开了先河。

其次，《史记》按照以类相从的原则，开创性地将同一类型或有生活交集的历史人物合传介绍。比如，《外戚世家》《管晏列传》《老子韩非列传》《屈原贾生列传》《鲁仲连邹阳列传》《孟子荀卿列传》《扁鹊仓公列传》《游侠列传》《刺客列传》《滑稽列传》《佞幸列传》等，就是采用以类相从的原则。而《廉颇蔺相如列传》《白起王翦列传》《魏其武安侯列传》等，则是基于这些历史人物之间有生活的交集。合传是司马迁《史记》的新创之举，并为后世史家所效法。

第三，他为其他民族作传，也是前无古人的开创之举。他追溯各民族历史，并在推动社会发展中的作用方面，给予各民族相应的历史地位。例如，《匈奴列

---

① 参见《史记》卷一三〇《太史公自序第七十》，中华书局 1982 年版，第 3299—3300 页。

② 据《史记》卷一三〇《太史公自序第七十》，“罔罗天下放失旧闻，王迹所兴，原始察终，见盛观衰，论考之行事，略推三代，录秦汉，上记轩辕，下至于兹，著十二本纪，既科条之矣。并时异世，年差不明，作十表。礼乐损益，律历改易，兵权山川鬼神，天人之际，承敝通变，作八书。二十八宿环北辰，三十辐共一毂，运行无穷，辅拂股肱之臣配焉，忠信行道，以奉主上，作三十世家。扶义俶傥，不令己失时，立功名于天下，作七十列传。凡百三十篇，五十二万六千五百字，为太史公书”。参见中华书局 1982 年版，第 3319 页。

传》《南越列传》《东越列传》《朝鲜列传》《西南夷列传》《大宛列传》等，将匈奴、南越、东越、朝鲜、西南夷、大宛等民族置于平等地位，突破了“华夷之防”的传统观念，可谓胆量超人。这也说明，他具有关注人类命运共同体的“国际视野”。

第四，司马迁不从流俗，自有主见，敢发前人所未发。比如，在《伯夷列传》中，他质疑上天之不公，说明他有自己的独到理解，并非盲从陈词滥调①。在《陈涉世家》中，司马迁记录了陈胜的一句名言：“且壮士不死即已，死即举大名耳，王侯将相宁有种乎！”②不要说在讲究等级的汉代社会，即使在今天，这句话仍然有振聋发聩的宣言色彩。

总之，上述四个方面，说明司马迁具备勇于创新的精神，具有追求平等、敢于质疑的学术情怀。这种精神，同样值得我们学习、效法。

三、为什么要学习司马迁精神

学习司马迁精神，这是提振当代大学生精神风貌的需要。改革开放近四十年来，市场经济推动了社会、经济与文化的巨大变化，也培育了自私自利、贪图享乐、看重交换、唯利是图等精神副产品。受其影响，青年大学生的价值观和精神风貌表现出多样性特点，并至少存在以下五个方面问题：

第一，尊崇利己、重视交换。他们“自我”意识很强，总是站在自我立场上思考问题、观照世界。他们推崇“利己”，活学活用交易、投资等市场规则，关注“立竿见影”的眼前效益，具有将奉献与利益挂钩的思维定式，堪称新时代

---

① 据《史记》卷六一《伯夷列传第一》载，“或曰：‘天道无亲，常与善人。’若伯夷、叔齐，可谓善人者非邪？积仁絜行如此而饿死！且七十子之徒，仲尼独荐颜渊为好学。然回也屡空，糟糠不厌，而卒蚤夭。天之报施善人，其何如哉？盗蹠日杀不辜，肝人之肉，暴戾恣睢，聚党数千人横行天下，竟以寿终。是遵何德哉？此其尤大彰明较著者也。若至近世，操行不轨，专犯忌讳，而终身逸乐，富厚累世不绝。或择地而蹈之，时然后出言，行不由径，非公正不发愤，而遇祸灾者，不可胜数也。余甚惑焉，傥所谓天道，是邪非邪？”参见中华书局1982年版，第2124—2125页。

② 参见《史记》卷四八《陈涉世家第四十八》载，中华书局1982年版，第1952页。

“绝对精致的利己主义者”①。

第二，不愿吃苦，追慕“享乐”。不想吃苦、不敢吃苦、不能吃苦是当下大学生的“通病”，因此“抗压”能力较差，面对挫折无所适从。他们羡慕、崇拜娱乐明星，渴望“一夜成名”，不愿“苦尽甘来”，期待一步到位，重视感官享受，物欲化倾向比较明显。

第三，善于承诺，轻视践行。他们可在“诚信承诺书”中签字，也可随口保证，但事后并不认真履行。他们崇尚取巧，学习应付，作业抄袭，论文代写。这些不诚信现象，已成高校社会的“痼疾”。

第四，责任感不强，担当意识淡漠。他们遵从“事不关己，高高挂起”的处世原则，对社会问题视而不见！而且善推责任、缺乏担当。做错了事，不自我反思，而归因于他人或外在环境：考试不及格，不反思自己学习是否刻苦，却责怪老师改卷太严；找工作不如意，不思考如何改变自我，反而责怪父母无能。

第五，理想信念的物化倾向明显。多挣钱、开好车、住豪宅、享美食、穿名牌，就是他们的理想信念，完全被物化了！

虽然在各高校中，也不乏有理想、有信念、积极进取、关心国家、具有集体协作观念的青年大学生，但这些价值观偏离、理想信念错位的现象确实令人担忧。因此，向司马迁学习，以司马迁精神为引领，有助于重塑青年大学生的价值观。

学习司马迁精神，也是新时代国家建设与社会发展的需要。习近平在十九大报告中指出，我国已进入“新时代”“中华民族迎来了从站起来、富起来到强起来的伟大飞跃，迎来了实现中华民族伟大复兴的光明前景”。而作为实现中国梦的未来接力者，新时代青年大学生至少需要具备五种精神：

一是要有坚定的理想信念。进入新时代，解决好“人民日益增长的美好生活

① 钱理群在《大学里绝对精致的利己主义者》一文中说：“所谓‘绝对’，是指一己利益成为他们言行的唯一的、绝对的直接驱动力，为他人做事，全部是一种投资。‘精致’指什么呢？他们有很高的智商，很高的教养，所做的一切都合理合法、无可挑剔。他们惊人地世故、老成，故意做出忠诚姿态，很懂得配合、表演，很懂得利用体制的力量来达成自己的目的。……而这样的人，一旦掌握了权力，其对国家、民族的危害，是大大超过那些昏官的。”参见《南方周末》2016 年 11 月 23 日。

需要和不平衡不充分的发展之间的矛盾”，每个人必须有坚定的理想信念，始终把实现中华民族伟大复兴作为奋斗目标，而不能有一丝一毫的动摇。

二是要有吃苦奉献精神。如果没有吃苦精神、没有奉献意识，则“中国梦”很难实现。习近平指出，“中华民族伟大复兴，绝不是轻轻松松、敲锣打鼓就能实现的。全党必须准备付出更为艰巨、更为艰苦的努力”。在圆梦路上，每个人都要有吃苦、奉献的精神准备。

三是要敢于创新。创新是推动时代发展的动力源泉。各行各业的劳动者，都要坚持创新、敢于创新、勇于创新，“不断推进理论创新、实践创新、制度创新、文化创新以及其他各方面创新”。切不可固步自封、愚顽不化，更不能目光短浅、贪图眼前。创新精神，是新时代社会发展的内驱力。

四是要有文化自信。实现中华民族的伟大复兴，必须立足于中华文化的沃土。中华文化是凝心聚力的纽带，是团结协作的基础。有了文化自信，就有了前进的动力和持久发展的力量，因为“文化自信是一个国家、一个民族发展中更基本、更深沉、更持久的力量”。因此，继承优秀传统文化遗产，坚守文化本位，“不忘本来”，才能面向未来。

五是要勇于担当。国家的未来、民族的希望，都需要具有担当意识、富有责任感的青年才俊去努力、去拼搏。“青年兴则国家兴，青年强则国家强。青年一代有理想、有本领、有担当，国家就有前途，民族就有希望。”当代青年大学生要勇于担当、敢于担当，这事关国家的前途、民族的希望。

总之，司马迁精神与时代需要相契合。因此，我们要结合新时代社会、文化发展的需要，认真挖掘司马迁精神的丰富内涵，大力弘扬司马迁精神，积极倡导青年大学生向司马迁学习。这既是提振新时代青年大学生精神风貌的重要途径，更是新时代社会发展的迫切需要。

（刘向斌，延安大学文学院教授、硕士研究生导师，陕西省司马迁研究会常务理事。）

《史记》相关研究

中华民族是一个诗性民族，早在文字产生以前便有了原始先民口头的歌唱，周孔时代的『三百篇』更是树立了一座令人瞩目的诗歌高峰。中国诗学历史同样源远流长。

《班马异同评》作者、版本和体例考述①

王晓鹃

"马班异同"是一个引人注目的传统话题，又称"史汉异同"或"马班优劣论"。自从《史记》与《汉书》两书问世以后，马班齐名，《史》《汉》并论，故马班异同的问题自然被提出来。尽管历代关于马班异同的专著不多，但研究《史记》的人大都要涉及这一话题，所以散论、笔记以及相关论说并不少。其中，《班马异同评》便是一部发轫名作。本文就《班马异同评》的作者、版本以及体例等几个问题做一些梳理，以求教于方家。

一

关于《班马异同评》的作者，旧本有些题做宋倪思撰，有些题做元刘辰翁撰。明代大学士杨士奇《班马异同》跋语曰：

> 右《史汉异同》，近从邹侍讲借录，凡三册。此书吾郡前辈家有之，相传作于须溪，而编内不载。观其评论批点，臻极精妙，信非须溪不能。然《文献通考》云："倪思撰《班马异同》三十五卷。"思以班史仍《史记》之旧而多删改，务趣简严，或删而遗其事实，或改而失其本意，因其异可以知其优劣，所论政与今所录者合，而卷数亦同。岂非书作于倪，而评论批点出于须溪邪？永乐壬寅八月既望，庐陵杨

① 本文为国家社科基金重大项目"中外《史记》文学研究资料整理与研究"（项目编号 13&ZD111）、国家社科后期资助项目"《班马异同评》整理与研究"（项目编号 16FZW011）阶段性成果。原文以《〈班马异同评〉研究三题》为题目，发表于《陕西师范大学学报》2016 年第 1 期。

士奇识。①

汪佃《序刻班马异同后》亦云：

倪思氏又合二书校其异同，凡迁盈辞固所刊落者竖抹其旁，窜定增益者细书于下，若仍旧文则起止以属之，以故简帙甚约。……相传出刘须溪氏，今亦无所考。或者即出思手，盖据其异同而附著所见云耳。

杨士奇（1366—1444）认为《班马异同评》的评语"臻极精妙"，应该不会出自倪思之手。倪思（1147—1220），字正甫，南宋湖州归安（今浙江湖州）人，乾道二年（1166）进士，著有《齐山甲乙稿》《兼山集》《经锄堂杂志》等。倪思虽然是南宋知名学者，但是并不擅长点评，故杨士奇猜测"岂非书作于倪，而评论批点出于须溪邪？"杨士奇的跋语作于永乐壬寅（1422），汪佃（生卒年不详）序文作于嘉靖丁酉（1537）。尽管已过去一百余年，但明初人对此书的作者究竟是倪思抑或刘辰翁显然和汪佃一样更加模棱两可。那么，《班马异同评》的作者到底是谁？在讨论这一问题前，有必要对《班马异同》一书先做一介绍。

关于《班马异同》，目前最早的记载见于南宋陈振孙《直斋书录解题》卷一四：

《马班异辞》三十五卷（卢文弨校本作《班马异辞》）：倪思撰。以班史仍《史记》之旧而多删改，大抵务趋简严，然或删而遗其事实，或改而失其本意。因其异，则可以知其笔力之优劣，而又知作史述史之法矣。②

马端临《文献通考》卷二〇〇也著录道：

《班马异同》三十五卷：陈氏曰倪思撰，以班史仍《史记》之旧，而多删改，大抵务趋简严，然或删而遗其事实，或改而失其本意，因

① 《班马异同评》，明嘉靖十六年李元阳刻本，以下出现的《班马异同评》引文，均出于此本，兹不赘述。

② 陈振孙：《直斋书录解题》，上海古籍出版社1987年版，第431页。

其异则可以知其笔力之优劣，而又知作史述史之法矣。[①]

显然，马端临的记载实出自陈振孙。除此二书外，明彭大翼《山堂肆考》卷一二三、朱睦㮮《万卷堂书目》卷二、陈鸿墀《全唐文纪事》卷一一〇、李培《（万历）秀水县志》卷七、罗炌《（崇祯）嘉兴县志》卷一八、冯继科《（嘉靖）建阳县志》卷五、钱谦益《绛云楼书目》卷一、清官修《清通志》卷一一一、嵇曾筠《（雍正）浙江通志》卷二四三、季振宜《季沧苇藏书目》、梁玉绳《史记志疑》卷六、刘毓崧《通义堂文集》卷五、钱曾《钱遵王述古堂藏书目录》卷三、王太岳《四库全书考证》卷二五、祝文郁《（康熙）宁化县志》卷六、李亨特《（乾隆）绍兴府志》卷七七、宗源瀚《（同治）湖州府志》卷五七等，都明确记载《班马异同》35 卷系南宋倪思所撰。

因此，倪思撰写《班马异同》35 卷是毫无疑问之事。那么，包括杨士奇在内的后人为什么会对此产生疑问和误解？原因可能正如《四库全书总目》卷四五“史部·正史类一”《班马异同》条所云：

旧本或题宋倪思撰，或题刘辰翁撰。杨士奇《跋》曰：“《班马异同》三十五卷，相传作于须溪。观其评泊批点，臻极精妙，信非须溪不能。而《文献通考》载为倪思所撰，岂作于倪，而评泊出于须溪耶？”其语亦两持不决。案《通考》之载是书，实据《直斋书录解题》，使果出于辰翁，则陈振孙时何得先为著录？是固可不辨而明矣。[②]

四库馆臣可谓一语道破实质。刘辰翁（1232—1297），字会孟，庐陵人（今江西吉安），宋亡以后隐居不仕，埋头著书，以此终老，其文集散佚，仅存《四景诗》及《须溪记钞》等。吴企明认为刘辰翁“卒于元成宗元贞三年（1297）”[③]。陈振孙（1179—1262），字伯玉，号直斋，南宋著名目录学家，何广棪考订其“卒于景定三年（1262）”[④]。《文献通考》所据材料来自《直斋书录解题》。如果《班

① 马端临：《文献通考》卷二〇〇，中华书局 1986 年版，第 1675 页。

② 四库全书研究所：《钦定四库全书总目》，中华书局 1997 年版，第 620 页。

③ 吴企明：《刘辰翁年谱》，《中国韵文学刊》1990 年第 2 期。

④ 何广棪：《陈振孙生卒年新考》，《文献》2001 年第 1 期。

马异同》真的出自刘辰翁之手，比刘辰翁年长 53 岁的陈振孙又是如何未卜先知的？显然，这是杨士奇疏于考证。此外，《四库全书总目》卷四六“史部·正史类”存目《班马异同评》条又著录道：

旧无专刻，仅附倪思书以行，然究为以辰翁之书乱思之书，故有疑《班马异同》即为辰翁作者。今各著录，俾两不相淆焉。①

叶德辉《郎园读书志》卷三辨析得更清楚：

《文献通考》以为倪思撰者，明引陈氏曰，即《直斋书录解题》也。陈氏先于须溪，使果为须溪之书，《直斋》胡为著录？缘当时须溪评点诸书风行，坊肆刻是书者，但题须溪名，不题撰人名，故士奇未之深考，遂有此两可之词。亦足见须溪议论入人之深，故使读者数典而忘其祖矣。②

至此，《班马异同评》一书的作者流变就十分清晰了：《班马异同》35 卷，《直斋书录解题》题作倪思《马班异辞》（卢文弨《直斋书录解题》校本作《班马异辞》）。旧未有刻本，明代嘉靖十六年李元阳付梓时，据《文献通考》题作《班马异同》，明人又称《史汉异同》。元人刘辰翁所增五万余字的评语与之合刻，则称《班马异同评》。明清以来的许多目录书记载的就是这种合刻本，如《新编天一阁书目》著录道：

《史汉异同》三十五卷，宋倪思撰，元刘会孟评，明李元阳校。③

明祁承㸁《澹生堂藏书目》记载道：

《班马异同》三十五卷，六册，宋倪思辑，元刘孟会评。④

---

① 四库全书研究所：《钦定四库全书总目》，中华书局 1997 年版，第 642—643 页。

② 叶德辉：《郎园读书志》，明文书局 1990 年版，第 270—271 页。

③ 骆兆平：《新编天一阁书目》，中华书局 1996 年版，第 99 页。

④ 祁承㸁：《明人书目题跋丛刊》，书目文献出版社，1993 年版，第 966 页。

清丁丙《善本书室藏书志》卷六亦云：

《班马异同》三十五卷：明刊本，鲍氏知不足斋藏书，宋倪思编，刘辰翁评。①

钱泰吉《甘泉乡人稿》卷八亦曰：

《班马异同》三十五卷，嘉靖丁酉福建刊本，盖刘须溪评点，倪文节公思之书也。道光癸巳，衎石兄赠余。倪公尝为迁史删改《古书异辞》十二卷，见《直斋书录解题》，今失传。《班马异同》，《书录解题》作《马班异辞》，谓因其异则可以知其笔力之优劣，而又知作史述史之法，可谓得倪公著书之大旨，然以入类书类，殊不协。《四库》著录正史类，亦称其有功史学。②

此外，丁仁《八千卷楼书目》卷四、嵇璜《续通志》卷一五八艺文略、陆心源《皕宋楼藏书志》卷一八史部、徐乾学《憺园文集》卷一五、永瑢《四库全书总目》卷四五史部、许瑶光《（光绪）嘉兴府志》卷八〇等，都曾著录倪思撰、刘辰翁评《班马异同》一书。

综上，倪思所撰《班马异同》，《直斋书录解题》题作《马班异辞》，卢文弨《直斋书录解题》校本作《班马异辞》，《文献通考》改题倪思《班马异同》，明代亦作《史汉异同》，此书与刘辰翁评语合刻，则题为《班马异同评》，可谓一书五名。由于刘辰翁评语是《班马异同评》的重要组成部分，明初刘辰翁评点之书又十分流行，以至于人们忽略了《班马异同》的真正作者倪思，而认为此书出自刘辰翁之手，以致以讹传讹。

二

《班马异同评》的版本主要有两个系统：明嘉靖李元阳刻本和明万历韩敬序

① 丁丙：《善本书室藏书志》卷六，清光绪刻本。

② 钱泰吉：《甘泉乡人稿》卷八，清同治十一年刻光绪十一年增修本。

刻本。

明嘉靖十六年（1537）李元阳刻本是《班马异同评》诸本祖本。汪佃《序刻班马异同后》云：

> 旧未有刻本，吉郡士大夫家多私相传写。予始获见于今少宰钟石费公所，手录以归。丙戌秋，被命校书于建，将携刻焉。既，中尼不行，乃今复官于兹。一日，侍御中谿李公出所辑《史记题评》一帙，将校刻，以广其传。其为评订，殆且百家，而《史汉异同》具焉，盖攻古文者牖也。然不欲废《异同》原书，将并存之，而无善本。予具以告，公亟命致之，以属前侍御高君世魁、隐士高生瀔，精校入梓，且属予一言见书之所自。予谓是书沉沦之久，自今始显，固陈编之幸。然四方之士，得见史氏繁省之旨，与夫作史述史之法，岂非学者之幸？予不佞，获相兹役，用成中谿公之美，因附名不朽，且偿宿愿焉，又非予之大幸欤！写本凡三册，名《史汉异同》，今名与卷数则仍倪氏之旧。云中谿公发身词苑，绣斧所临，风纪大振，兴滞划弊，百度维新，而尤以兴文作士为首务，异迹不可殚书，此特其一节尔。

可见，《班马异同》在明代嘉靖以前没有刻本，只在士大夫之间互相传抄，汪佃从费宷手中得到《班马异同》抄本。费宷（1483—1548），字子和，号钟石，江西铅山人，正德六年（1511）进士，官至礼部尚书。汪佃，江西广信府弋阳人，正德丁丑科（1517）进士，两年后被选授为翰林院编修。嘉靖丙戌（1526），汪佃选充经筵讲官，旋又受命赴福建建阳担任校书官，但因嘉靖丁亥（1527）的《尚书·洪范》讲习事件，遭到了明世宗贬斥，调为宁国府通判，终未能成行。十年后的嘉靖乙未（1535），汪佃再次受命任福建按察司签事奉敕整饬建宁道兵备。嘉靖丁酉（1537），在李元阳和汪佃的鼎力相助下，在高世魁和高瀔的精心校勘下，《班马异同》终以较好的版本在建阳刊刻问世，杨士奇和汪佃分别做了跋语。李元阳（1497—1580）字仁甫，号中溪，大理太和人，白族，嘉靖丙戌（1526）进士。高瀔，约公元1544年前后在世，《明史》卷九九志第七五记有其《石门集》一卷存世。高世魁，生卒年不详。

此本每页18行，每行19字，单鱼尾，白口，左右双栏，刻工依次有张田、江逵、周道员、余本丘、詹弟、余员、王浩、华文辉、陈珪、官福郎、陈友、王仲元、余海、华福、华寿、刘俊、石伯胜、黄文利、元生、罗福胜、江盛、江仁、游文、刘福成、王景英、江茂、华来、黄福英、施元友、江长深、黄文、顺生、陈天禄、余农、石胜等。此本孙星衍《平津馆鉴藏书籍记》卷二有记载：

> 《班马异同》卅五卷，题宋倪思撰，元刘会孟评，明李元阳校，前有目录一卷，后有永乐壬寅杨士奇跋、嘉靖丁酉汪佃序。据杨、汪两跋，此书本名《史汉异同》，不题撰人姓名，旧未有刻本，李元阳付梓，据《文献通考》题作倪思，改名《班马异同》，每页十八行，行十九字。《史记》大字作正文，《汉书》小字注末。后有"嘉靖十六岁次丁酉山人高瀫覆校"十五字。收藏有"新安汪氏"朱文方印，"启淑信印"白文方印。①

孙星衍（1753—1818）所提到的"新安汪氏"和"启淑信印"均是清代藏书家汪启淑（1728—1799）的印章，可知此书原是"开万楼"藏品，后归孙星衍。《藏园订补郘亭知见传本书目》卷四也著录有刘辰翁评点的《班马异同》，为嘉靖十六年（1537）李元阳刻本。现《史记考证文献汇编》所采用的底本即为明嘉靖十六年李元阳刻本。此刻本现国家图书馆和浙江大学图书馆有藏。

明万历韩敬序刻本是《班马异同评》的另一刻本，见丁丙《善本书室藏书志》卷六记载：

> 旧有李元阳校，弋阳汪佃跋本。此则韩敬所序刊也。思字正甫，归安人，乾道二年进士，历官宝文阁学士，《宋史》有传。有"沈令闻印""歙鲍氏知不足斋藏书"、"鲍廷博印"三印。廷博，字以文，号渌饮，本歙人，寄居桐乡，嘉庆十八年特恩赏给举人。"知不足斋者"，其藏书处也。所丛书，多人间秘本。②

---

① 孙星衍：《平津馆鉴藏书籍记》卷二，清光绪十年刻本。

② 丁丙：《善本书室藏书志》卷六，清光绪十年刻本。

韩敬（1580—？），浙江归安（今浙江湖州）人，字简与，号止修，明代状元。沈孚闻（1535—1583），原名沈令闻，万历丁丑（1577）进士，明代藏书家。鲍廷博（1729—1814），字以文，号渌饮，清代藏书家。可知此本曾先后经沈令闻和鲍廷博收藏。此本明天启甲子年（1624）曾经重新刊刻。此种明刻本现藏于北京大学图书馆和上海图书馆。陕西师范大学也藏有一种明万历韩敬序刻本，2函12册，每页18行，每行20字，单鱼尾，单边。

明嘉靖李元阳刻本和明万历韩敬序刻本的区别主要有二：一是次序不同。李元阳刻本卷三三为《滑稽》，卷三四为《日者》，卷三五为《货殖》。韩敬序刻本卷三三为《货殖》，卷三四为《滑稽》，卷三五为《日者》。其他各卷次序相同，只是叙述偶有异者，如嘉靖本卷二为《汉高》，万历本卷二称《高祖》；嘉靖本卷一二为《张苍周昌赵尧任敖申屠嘉》，万历本卷一二称《张苍周昌任敖申屠嘉》，题目缺少《赵尧》；嘉靖本卷三一为《鲁朱家剧孟王孟郭解》，万历本卷三一则称《鲁朱家剧孟郭解》，题目缺少《王孟》等。二是两本所附序跋不同，嘉靖本有汪佃序文和杨士奇跋文，万历本附有韩敬序文和杨士奇跋文。对勘《四库全书》所收之《班马异同》，发现其次序与明万历韩敬序刻本完全相同，可以肯定四库本是据万历本抄录而成。三是从校勘角度看，万历本校勘优于嘉靖本。最能显出这个特点的是两种版本对《汉书》删减《史记》文字的校勘。凡是《汉书》删减《史记》文字处，原书都应有细线勒之。《班马异同》两个版本中，嘉靖本没有细线勒之而万历本有细线勒之，对勘闻启祥本和今本《汉书》，亦当有细线勒之的地方，在嘉靖本中高达千余处。同时，嘉靖本有细线勒之而万历本没有细线勒之，对勘闻启祥本和今本《汉书》，亦不应有细线勒之的地方亦有百余处。两相对比，显然后出转精。

三

《班马异同评》的体例具有独创性。本书比较《史》《汉》两书对应的篇目，考其字句异同，以观二书得失。全书以《史记》原文为主干，用大字书写，《汉书》增加的文字则用细笔小写，凡是被《汉书》删去的文字，就在其旁画一墨线标识，凡是《汉书》移动《史记》文字的地方，即注明《汉书》“上连某文，下连某文”。如某文被《汉书》移入其他纪传，即注明“《汉书》见某传”。刘辰翁的评语，一一列于眉端，十分醒目。如此一来，《史》《汉》二书的同异，一目了然，不但为研究品评提供了方便，而且创造出一种新兴的史书研究方式，如明代著名目录学家、书法家张萱（约1553—1636）《西园汇史》二〇〇卷就采用了这一体例。见清刘溎年《（光绪）惠州府志》卷二七记载：

故余汇史，凡《左氏传》、《国语》、《公》《谷》二传、《战国策》为司马迁所采，其间字句互异者，皆仿宋倪文节公思《班马异同》，以《史记》为正文，五书为小注，而互存之，汇之为一。若太史公所未采者，又别汇之为史。余别详义例。盖汇二十九史，非汇二十一史而已也。①

更重要的是，《班马异同》从文字入手比较《史》《汉》异同的体例，直接开创了马班异同比较学，为《史记》研究开辟了一个新的研究领域，如明人许相卿撰著的《史汉方驾》，就是对《班马异同》的直接继承和改造。吴广霈（生卒年不详）对此书的行款和流变曾有细致的描述：

此书《书录解题》原作《班马异辞》，名似较正，不知何时乃易今名，其作俑于《文献通考》耶？国朝海昌许黄门相卿，苦其细书，文相连属，易于混淆，乃另为《史汉方驾》。同者从中大书，异者分左右行书，右《史》左《汉》。《四库提要》谓其条理井然，较思书为胜。此书曾校勘于乾嘉一代，顾从未获见者何？欲会当访求而并读之。②

清钱泰吉（1791—1863）《甘泉乡人稿》卷八亦记叙了此书的流变及影响：

《班马异同》三十五卷，嘉靖丁酉福建刊本，盖刘须溪评点，倪文节公思之书也。……海昌许黄门相卿苦其细书，文相连属，但以字形广狭为分，不便疾读，别为《史汉方驾》。史汉同者从中大书，史汉异

① 刘溎年：《（光绪）惠州府志》卷二七，清光绪十年刊本。

② 吴广霈：《班马异同序》，续修四库全书本。

者分左右行书，右《史》左《汉》。《四库提要》谓其条理井然，较思书为胜。余得于郡城书肆，盖黄门既殁，而仲君长孺侍御校刊者。侍御为先太常公女夫，两世皆以直谏著。黄门与先太常为道义交，其遗集余亦得藏之。①

显然，仅从《班马异同》的表述形式来看，作者仍有甲马乙班的意味。不过，倪思只从字形大小入手区别《史》《汉》的方法，在实际阅读中显然容易混淆，故明人许相卿乃改进《班马异同评》的体例，别为《史汉方驾》，见《四库全书总目》卷四五“史部·正史类一”《史汉方驾》条：

惟思书《史记》大书，《汉书》细书，文相连属，但以字形广狭为分，颇易混淆。又字旁钩勒，传写尤舛误。相卿变其体例。以《史》《汉》相同者直书行中，不同者分行夹注。凡《史记》有而《汉书》无者，偏列于右：《汉书》有而《史记》无者，偏列于左。条理井然，较思书为胜。所列评语，亦因刘辰翁之本稍为损益，颇不及旧文。又旧文皆标置简端。相卿意取便览，或移附句旁，如批点时文之例。反参错难观，则未免于不善变矣。②

许相卿（1479—1557），字伯台，海宁袁花人，正德十二年（1517）进士。许氏将《史》《汉》相同的文字直书行中，不同者分行夹注；凡《史记》有而《汉书》无者，列于右；凡《汉书》有而《史记》无者，列于左。这样一来，《史》《汉》异同更为清楚，条理也更清晰，阅读速度大大增加，为览者节省了不少时间。同时，刘辰翁的评语不再书于眉端，而移附于正文之旁，如同批点，表现了明人习气，获得四库馆臣的较高评价。

遗憾的是，《班马异同评》虽然使用新颖的研究手法，但是局限于《史》《汉》对应篇目的文字比较，对历史的宏观把握还是不足，仍然是一种比较粗浅的比较，而且所考亦不周全，正如清周中孚《郑堂读书记》卷一五所质疑：

---

① 钱泰吉：《甘泉乡人稿》卷八，清同治十一年刻，光绪十一年增修本。

② 四库全书研究所：《钦定四库全书总目》，中华书局 1997 年版，第 643 页。

《四库全书》存目有《班马异同评》三十五卷，云宋倪思撰，刘辰翁评，知东里所言洵然。是本所题，不知何以不称名而称字也？且是书虽有三十五卷而考之不全，如《孝文》《孝景》二本纪，《天官》《封禅》《河渠》《平准》四书，《陈涉》《外戚》《楚元王》《荆燕》《齐悼惠王》《梁孝王》《五宗》《三王》八世家，《邹阳》《贾谊》《黥布》《韩王信》《卢绾》《田儋》《万石》《张叔》《田叔》《南越》《东越》《朝鲜》《西南夷》《儒林》《大宛》十五传及《太史公自序》，俱与《汉书》有异同详略处，而皆不及考，未知何意？岂倪之原本久佚？（倪又有选史删改《古书异辞》十二卷，见《书录解题》《通考》，已佚。）今所传者，系刘氏评本。刘或选取一半而评之，故非倪之原本，而陈氏所著卷数，又出后人依评本妄改耶？明许台仲相卿因倪之本，稍为厘订，改为《史汉方驾》三十五卷，《四库存目》只顶入《陈胜》《英布》二传，而卷数不增，又不遍补倪氏所遗，莫测其意例之所在矣。聊附记于此，不别著录。①

《班马异同评》所失考的篇目，周中孚指出有 2 纪、4 书、8 世家、15 传及《大史公自序》，总计 30 篇。失考的原因，周中孚认为可能是倪思《班马异同》原本久佚。倪思又有选史删改《古书异辞》12 卷。那么，《古书异辞》与《班马异同》之间是怎样的关系？许相卿《史汉方驾》旨在补倪思之作，为什么没有增补倪思失考的篇目？这些都尚待考证。至于“刘或选取一半而评之，故非倪之原本，而陈氏所著卷数又出后人依评本妄改耶”，应该是周氏的猜测之词。整体而言，还是四库馆臣对倪思的评价较为中肯：

是编大旨以班固《汉书》多因《史记》之旧，而增损其文，乃考其字句异同，以参观得失。其例以《史记》本文大书，凡《史记》无而《汉书》所加者，则以细字书之；《史记》有而《汉书》所删者，则以墨笔勒字旁。或《汉书》移其先后者，则注曰《汉书》上连某文，

① 周中孚：《郑堂读书记》卷一五，民国吴兴丛书本。

下连某文。或《汉书》移入别篇者，则注曰《汉书》见某传。二书互勘，长短较然，于史学颇为有功。昔欧阳棐编《集古录》跋尾，以真迹与集本并存，使读者寻删改之意，以见前人之用心。思撰是书，盖即此意。特棐所列者一人之异同，思所列者两人之异同，遂为创例耳。其中如"戮力"作"勠力"、"沉船"作"湛船"、"由是"作"繇是"、"无状"作"亡状"之类，"鈇质"作"斧质"、"数却"作"数卻"之类，特今古异文。"半菽"作"芋菽"、"蛟龙"作"交龙"之类，特传写讹舛。至于"秦军"作"秦卒"、"人言"作"人谓"、"三两人"作"两三人"之类，尤无关文义，皆非有意窜改。思一一赘列，似未免稍伤繁琐。然既以异同名书，则只字单词皆不容略，失之过密，终胜于失之过疏也。至英布、陈涉诸传，轶而未录，明许相卿作《史汉方驾》，始补入之，则诚千虑之一失矣。①

尽管倪思撰述显得"稍伤繁琐"，但馆臣还是肯定其"失之过密，终胜于失之过疏"，对历史学的发展大有贡献。倪思创造出从文字入手比较《史》《汉》异同的体例，独立成著，开创了马班异同比较学，把马班优劣论大大向前推进了一步，故其价值不容忽视。

总之，倪思所撰《班马异同》，也题作《马班异辞》《班马异辞》和《史汉异同》。倪思《班马异同》与刘辰翁评语合刻，就题为《班马异同评》。《班马异同评》的版本主要有两个系统，即明嘉靖李元阳刻本和明万历韩敬序刻本。从校勘角度来看，显然后出转精，万历本优于嘉靖本。《班马异同评》的体例，具有创造性，对后世有较大影响。

（王晓鹃，陕西省司马迁研究会秘书长，陕西师范大学教授、博士生导师。）

① 四库全书研究所：《钦定四库全书总目》，中华书局 1997 年版，第 620 页。

“前四史”在儒家诗学成熟过程中的作用①

冯晓莉

中华民族是一个诗性民族，早在文字产生以前便有了原始先民口头的歌唱，而周孔时代的“三百篇”更是树立了一座令人瞩目的诗歌高峰。中国诗学历史同样源远流长，“至少以有歌谣文字那天起，诗学的种芽便随之萌生”②。而经过孔子删选和评论的《诗经》则为中国诗学进行了第一次标准化的取舍。此后的诗歌和诗学发展，基本上都是沿袭了儒家礼教的轨迹。《诗经》作为经典，是一部伟大诗歌集的成长过程。与之同时，《诗经》也是儒家诗学发煌的历史摇篮。从“诗言志”到“诗”成经，儒家诗学的生成经历了漫长的过程，在这个过程当中，史的作用不可忽视。

《诗》和诗学肇始于孔子，真正的主体大缔并走向辉煌则是在汉代完成。这种辉煌历史的记录与阐扬主要是由一部部史书完成的。以记录两汉社会生活为主的“前四史”是中国史学发展的最伟大、最重要的历史阶段，其对儒家诗心、诗学、诗文化的阐发和崇尚，对整个历史文化的发展都具有无与伦比的贡献。因此，考察“前四史”在儒家诗学成熟过程中发挥的作用，对揭示传统诗学与史学的关系具有十分重要的意义。

一、诗史关系讨源

诗与史的缘分由来已久。华夏文化的本源就在于文史哲互根，其中诗与史的

① 本文为陕西省社科基金项目“‘前四史’中的《诗经》气脉”（项目编号 2016J010）阶段性成果。

② 栾栋：《文学通化论》，商务印书馆 2017 年版，第 66 页。

血缘尤其亲近，“史蕴诗心是华夏文史哲互根智慧的天然耦合”[1]。在华夏传统文化中，诗与史是同根共生的并蒂之花。古人往往以诗当史，视史如诗。比如早期诗歌，既是先民们“感于哀乐，缘事而发”的自然咏叹，亦是一部活生生的文化史与心灵史。这种诗史不分的自然状态，显示出诗、语、思的浑然原初，即“人文化成”时期之文化完整性。

随着社会分工与私有制的加强，文化的“根器裂痕”渐生。[2]三代时期，诗与史阡陌渐生而尚无隔阂。到了春秋时代，史与诗双水分流，“道术为天下裂”——《诗经》与《春秋》的产生是史与诗分流的实体标志。战国之乱和秦扫六合的一统大业使中国社会历史急转弯处史学与诗学活动都经受了剧烈撞击，诚所谓“王者之迹熄而诗亡”。但若说此时史与诗的血缘已经生生割断，尚过武断——“诗亡而后春秋作”，从《春秋》《左传》与《诗经》的离合纠缠中，依然可以看出史与诗难解难分的渊源。

公元前的200年间，秦、汉两大帝国先后一统天下，其特征如文史“壶口”，整个社会在短期内完成了两汉强权统一体制。《诗经》和诗学进入封建专制的整合过程，“诗三百”逐渐演化成《诗经》；而史学也在此期间取得巨大成就，先后涌现出《史记》《汉书》两部力作，甚至在汉亡之后，余波所及处尚有《三国志》《后汉书》等作品问世。它们在体例、思想等很多方面都对《史记》《汉书》有所继承，或者可以说是对汉代文化思想的继承。两汉史学经过儒家意识形态的规范，不可避免地打上经学的深深烙印，然而诗性的气脉依然在正统史传的缝隙中绵延不绝。尤其是保留在“前四史”中的《诗经》词句，更是顽强地显示了诗学的强大生命力。

从先秦到两汉，诗学在变化，史学在发展，二者的关系也不断演变。有时候，二者互为表里，虚实相应；有时候二者互相排斥，貌合神离；有时候二者貌似疏离而暗通款曲。关于诗学与史学的关系，钱锺书先生有过如此论述：“老生常谈曰‘六经皆史’，曰‘诗史’，盖以诗当史，安知刘氏直视史如诗，求诗

① 栾栋：《人文学概论》，暨南大学出版社2012年版，第77页。

② 栾栋：《论人文学术还家——兼释文史哲互根》，《学术研究》2007年第10期。

于史乎？”[①]此处“视史如诗，求诗于史”强调的是史书的诗学价值。一般而言，史书中的诗学价值主要体现在以下两个方面。

首先，史书承载了诗学价值。好的史书，文笔流利，叙事生动，感情丰沛，的确具有诗一样的韵律，传承了诗之精神，具有诗之气质。钱锺书先生说过：“史家追叙真人真事，每须遥体人情，悬想事势，设身局中，潜心腔内，忖之度之，以揣以摩，庶几入情合理。盖与小说、院本之臆造人物、虚构境地，不尽同而可相通；记言特其一端。”[②]《春秋》采用了隐晦曲折的“春秋笔法”，虽然失却了诗歌那种用质朴生动的语言全景式地反映真实生活的气质，但是史书中对是非的判断、对善恶的褒贬，是与诗歌相通的。孔子正是“窃取”了《诗经》之“义”，所作《春秋》才会使“乱臣贼子惧”。之后的《左传》《史记》都继承了《春秋》这种秉笔直书、坚持正义的史家传统，使得《诗经》气韵继续流走于史书中。正因如此，《史记》才会获得“史家之绝唱，无韵之离骚”的高度评价。《后汉书》褒贬是非，爱憎分明，感情充沛，也很有诗性气质。相较而言，《汉书》与《三国志》虽没有《史记》那样深浓的感情、激扬的文字，但前者的典雅凝练与后者的简洁明快亦显示出不同形式的诗意文采。

其次，史书是记录诗学的重要载体。从《春秋》开始，记史的责任由史书独立承担，记诗的任务也在很大限度上由史书来完成。就《诗经》传承而言，尽管传《诗》的途径不止史书一条，但史书中所记录的《诗经》信息不能不引起后人重视。以《春秋》《左传》为例，《诗》的起源、先秦人用《诗》的习惯以及对《诗》的看法等，都在史传中有所记载，并且成为后人了解、研究先秦诗学的主要依据。后来的“前四史”与《春秋》《左传》一脉相承，共同记录了《诗经》形成、发展、变迁的历史进程，反映了以《诗经》为核心的儒家诗学变数：春秋辑诗，战国沉郁，西汉诗变，东汉诗教，魏晋诗革。从春秋时代的孔子编辑“诗三百”，到魏晋诗风激变，儒家诗学经历了从《诗经》到“前四史”的一个年轮。

此外，诗书可当史书看也是诗史关系的一个重要方面，即所谓“六经皆史”。

---

① 钱锺书：《管锥编》，生活·读书·新知三联书店 2007 年版，第 271 页。

② 钱锺书：《管锥编》，生活·读书·新知三联书店 2007 年版，第 272—273 页。

由于本文的侧重点在于通过史书考察诗学，因此，略去这一层关系。

二、由“前四史”看诗学演变过程

“前四史”是指《史记》《汉书》《后汉书》《三国志》四部史学巨著。四部史书无论是史学成就还是文学价值都堪称后代史传的典范。就其所反映的历史事实而言，四史在内容上衔接得非常紧密。司马迁以其“究天人之际，通古今之变，成一家之言”的雄才大略刻画了从三皇五帝初创文明、三代时期文明演进至秦汉大一统帝国建立这样一幅巨型历史长卷；班固紧随其后细致地描绘了西汉社会生活的方方面面；而范晔、陈寿则分别对东汉及三国时期的史料进行了清理记录。四部史书既接头续尾，又环环相扣，共同演绎了中华民族三千年一部文明史。四部史传无论是编排体例、叙事手法还是史胆、史识、史德等方面都为后人提供了借鉴的范本，正因如此，历来四史并提，共同组成唐前史传的一列巍巍高峰。张新科先生说过，“应该将唐前史传作为一个整体来看”，因为“由于历史的连续性、复杂性，对一个时代历史的记载也不限于一部史传之中，往往互有交叉”。[①]而“前四史”所反映的历史的连续性更是难以割裂，因此，本文将四史当作一个整体，通过四史中呈现的《诗经》信息，考察两汉诗学与史学的关系。

如前所述，诗与史本是血脉相通的近亲，即便后来二者各自独立门户，依然有着难以割舍的亲情。到了汉代，在“以诗为经”的文化氛围中，诗学与史学的关系变得更为幽微复杂。在汉代大一统的政治形势和独尊儒术的思想意识的文化背景下，经学作为正统意识形态的体现，将史学和诗学都做了礼教化的处理，于是史书和诗学都进入被礼教规训的过程。历史书写在王权制和真实性之间挣扎，诗性生活在礼教化与诗本论之间磨合。史学与诗学都有一个本真性与帝制化的二难选择，二者的纠缠与离合，是“前四史”中史与诗关系方面很值得剖析的一个焦点。

史书本身的诗学价值，上文已经有说明，此处不缀。笔者重点关注的是作为

① 张新科：《唐前史传文学研究》，西北大学出版社 2000 年版，第 16 页。

诗学载体的四史中承载的诗学信息。据笔者统计，“前四史”中记载了非常丰富的《诗经》信息。其中有作者叙事时或者在论赞中对《诗》的引用、评论，有书中各类人物在诏书、奏疏、书信、辞赋、论辩等各类文体及各种场合中对《诗》的引用，也有后代学者注疏四史时引《诗》、用《诗》等。无论是哪一种情况用《诗》都有一个相似的特点，即对《雅》和《颂》的重视程度要高于《雅》诗。笔者对四史引用《诗经》的情况进行过初步统计，四史中引用《雅》诗的数量超过了《风》诗、《颂》诗以及逸诗数量的总和。《颂》诗的引用数量虽然比不上《风》诗，但以其在《诗经》中所占比例而言，也是远远高于《风》诗的。《风》诗在“三百篇”中的数量是最多的，但四史中引《风》诗的比例却刚刚过半。由此可见，汉代人对《诗》的功用是经过严格取舍的。在汉代儒家看来，《雅》诗“言王政之所由废兴”，意义自然十分重大，正如傅斯年先生所言，《雅》诗是“有作用的诗”①。《颂》诗用来歌颂历代统治者的丰功伟绩，当然也不会被忽视。唯独《风》诗是用来抒发一己之情的，其地位当然难以与《雅》《颂》抗衡。造成这种现象的主要原因是经学家对《诗》的阐发。气势浩荡的经学浪潮冲刷着“三百篇”中诗学的原色，剩下的是符合汉代政治需求的纲常条例。因此，呈现在四史中的诗学也显示出营养失衡式的苍白。

尽管“前四史”《诗经》学在总体上是以经学为主流的，但同时也不免显示出经学大环境下的诗学潜流。汉代诗歌，除了《诗经》之外还有乐府诗和赋，到了东汉时期还有五言诗的兴起，汉代诗学的价值主要通过它们得以体现。汉赋体现了文人创作的风范，而乐府诗则主要代表了民间创作的成就，而以《古诗十九首》为代表的文人诗则展示了五言诗由民间创作向文人诗转变的过程。

众所周知，汉代最高统治者基本上来自南方，楚文化的绚丽浪漫、激情飞扬对于汉代文化的影响是不可忽视的。这种影响最直接的效果就是产生了汉赋。汉代有一种十分奇怪的社会现象：一方面是辞赋家激情飞扬地创作“丽以淫”的“辞人之赋”；另一方面是经学家极力削减诗赋之“丽”。这种“丽”，甚至包括“丽以则”的“三百篇”中之“丽”。汉赋蓬勃发展之期也正是经学兴起之时，两者在西汉中期以及东汉前期的较量几乎是旗鼓相当的；到了东汉后期，经学

① 傅斯年：《诗经讲义稿》，民族与建设出版社 2015 年版，第 59 页。

的控制力逐渐减弱，而辞赋家似乎也对大赋失去了兴趣。这在某种程度上其实可以看作诗学与经学的一种不动声色的较量。汉赋与《诗经》在体式上虽有一定区别，但汉人普遍认为诗赋同源，并称“赋者，古诗之流也”。尽管汉人不断强调赋的“讽谏”作用，但这种“劝百讽一”的做法能起到的教化作用是十分有限的，而展示“巨丽”之文采似乎才是赋家创作的强大动力。“巨丽”的意思是“极其美好”，反映的是赋家对作品感性意义的重视，由此可见，汉人在骨子里是崇尚浪漫、追求诗意的。而大赋创作热情消退之后，抒情小赋与五言诗的兴起，正是汉人潜藏已久的诗心大爆发的一种体现。

在经学盛行的大环境下，诗学也在潜滋暗长，这种对诗意的追求也可以在“前四史”引《诗》中看出来。《风》诗的引用最能说明问题。《风》诗采自民间，内容往往“不雅驯”，在经学家眼里它们自然是难登大雅之堂，但也不排除有些人对它们的偏爱。“前四史”中引《风》诗最多的是记录山川地理、民风习俗、传统制度一类史事，其中尤以《汉书》为典型。《汉书》在记载地理民俗时往往以《诗》证史。《汉书·地理志》就引用了《秦风》《邶风》《鄘风》《卫风》《唐风》《魏风》《陈风》《齐风》八国之风来证明不同地域的民风习俗，这是很耐人寻味的。这一方面是因为相关地理历史资料的缺乏所致，另一方面也体现了班固对待《风》诗的态度。像班固这样的正统儒家能将《风》诗如此大规模地、堂而皇之地载入史册，而且运用得非常娴熟，既说明他相信《风》诗也是“有作用的诗”，同时也可看出他对《风》诗研习之深。以此为例可以说明，那些深受礼教约束濡染的汉儒们老成持重的外表下其实也跳动着一颗颗火热的诗心。囿于当时社会以《诗》为经、以《诗》为教的大环境，汉儒们在很多场合只能隐藏起自己的诗家之心，但是无论如何，一部荟萃了众多优美诗篇的诗集，其感性品质是难以被真正忽视的。汉儒们自幼口诵心惟那么多生动活泼的《风》诗，岂能对蕴涵其中的情韵无动于衷？除了引《诗》作为史料，“前四史”中还有引《诗》抒情的例子。例如《三国志》写陈思王曹植给魏文帝陈述志向的奏疏就体现了被压抑太久的诗心对经学的一种反叛。曹植奏疏中分别引用《鄘风·相鼠》《鄘风·硕鼠》《郑风·羔裘》《唐风·蟋蟀》等诗作，一再表明自己不愿“素餐”苟活，想要有所作为的志向，其辞哀婉，其情真挚，显示出诗人本色。

结 语

“前四史”是中国史学发展的一个高峰期，在中国文化史上具有举足轻重的地位。以《诗经》为枢纽的儒家诗学成为一种地位显赫的礼教，其成因固然不能全归于“前四史”的阐扬，但是要看到，“前四史”作为正统史学，是汉代以及整个中国封建社会民族谱牒和思想意识的形态化，由之厘定的儒家审美和广义的文艺规范，极大地影响了《诗经》和儒家诗学的形成和传播。在这种意义上，可以说“前四史”是传播《诗经》和儒家诗学的思想文化渠道，《诗经》和儒家诗学则是对“前四史”尚实、体用、叙事的艺术性补充。二者相辅相成，共同完成了汉帝国的美学圭臬和汉民族的文艺风范。

综上所述，“前四史”在《诗经》礼教化过程中和儒家诗学成熟过程中发挥了重要作用。“前四史”作为文史要津，起到了承认和确定《诗经》地位，规范儒家诗学典则的导向作用。同时，“前四史”将儒家诗学精神贯穿在诗学写作和史实人物叙事的字里行间，体现了“史蕴诗心”的人文深旨。

（冯晓莉，西安外国语大学中文学院副教授。）

司马迁父子居住茂陵考

吉　春

司马谈、司马迁父子的第一故乡在陕西韩城，他们还有第二故乡，那就是陕西咸阳兴平的茂陵。1999 年 3 月，我到茂陵实地考察了三个问题，特向专家学者报告如下：

一、司马谈督建武帝陵时间问题

我查阅了《兴平县志》（陕西人民出版社 1994 年版）第二章 708 页汉武帝陵的记载：

“二、陵墓营建工程　汉武帝建元二年开始建筑陵墓。”“武帝陵高 46.5 米，顶端东西长 39.5 米，南北宽 35.5 米，东底边 233.2 米，西底边 234.2 米，南底边 232.7 米，北底边 230.6 米。”

从上述记录不仅可以看出建筑武帝陵的开始时间，还可以知道武帝陵墓的大小规模。

在走访中得知，“茂陵显武里”，即今兴平西吴乡。再说详细一点，即《兴平县志》716 页表中的“西吴乡窦马村”。

按《太史公自序》司马谈“仕于建元、元封之间”和《汉书·武帝纪》建元二年（前 139）“初置茂陵邑”、《茂陵中书》“司马谈以太史丞为太史令”来分析，司马谈是汉武帝建元二年被任命为太史丞，住在“茂陵显武里”，开始督建武帝陵工程的。由于他精心督建修筑茂陵，得到武帝的赏识，便在“建元三年”被升任“太史令”。

二、 司马迁居住茂陵的时间问题

1956 年 8 月 16 日的《光明日报》发表了赵燕士、陈监先的《评新版的〈司马迁年谱〉兼论司马迁生年问题》，文中指出："年谱中还有一些错误，如司马迁自序中'耕牧河山之阳'一语，是说明他于青少年时代曾参加农业劳动，编者把这件事系在司马迁二三岁上，二三岁如何耕牧呢？又在司马迁六岁以后，连续十四年都记了'迁随父至京，住茂陵诵读'这件事，仿佛'茂陵'就在长安，殊不知茂陵在今陕西兴平，离长安还有八十里，这都是应该订正的。"

虽然郑鹤声先生将司马迁住茂陵的时间注得有点早，但"住茂陵诵读"却是事实，笔者曾写过《司马迁十九岁前在夏阳故乡耕读浅探》，被韩兆琦教授推荐发表在 1990 年《北京师范大学学报》（增刊）上，其中有一条论据是"根据司马迁问故孔安国的时间分析的"。

查阅《兴平县志》，未有司马迁住茂陵始末的记述。我采访兴平一些老年人得知，司马迁是 19 岁末随全家从夏阳搬住茂陵的，沾了汉武帝元朔二年（前 127）"徒郡国豪杰及訾三百万以上于茂陵"的光，20 岁便出游大江南北去了，归茂陵后因考博士弟子和收集史料才"问故孔安国"和听董仲舒讲《公羊春秋》，由于考试成绩最好，被武帝亲选为"郎中"。"太史令茂陵显武里"的户主原是司马谈，直到"元封三年"司马迁继任太史令时，户籍上才写上"太史令茂陵显武里大夫司马迁"了。

这虽然是茂陵（兴平）人世代口耳相传的流言，但它与王国维《太史公行年考》的推理相符合。王先生说："案《自序·索引》引《博物志》：'太史令、茂陵显武里大夫司马（此下夺'迁'字）年二十八，三年六月乙卯除六百石也。'（今本《博物志》无此文，当在逸篇中。又茂先此条，当本先汉记录，非魏、晋人语。说见后。）案三年者，武帝之元封三年。苟元封三年史公二十八，则当生于建元六年。然张守节《正义》于《自序》'太史令五年而当太初元年'下云：'案迁年四十二岁。'与《索隐》所引《博物志》差十岁。《正义》所云亦当本《博物志》，疑今本《索隐》所引《博物志》'年二十八'，张守节所见本作'年三十八'。三讹为二，乃事之常；三讹为四，则于理为远。以此观之，则史公生年，当为孝景中元五年，而非孝武建元六年矣。”

施丁先生在《司马迁生年考——兼及司马迁入仕考》一文中说：“日本南化本《史记》‘年三十八’，就是一条可贵的证据。《史记会注考证校补》卷八写明了年‘二十八’的‘二’南化本是‘三’；并对此做了说明：‘按：依南化本，则迁生于景帝中五年，与《正义》说同，今本《史记》三讹为二。”该“校补”者水泽利忠 1993 年 8 月与笔者交谈时也指出此事。

三、司马迁的墓冢在什么地方的问题

我先看《兴平县志》708 页：“第二节　陪葬墓”有“一、霍去病墓”，“二、卫青墓”，“三、李夫人墓”，“四、霍光墓”，“五、金日磾墓”，“六、阳信长公主墓”，“七、公孙弘墓”，“八、无名冢（列表）”。

再根据志书上的线索，我到武帝陵南的西吴乡窦马村村北村西、南位乡策村东南和陈阡村南、留位村南实地查看。策村东南是“次冢”，陈阡村南是“桀冢”，留位村南是“青冢”，武帝陵南是“压石冢”，窦马村北是“对门冢（1）、对门冢（2）”“野狐城”，窦马村西是“三冢（1）”“三冢（2）”。共 9 个无名冢，除桀冢墓为长方形外，其余 8 冢均呈方形。“三冢”东西并列，间隔相距约十余米，最东一冢被平。从面积来看，最大的为“对门冢（2）”，3279 平方米，最小的为“三冢（2）”，1185 平方米。

在墓冢地，我想起前多年听说陕西省考古队在茂陵发掘墓冢，想找到“司马迁墓”但还未找到。

归咸阳后，夜静深思，分析再三，觉得“窦马村”周围那个无名冢可能为司马迁空墓穴，真骨早就被秘密运到韩城，埋成“真骨墓”了。这个想法，来源于郦道元的《水经注》以及《司马迁的传说》等。

（吉春，陕西韩城人，中国史记研究会理事，陕西省司马迁研究会会员，韩城市司马迁学会顾问。）

司马迁与《史记》旅游文化资源开发的现代意义①
——以陕西省关中地区旅游开发为例

马雅琴

司马迁是我国古代伟大的史学家和文学家，他的“发愤著书”精神激励着一代又一代的文人墨客；他的《史记》，对中国文化的构建有着不可低估的作用，对中华民族的民族心理有着深刻广泛的影响。《史记》构建了积极进取、建功立业、团结奋斗、坚韧不拔、勇于改革、敢于革命、崇尚德义、追求独立人格等不朽的民族精神。时代发展到今天，这种民族精神仍具有永久的生命活力。所以，如何合理地开发与整合《史记》所蕴含的丰富的旅游文化资源，使人们了解《史记》，认识司马迁，弘扬我们不朽的民族精神，推动当地经济又好又快地发展，是本课题研究的重点。

一、与司马迁、《史记》有关的旅游文化资源

张良云：“夫关中左殽函，右陇蜀，沃野千里……此所谓金城千里，天府之国也。”②关中地处陕西潼关以西到宝鸡市以东的关中地区，即现在的西安市、铜川市、宝鸡市、咸阳市和渭南市五个地级市。土地肥沃，河流纵横，气候温和。对于养育自己成长的这块土地，司马迁始终满怀感恩之情。他的巨著《史记》，记载了从传说中的黄帝到汉武帝年间上下三千年的历史。在《史记》中，关中地区灿烂的历史文化、自然风光、文物古迹、风俗民情，栩栩如生，详尽而真

① 本文为国家社科基金重大项目“中外《史记》文学研究资料整理与研究”（项目编号 13 & ZD111）阶段性成果，曾刊发于《理论导刊》2010 年第 8 期。

② 司马迁：《史记》，中华书局 1982 年版，第 2044 页。

实。时至今天，在关中这块广袤的土地上，司马迁与《史记》所积淀的旅游文化资源丰富而多彩。

（一）司马迁故里风情

西汉时期的左冯翊夏阳即今陕西韩城市，是司马迁的故乡，人称“司马故里”。在这里，有许多与司马迁有关的民俗、传说、古迹、碑文等，应充分挖掘其价值，并开发整合，使其成为我们的旅游文化资源。

1. 久负盛名的文物古迹。在韩城市芝川镇东南高岗上，坐落着始建于西晋永嘉四年（310）的司马迁祠墓（又称太史祠）。在太史祠，历代留下了许多碑文，对于我们认识司马迁非常重要。司马迁祠“刚直不阿，留得正气冲霄汉；幽愁发愤，著成信史照尘寰”的对联，是一位中国文人脊梁的写照。“龙门有灵秀，钟毓人中龙。学殖空前富，文章旷代雄。怜才膺斧钺，吐气作霓虹。功业追尼父，千秋太史公”，郭沫若先生《题司马迁墓》的诗篇，道出了千百年来人们对文化名人司马迁人品、才华的赞扬，对其著作《史记》的高度评价。《韩城市地名志》“北华池”条记载：“传说太史公司马迁父司马谈曾在其地设教书院，建有华池。”这里就成为司马迁读书的地方，至今仍有“司马书院”遗址。华池村有古华池遗址，传说是司马氏花园中的一个水池，华池村有司马迁六世祖司马靳等人的坟墓。在徐村，还有“汉太史遗祠”。在嵬东乡高门原上，有司马迁的祖茔，传说是司马昌、司马无泽、司马喜的坟墓等等。这些都是非常珍贵的旅游文化资源。

2. 独具一格的民情风俗。为了纪念司马迁，缅怀司马迁，其故里的后裔和乡亲们，创造了种种奇妙的方式，经过千百年的积淀和完善，已经造就韩城独特的民情风俗。最富特色的有“太史赛”“锣鼓上庙”“跑台子戏”“二月八司马迁祠庙会”等，都具有浓郁的地方特色。

此外还有关于“龙门”的传说。著名的有“鲤鱼跳龙门”的优美传说。在《太史公自序》中，司马迁自豪地宣称：“迁生龙门”，“耕牧河山之阳”。壮美的山河，对司马迁个性的成长产生了深远的影响。司马迁的《自序》和班固的《司马迁传》对司马迁的家室、后裔没有记载，所以在后世就有许多不同的传说。“如司马迁的夫人，有传说姓杨，是在司马书院给司马迁当过老师的杨鼎的孙女；

还有传说司马迁夫人是柳倩娘，是李陵的姑表妹”①。清代翟世琪《重修太史庙》据华山道士说司马迁有两个儿子，一个叫司马临，一个叫司马观。传说徐村的冯、同二姓都是司马后裔。传说合阳县新堡村的同姓都是司马后裔。这些对于我们认识司马迁、研究司马迁，都具有一定的意义。

司马迁广场位于韩城新城区中央地段，广场中央屹立着司马迁高大的铜像，四周草坪环绕，11 尊汉白石塑像栩栩如生，造型别致的花坛、独特洁白的石凳，是市民休闲娱乐的场所。以司马迁命名的司马迁中学、司马迁自修大学、司马迁图书馆也各具风采。

在韩城，与《史记》有关的旅游文化资源还有：大禹庙，在韩城市东北 3 公里的周原村，是目前全国建庙最早、保存最完整的庙宇，是全国重点文物保护单位。嵬东乡堡安村东有“三义墓”，传说是《史记》中“赵氏孤儿”故事中赵武、公孙杵臼、程婴的墓地。这些都是《史记》旅游文化资源的构成部分。

（二）关中其他地区与《史记》有关的旅游文化资源

在关中这块广袤的大地上，处处都能感受到与《史记》有关的底蕴深厚的文物古迹、风俗民情。

在宝鸡，有中华民族人文始祖的炎帝陵、神农祠。合阳境内有《史记·五帝本纪》中的帝喾陵。杨凌农业高新技术产业示范区所在的杨凌，是周文化的发祥地，也是中华农耕文明的发祥地。故《史记·周本纪》记载了周祖先后稷改进农业耕作技术、教民稼穑的事迹，记述了周朝一代八百年的兴衰历史。今天，在关中地区有关周朝的历史古迹主要有：杨凌的后稷教稼台，相传为后稷向人们宣讲稼穑百谷之道的场所。中国杨凌农业高新科技成果博览会特设了“后稷奖”。凤翔著名的风景区饮凤池，相传在周文王元年，瑞鸟凤凰飞鸣过雍，在此饮水，故取其名，凤翔县名也由此而来。宝鸡的姜太公钓鱼台，岐山的周公庙、周原遗址。西安市西南的丰镐遗址，是周文王所建丰邑与周武王所建镐京的遗址。此外有临潼骊山的烽火台、华县的郑桓公墓等等。

历史上，今天的西安和咸阳同属一个城市，是战国时期秦的都城，也是秦

---

① 张新科：《史记学概论》，商务印书馆 2003 年版，第 18 页。

帝国的首都。在这片土地上，秦人演绎了一幕幕庄严的历史活剧。故《史记》记载非常丰富，主要的篇目有《秦本纪》《秦始皇本纪》《刺客列传》《商君列传》《吕不韦列传》《白起王翦列传》《廉颇蔺相如列传》《蒙恬列传》等，主要的名胜古迹有：秦穆公的陵墓、秦穆公狩猎时因见灵鹫鸟而得名的灵山风景区、秦公一号大墓、春秋时期秦国都城——雍城遗址、号称“世界第八大奇迹”的秦始皇兵马俑、被最早列入世界遗产名录的秦始皇陵墓、秦始皇军事直道、阿房宫遗址、秦二世墓、咸阳的白起墓、富平贤镇的王翦墓等。大荔著名的魏长城，是战国时秦国与魏国的分界线。澄城县的良周遗址，是秦汉时期的遗址。这些名胜古迹，都在默默地向世人诉说着当年的历史。

作为汉代伟大的史学家，司马迁运用自己手中的笔，真实地记载了汉代的历史风云。主要的篇目有《高祖本纪》《吕太后本纪》《孝文本纪》《孝武本纪》《项羽本纪》《曹相国世家》《萧相国世家》《留侯世家》《淮阴侯列传》《酷吏列传》《魏其武安侯列传》等，流传至今的名胜主要有汉武帝的茂陵、汉昭帝的平陵、汉景帝的阳陵、汉高祖的长陵、淳化的甘泉宫遗址、兴平的霍去病墓、宝鸡的陈仓、临潼区的鸿门宴遗址。合阳的夏阳古渡，记载着汉淮阴侯韩信木罂偷渡击魏的历史。华阴市的京师仓遗址，是汉武帝时期首都长安贮存、转运粮食的国家大型粮仓。

发生在关中地区且流传至今的历史典故有：《刺客列传》中的荆轲刺秦王、图穷匕见，《项羽本纪》中的鸿门宴、项庄舞剑意在沛公、约法三章，《商君列传》中的商鞅变法、《曹相国世家》中的萧规曹随、《吕不韦列传》中的一字千金、《秦始皇本纪》中的焚书坑儒 、指鹿为马，《廉颇蔺相如列传》中的完璧归赵、怒发冲冠，《酷吏列传》中的张汤治鼠、《魏其武安侯列传》中的东朝廷辩、《淮阴侯列传》中的明修栈道暗度陈仓等。这些历史典故内涵丰富，能给人以启迪，给人以警戒。

《史记》中还记载了许多关中著名历史人物。如白起，战国时期郿（今陕西眉县）人；王翦，战国时期频阳（今陕西富平县）人。两人在秦国兼并诸侯统一天下的过程中，建立了卓越功勋。所以司马迁专门为他们撰写了《白起王翦列传》，彰显他们的历史功绩。还有张汤，杜县（今陕西西安市）人，汉武帝时期著名的“酷吏”，《史记》有《酷吏列传》。班固《汉书·张汤传》则赞云：“汤虽酷烈，及身蒙咎，其推贤扬善，固宜有后。”对其进行了公允的评价。

二、开发司马迁与《史记》旅游文化资源的价值

弘扬传统文化，激发爱国热情。通过本课题的研究与实施，传承司马迁与《史记》文化，弘扬我国的传统文化。通过亲近自然、感受名胜古迹，激发人们热爱祖国河山的思想感情，感受中国文化的博大精深。对于培育民族精神、建设先进文化、构建和谐社会等均有十分重大的意义。

突出历史文化底蕴，把韩城市建成具有广泛吸引力的旅游城市。城市，是一个地方的政治、经济、文化中心，韩城市因为司马迁而具有了内涵丰富、底蕴深厚的历史文化遗产，有了众多可供开发利用的旅游资源，可以吸引成千上万的游客，使游客在游览、消遣、观光中受到启迪。也可以让游人受到震撼，感到游有所值，受益匪浅，不枉此行，让游人印象深刻。

推动地方旅游经济的大发展，使其成为一个重要的新的经济增长点。丰富的文化资源是旅游业发展的基础和依托。发展司马迁与《史记》旅游文化，不仅仅是简单的游山玩水，而是关系到经济建设的大局。目前我国的旅游业已经成为国民经济中不可缺少的有机组成部分，显示了强大的生命力。发展司马迁与《史记》旅游文化，可以集观光、购物、娱乐、交通、饮食、住宿于一体，带动相关产业的迅速发展，从而推动经济又好又快地发展。

进一步宣传司马迁与《史记》，传承《史记》的文化精神。司马迁是世界文化名人，他的《史记》是先秦文学之集大成者。从史学方面看，《史记》是纪传体史学著作的开山之作，并成为后世历史著作的楷模。从文学方面看，《史记》的文学风格、写作技巧和语言形式等，都是后人学习的典范。所以对本课题的研究，可以使人们，特别是我们的青少年，了解《史记》，认识司马迁。传承《史记》的文化精神，弘扬我们不朽的民族精神。

对本课题的研究，也是卓有成效地保护优秀民族历史文化遗产的重要途径。司马迁与《史记》，属于我国的非物质文化遗产。对关中地区所有与司马迁、《史记》有关的名胜古迹的保护与开发，建立以司马迁祠墓为核心的“史记碑林博物馆”和“史记城”，开发“史记”旅游商品等策略，正是有效地保护我国非物

质文化遗产的举措。

三、开发整合司马迁与《史记》旅游文化资源的策略

张新科先生云："司马迁和《史记》是一个非常有文化内涵的品牌，打出这个文化名牌，可以为当代社会服务，产生一定的经济效益。"①我们只有通过合理的开发与整合，才能使司马迁与《史记》旅游文化资源，在当今的旅游业中显示出独特的魅力，推动当地经济的迅速发展。

（一）对关中地区所有与司马迁、与《史记》有关的文物加以清理、保护与开发

旅游业的发展有赖于自然和人文景观资源的保护和再生能力。通过以上分析研究，我们可以看出，关中地区所蕴藏的司马迁与《史记》旅游文化资源丰富多彩，其中许多文化资源在近年来的旅游业中已经显示出其独特的魅力，如司马迁祠墓、黄帝陵、秦始皇陵、秦始皇兵马俑等都取得了较好的经济效益。但是我们发现，许多古迹基本上处于自生自灭状态，甚至有的珍贵文物由于风雨侵蚀已经面目全非或面临消失坍塌。这些古迹的价值没有被充分利用和挖掘，只有在开发中合理有效地保护、利用这些旅游文化资源，才能形成可持续发展的良好态势，真正使旅游业产生巨大的经济效益和社会效益。目前，我们应该组织有关专家，对所有与《史记》有关的文物加以清理、认定、保护。华县的郑桓公墓，是西周时期郑国国君郑桓公的陵寝。郑桓公是郑国的奠基人，是天下郑氏子孙公认的太始祖。《华县志》记载："1957 年 5 月，陕西省人民委员会将其列为省级重点文物保护单位。1988 年，县文物管理委员会与螺钉厂将残留土冢四周用砖砌封，顶部用水泥抹盖，从而得到妥善保护。现郑桓公墓周长 10 米，高 2.1 米。"据新华网报道：2008 年 11 月 11 日，华县的郑桓公墓前，出现了千余郑氏宗亲不远万里祭拜郑桓公的盛况。这次祭拜，共来了世界各地十几个国家和地区的 80 多个郑氏宗亲代表团，其中台湾省就来了 30 多位郑氏后裔。笔者

① 张新科：《史记学概论》，商务印书馆 2003 年版，第 22 页。

认为，郑桓公墓的保护现状与这次祭拜盛况，反差太大。我们的县市政府应该抓住这个大好机遇，进一步开发、保护郑桓公墓，使其成为青少年历史知识教育的基地，更成为联系天下郑氏的纽带，从而取得较好的经济效益。另外，亟待保护与开发的还有富平贤镇的王翦墓、咸阳的白起墓等。特别是王翦墓，1956年就被列为省级重点文物保护单位。目前，墓呈椭圆形，高约 9 米，周长 136 米，墓西约 100 米处。从中我们可以看出，王翦墓的开发现状与王翦在历史上的赫赫战功极不相称，亟待投入人力、物力，进行保护与开发。关于张汤墓，还需要进一步发掘，有待有关部门的进一步认定。

（二）建立以司马迁祠墓为核心的“史记碑林博物馆”和“史记城”

我们知道，在国际上，博物馆不仅是展示国家和地区历史文化的重要场所，也是最具有吸引力的旅游景点。博物馆具有收集、保藏文物，传播科学文化知识，进行思想道德教育、科学研究，丰富人民群众的文化生活的功能。所以，在司马迁的故乡，建立以司马迁祠墓为核心的“史记碑林博物馆”是非常必要的。目前，韩城司马迁祠十二本纪景观已经向游客开放。依据“十二本纪”建成的雕塑群，分为五帝文化、夏文化等九个景观区，以石雕艺术配景观小品、文字及绿植等形式再现了“十二本纪”人物和时代文化特征。笔者认为，在“史记碑林博物馆”，还应该收藏目前利用现代传媒对《史记》进行普及传播的作品，如电视剧《司马迁》《汉王刘邦》《吕不韦》《李斯》《淮阴侯韩信》等，大型电视专题片《司马迁万里行》等。另外还有以《史记》为素材的小说戏曲以及历代歌咏司马迁的诗词。如纪君祥的《赵氏孤儿》，金仁杰的《追韩信》，叶宪祖的《易水寒》，朱权的《卓文君》等，这些资源丰富多彩，摇曳多姿。

建立集旅游、饮食、休闲、购物一体化的“史记城”。开发《史记》旅游文化资源，必定促进旅游业的大发展。而旅游业的大发展，必然带来客流、人才流、资金流、商品流、信息流的快速增长，也必然会带动餐饮业、旅馆业、商业、服务业的发展。“史记城”以司马迁与《史记》为主线，以真实再现中国西汉武帝以前社会发展轨迹为主，荟萃建筑、书画、雕塑、文艺、园林和生活于一体。“史记城”可以建立在韩城或者长安。韩城是司马故里，具有得天独厚的优势及唯我独有的历史文化资源。而“史记城”的建立，更能凸显韩城市的旅游特色。《史记》是汉文化的代表，长安是汉帝国的首都，是当今的国际旅游都市，所以，“史记城”的建立，将会极大地推动长安旅游经济的大发展。

“史记城”及“史记碑林博物馆”的建立，既是普及《史记》的一个举措，同时又是一个具有经济效益的实体。“史记碑林博物馆”必将以丰富的馆藏文物，通俗的图文诠释，浓郁的旅游氛围，使游客深切感受司马迁文化的博大、厚重，有效拉近游客与该地历史文化的距离，展示韩城旅游文化的优势与独特，从而扩大韩城市的知名度与美誉度。“史记城”的建立，可以集旅游、饮食、休闲、购物于一体，将文化资源优势转化为产业优势。

（三）依托韩城市，辐射周边，打造独具特色的主题旅游区

韩城因司马迁而著名，因司马迁而魅力四射。久负盛名的司马迁文物古迹，独具一格的民情风俗，是韩城市独有的历史文化资源，所以，营造良好的司马迁与《史记》旅游文化景点，应该以韩城市为依托，辐射周边地区，形成《史记》旅游文化景点。旅游者来到韩城，除了感受党家村的民俗，主要还是想在司马迁的故乡，直接感受司马迁的凛凛正气，获得一切与司马迁有关的信息、知识和文化审美，抒发他们浸润已久的对于司马迁形象的一份喜爱情怀。所以在韩城市，很有必要开辟司马故里旅游专线，这样可以将各具特色的景点、景区进行有机组合，从而形成具有旅游价值和旅游效益的大旅游区域，可以避免单个景点对旅客吸引力不足的弊端，使游客花较少的费用和时间，在游山玩水之中融入文化品位，使游客从中受到启迪。同时以韩城为核心，带动渭南地区《史记》旅游文化的发展。依托韩城市，辐射合阳、澄城、蒲城、大荔、华阴、华县等地，充分发挥《史记》旅游文化资源的经济效益。在关中其他地区，结合当地文化事业与旅游事业，打造独具特色的主题旅游区。以宝鸡为核心，打造周文化主题旅游区；以秦始皇兵马俑博物馆为轴心，打造秦文化主题旅游区；以西安市为核心，打造汉文化主题旅游区。

（四）开发丰富多彩的司马迁文化娱乐活动系列

开发整合司马迁与《史记》旅游文化资源，仅仅建立“史记碑林博物馆”远远不能满足旅游者的文化需求。韩城是司马迁故里，是司马迁文化最权威的阐

释者，也最有资格对司马迁文化的全部资源做最大限度的开发与利用。所以，应该选定那些最能满足游客需求的题材加以包装诠释。笔者认为，与“史记碑林博物馆”相呼应，应该开发丰富多彩的司马迁文化娱乐系列。如选拔培养有关专业人才和管理人才，充分利用司马迁广场的地理优势，开发并表演具有浓郁地方特色的民间文化节目。“太史赛”“锣鼓上庙”“跑台子戏”“二月八司马迁祠庙会”，都是具有浓郁地方特色的民间文化，可以将经纪人制度、设计、策划、广告、著作权等一系列新因素都引进来，使其成为丰富多彩的司马迁文化娱乐节目。利用司马迁中学、司马迁自修大学得天独厚的优势，进行司马迁与《史记》故事新编创作。以发生在关中地区且流传至今的《史记》典故为主，重点进行司马迁、王翦、白起、张汤等历史人物的故事新编；同时搜集与《史记》有关的成语、俗语、谚语，进行司马迁文化知识竞赛，让旅客参与其中，形成互动；举办“学习《史记》，弘扬民族精神”为主题的文艺演出等等。这一系列娱乐活动，可以在司马迁广场举行，让旅游者坐在洁白的石凳上，既可以仰视高大的司马迁铜像，又能在休闲娱乐中感受到浓郁的司马迁文化。这样，不仅可使司马迁文化取得一定的社会效益，而且还可以使文化发展获得经济实力，使经济发展具有深厚的文化内涵。2008 年韩城市委、市政府决定设立司马迁文化奖。韩城市的这一创举，无疑对开发丰富多彩的司马迁文化娱乐系列活动具有极大的推动作用。

（五）开发《史记》旅游商品

我们知道，旅游商品是现代旅游经济的重要组成部分，旅游商品发展应与旅游业发展相协调。开发整合司马迁与《史记》旅游文化资源，也要重视开发“史记”旅游商品。“广义的旅游商品主要指旅游者在旅游活动中购买的富有当地民族特色，具有实用性、工艺性、礼仪性、收藏性和纪念意义的以物质形态存在的商品……狭义的旅游商品是指旅游工艺品和旅游纪念品。”[①]我们这里所说的《史记》旅游商品，主要包括《史记》旅游工艺品、《史记》旅游纪念品。设计《史记》旅游商品，一定要注意其所蕴含的文化属性要能满足游客的精神消费需

① 张鸿雁：《青海省旅游商品开发问题及其对策》，《重庆科技学院学报》2008 年第 11 期。

求，更好地体现观赏性和《史记》文化内涵的统一。可以设计《史记》著名人物雕塑工艺品（包括牙雕、玉雕、泥塑）。利用关中地区特有的剪纸、皮影等民间工艺，展现《史记》中的典故、历史人物形象。《史记》旅游纪念品，可以以太史祠、龙门、司马迁书院等为题材，充分利用当地特有的原材料，设计富有纪念意义的小型纪念品，从而开发出具有自身特色的旅游商品。《史记》旅游商品的销售，可以在《史记》旅游景点、景区，建立连锁经营点，这样可以方便、快捷地为游客提供物美价廉的《史记》旅游商品。在韩城，筹建《史记》旅游商品交易市场或“史记”旅游商品一条街等。

（马雅琴，渭南师范学院人文学院教授。）

后 记

2017 年 12 月 15 日至 16 日，“陕西省司马迁研究会 2017 年学术年会”在陕西师范大学召开，会议的主题是“重视《史记》历史价值的现代转换”。会议由陕西省司马迁研究会、陕西师范大学文学院和《渭南师范学院学报》编辑部联合主办，韩城市司马迁学会协办。来自陕西师范大学、韩城市司马迁学会、渭南师范学院、西北大学、西北大学出版社、陕西理工大学、西安工业大学、西安外国语大学、西藏民族大学、咸阳师范学院、宝鸡文理学院、西安文理学院等单位的 70 多位专家学者参加了此次会议。

12 月 16 日上午，大会开幕式在陕西师范大学雁塔校区启夏苑二楼多功能厅举行。陕西师范大学副校长党怀兴教授首先致欢迎词，他希望司马迁研究会能够继续产出高水平成果，指出司马迁及其文化精神需要做好普及和弘扬工作。陕西省司马迁研究会会长、陕西师范大学文学院院长张新科教授强调要加强各方面的合作，尤其是国内外的学术交流工作。他指出，作为司马迁文化的发源地，陕西尤其要把研究工作做好；要不断扩大研究队伍，吸引史学、文学之外的其他学科学者参与进来，吸引高校之外的其他行业热爱司马迁、热爱《史记》的人参与进来；要加强陕西省司马迁研究会自身的发展，做出更大的成绩；司马迁与《史记》研究要做到综合化、多样化、理论化、立体化、生产化、世界化，与现实生活结合，使研究具有生命力，使更多的人认识司马迁与《史记》、认识与弘扬司马迁精神。西北大学出版社社长马来介绍了陕西省司马迁研究会三代学人共同努力的重大文化工程——“史记研究集成”的工作进展情况，“十二本纪研究集成”已经基本完成，希望新一代学者接续老一辈学人的工作，为司马迁与《史记》研究的发展努力不懈。《渭南师范学院学报》主编高敏芳梳理了渭南师范学院学报为“司马迁研究”所做的工作，她希望与会的各位专家学者能够怀揣问题，有所感、有所悟、有所写，能够有所收获。

开幕式后，大会进入主题发言环节。陕西师范大学高益荣、渭南师范学院凌朝栋、西安文理学院李小成、延安大学刘向斌、西安外国语大学冯晓莉、韩城市司马迁学会刘宏伟等六位专家依次向全体参会学者做了题为《“赵氏孤儿”书写中的情与理的两维考量》《〈史记〉选本的分类及分类依据研究》《裴骃〈史记集解〉所引马融注研究》《新时代青年大学生要学习司马迁精神》《从“前四史”引〈诗〉看汉代诗学特色》及《“扶荔宫”辨》的报告，陕西师范大学高一农教授、陕西理工大学梁中效教授、咸阳师范学院王长顺教授、渭南师范学院马雅琴教授、韩城市司马迁学会张韩荣先生及渭南师范学院梁建邦教授分别做了精准的学术点评。他们的主题报告从文本、选本、接受史、思想等角度切入，内容丰富、思想深邃，得到了参会学者的好评。

16 日下午，分为两组讨论。各位发言人从《史记》的内容、手法和当代意义入手，真正做到了多角度研究；各位评点人也对论文提出了中肯的意见和有益的修改建议。讨论中既有研究方法的相互交流，也有学术思想的碰撞，大家共同营造了健康平和的学术讨论氛围。闭幕式上，韩城市司马迁学会会长张韩荣说，韩城是司马迁的故乡，也是历史文化名城，希望韩城市司马迁学会与陕西省司马迁研究会能够进行更深层次的合作，共同为弘扬司马迁文化而努力；陕西省司马迁研究会秘书长、陕西师范大学文学院教授王晓鹃汇报了学会一年来的主要工作，通报了理事会新的变动情况，并希望大家为研究会的发展而共同努力。陕西省司马迁研究会会长、陕西师范大学文学院院长张新科教授高度肯定本次年会中的多元化探讨，他提出陕西应该走在司马迁与《史记》研究的前列，研究要更加深入，要响应时代发展，要产出更多高质量的成果。

2017 年陕西省司马迁研究会年会论文选集定名为《司马迁与〈史记〉论集（第十一辑）》，收入论文 20 篇，涉及《史记》思想研究、《史记》文学研究、《史记》接受研究、《史记》文献研究以及《史记》的当代价值等方面。论文集由陕西省司马迁研究会选编，主编是张新科教授和王晓鹏教授，姚军副教授和陕西师范大学的郑新煜硕士做了编辑和校对工作。

姚 军

2022 年 3 月 13 日